全55問
初級
レベル2

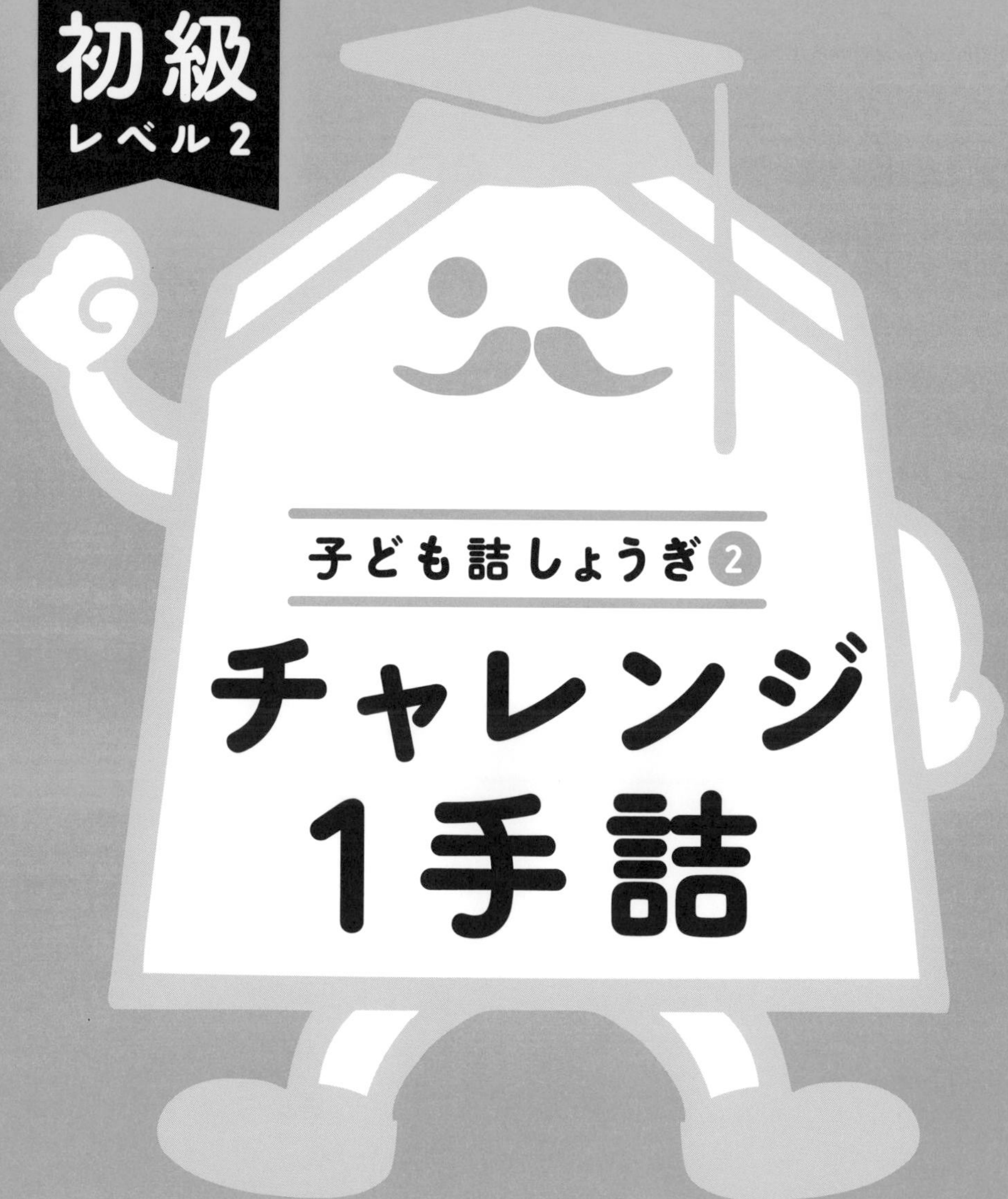

子ども詰しょうぎ 2

チャレンジ 1手詰

神谷広志八段
将棋インストラクター
髙橋香代

Shasta

しょうぎが大《だい》好《す》きな　きみたちへ

しょうぎの楽《たの》しさをもっと知《し》るために

しょうぎは、ただ指《さ》すだけでも楽《たの》しいのですが、☗7六《ろく》歩《ふ》、☖3四《よん》歩《ふ》など符《ふ》号《ごう》をおぼえて使《つか》いこなしていくと、手《て》の意《い》味《み》やその手《て》にうら打《う》ちされた読《よ》みなどが理《り》解《かい》でき、しょうぎの楽《たの》しさが何《なん》倍《ばい》にもなっていきます。中《なか》には金《きん》打《うち》、飛《ひ》成《なり》、あるいは銀《ぎん》右《みぎ》など、すこし複《ふく》雑《ざつ》な符《ふ》号《ごう》もあるのですが、慣《な》れていけばどうということはありません。

しょうぎは強《つよ》くなればなるほど、その深《ふか》さがわかってくるゲームです。でも、水《みず》の中《なか》とちがって決《けっ》しておぼれるということはありません。前《ぜん》書《しょ》で、しょうぎのおもしろさをわかってもらえたみなさん。この本《ほん》で、さらにその深《ふか》さを知《し》って、どうぞしょうぎにドップリとつかってください。

神《かみ》谷《や》広《ひろ》志《し》

頭《あたま》の中《なか》に盤《ばん》を描《えが》こう

前書《ぜんしょ》の子《こ》ども詰《つめ》しょうぎシリーズ①の『はじめての1手詰《いってづめ》』では、「玉《ぎょく》を1手《いって》で詰《つ》ます」方法《ほうほう》を紹介《しょうかい》しました。もんだいをこなすことで7種類《しゅるい》の駒《こま》の各々《おのおの》の特性《とくせい》をいかした詰《つ》ませ方《かた》が、かなり身《み》についたのではないでしょうか？　本書《ほんしょ》では、内容《ないよう》をレベルアップし、符号《ふごう》（☗、☖）の紹介《しょうかい》をしていきたいと思《おも》います。1手詰《いってづめ》のもんだいを解《と》いていきながら、符号《ふごう》を使《つか》いこなせるようになることが目標《もくひょう》です。

符号《ふごう》を知《し》ると、頭《あたま》の中《なか》で盤《ばん》を描《えが》き、駒《こま》を動《うご》かせるようになっていきます。この本《ほん》を読《よ》み終《お》わる頃《ころ》には、頭《あたま》の中《なか》に盤《ばん》がイメージできるようになっているでしょう。符号《ふごう》を知《し》るとプロ棋戦《きせん》の観戦《かんせん》も、もっと楽《たの》しくなることまちがいなしです。みなさんもぜひ、チャレンジしてみてくださいね。

高《たか》橋《はし》香《か》代《よ》

もくじ

4 チャレンジ1《いっ》手《て》詰《づめ》

5 神《かみ》谷《や》八《はち》段《だん》からの レベルアップ1《いっ》手《て》詰《づめ》

6 おぼえておきたい

1 手詰《いってづめ》のもんだいとこたえの見方《みかた》

もんだい

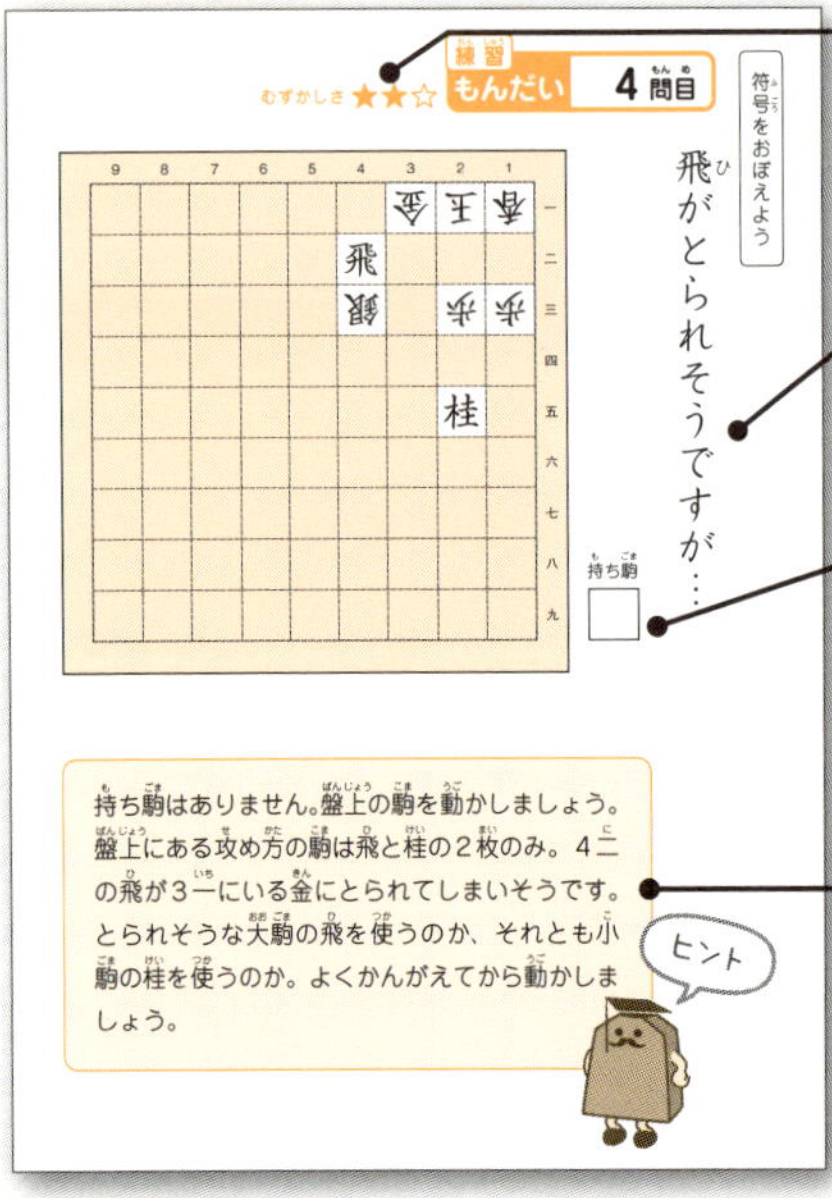
むずかしさ ★★☆

練習《れんしゅう》 もんだい 4問目《もんめ》

符号《ふごう》をおぼえよう

飛《ひ》がとられそうですが…

持《も》ち駒《ごま》

持《も》ち駒《ごま》はありません。盤上《ばんじょう》の駒《こま》を動《うご》かしましょう。盤上《ばんじょう》にある攻《せ》め方《かた》の駒《こま》は飛《ひ》と桂《けい》の2枚《まい》のみ。4二《に》の飛《ひ》が3一《いち》にいる金《きん》にとられてしまいそうです。とられそうな大駒《おおごま》の飛《ひ》を使《つか》うのか、それとも小《こ》駒《ごま》の桂《けい》を使《つか》うのか。よくかんがえてから動《うご》かしましょう。

❶もんだいのレベルを三段階《さんだんかい》に分《わ》けています。

❷ここを読《よ》むと、どんなもんだいなのかがわかるようになっています。

❸持《も》ち駒《ごま》がある時《とき》はそれを全《ぜん》部《ぶ》使《つか》いきり、持《も》ち駒《ごま》がない時《とき》は盤上《ばんじょう》の駒《こま》を使《つか》って詰《つ》みます。

❹このもんだいを解《と》くためのヒントです。

こたえ

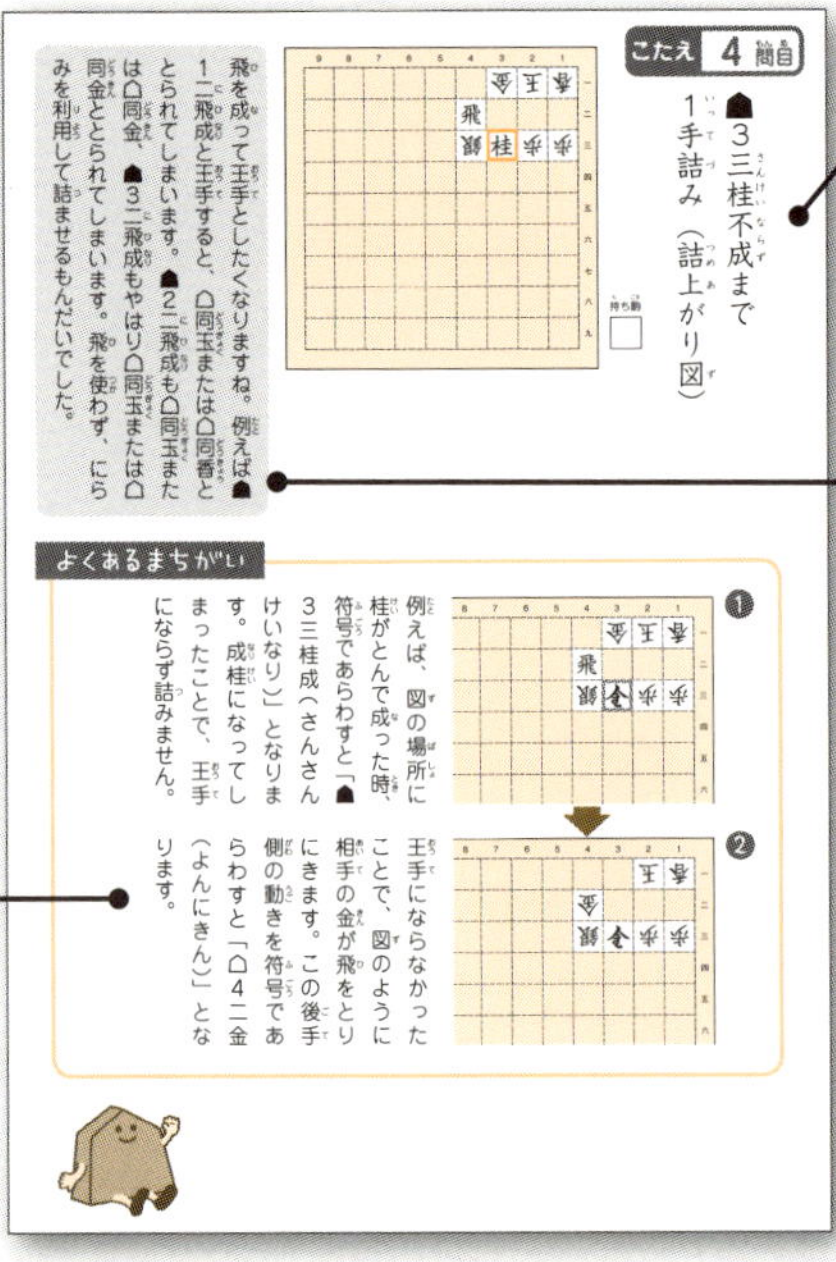
こたえ 4問目

☗3三桂不成《さんけいならず》まで
1手詰《いってづ》み（詰上《つめあ》がり図《ず》）

持ち駒

飛《ひ》を成《な》って王手《おうて》としたくなりますね。例《たと》えば☗1二飛成《にひなり》と王手《おうて》すると、☖同玉《どうぎょく》または☖同香《どうきょう》ととられてしまいます。☗2二飛成《にひなり》も☖同玉《どうぎょく》または☖同金《どうきん》、☗3二飛成《にひなり》もやはり☖同玉《どうぎょく》または☖同金《どうきん》ととられてしまいます。飛《ひ》を使《つか》わず、にらみを利用《りよう》して詰《つ》ませるもんだいでした。

よくあるまちがい

❶ ❷

例《たと》えば、図《ず》の場所《ばしょ》に桂《けい》がとんで成《な》った時《とき》、符号《ふごう》であらわすと「☗3三桂成（さんさんけいなり）」となります。成桂《なりけい》になってしまったことで、王手《おうて》にならず詰《つ》みません。王手《おうて》にならなかったことで、図《ず》のように相手《あいて》の金《きん》が飛《ひ》をとりにきます。この後手《ごて》側《がわ》の動《うご》きを符号《ふごう》であらわすと「☖4二金（よんにきん）」となります。

❺このもんだいのこたえです。こたえを符号《ふごう》であらわします。

❻このもんだいのかいせつです。せいかいした人《ひと》も、まちがえてしまった人《ひと》も、これを読《よ》んでおさらいしておきましょう。

❼よくあるまちがいをかいせつしています。うっかりこのようなまちがいをしていないか、よくたしかめましょう。

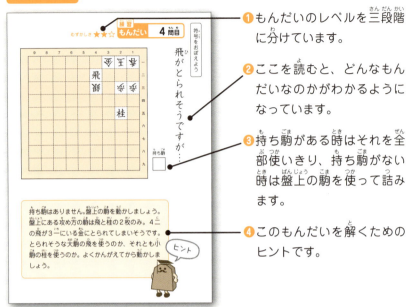

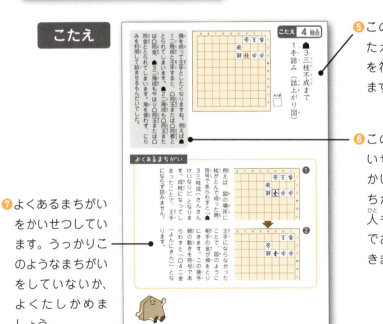

盤《ばん》と駒《こま》について

盤《ばん》の多《おお》くはかやの木《き》で作《つく》られ、できあがるまでには手間《てま》と時間《じかん》がかかります。駒《こま》に書《か》かれている字《じ》には、いろいろな種類《しゅるい》があり、中《なか》でも錦旗《きんき》、菱湖《りょうこ》、水無瀬《みなせ》、源兵衛清安《げんべえきよやす》などが代表的《だいひょうてき》です。

盤《ばん》

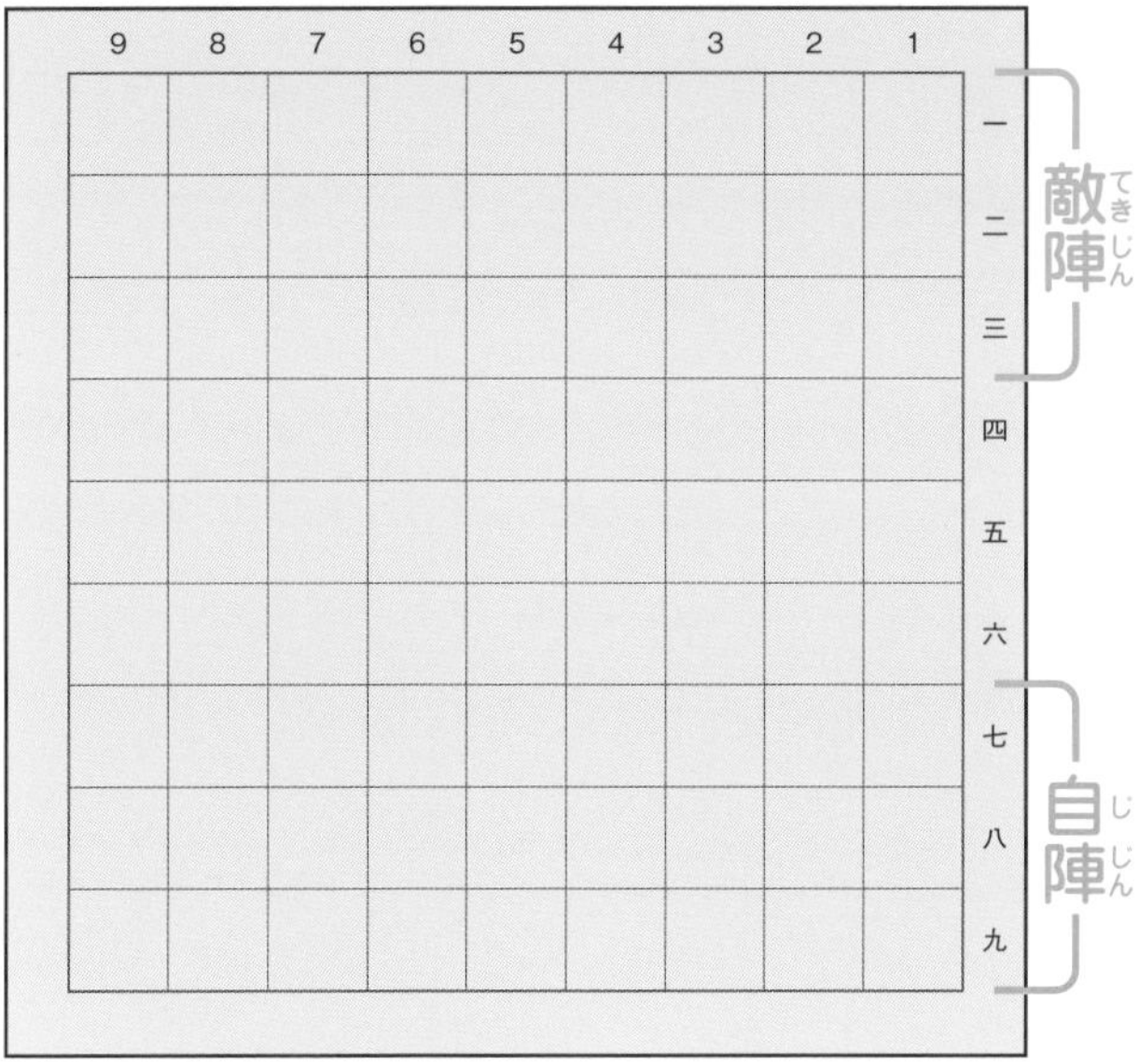

盤《ばん》は、縦《たて》9マス×横《よこ》9マス、計《けい》81マスでできており、縦《たて》には1～9の数字《すうじ》が、横《よこ》には一～九の漢数字《かんすうじ》が書《か》かれています。サイズは縦約《たてやく》36㎝、横約《よこやく》33㎝とすこし縦長《たてなが》です。

おぼえよう

盤《ばん》の縦《たて》の列《れつ》は「筋《すじ》」といいます。右《みぎ》から1筋《すじ》、2筋《すじ》……8筋《すじ》、9筋《すじ》となります。横《よこ》の列《れつ》は「段《だん》」といいます。上《うえ》から数《かぞ》えて一段《いちだん》、二段《にだん》……八段《はちだん》、九段《くだん》となります。上《うえ》から三《さん》段《だん》を敵陣《てきじん》、下《した》から三段《さんだん》を自陣《じじん》といいます。

盤《ばん》について

しょうぎ盤《ばん》は用具《ようぐ》の一《ひと》つで
この盤《ばん》で駒《こま》を指《さ》すよ。
かやの木《き》で作《つく》られていることが多《おお》いんだ。

高級品《こうきゅうひん》から手《て》ごろなものまでいろいろあるから

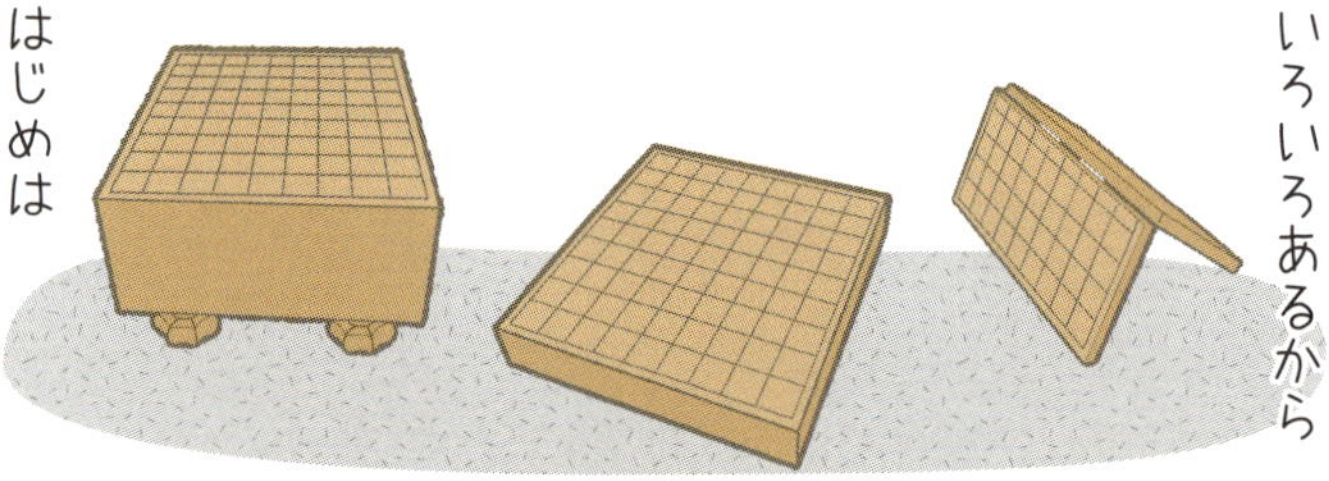

はじめはおもちゃ屋《や》さんなどでさがしてみてね。

盤上《ばんじょう》には縦横《たてよこ》に線《せん》が書《か》かれていて縦《たて》9マス、横《よこ》9マスの合計《ごうけい》81マスでできているんだ。

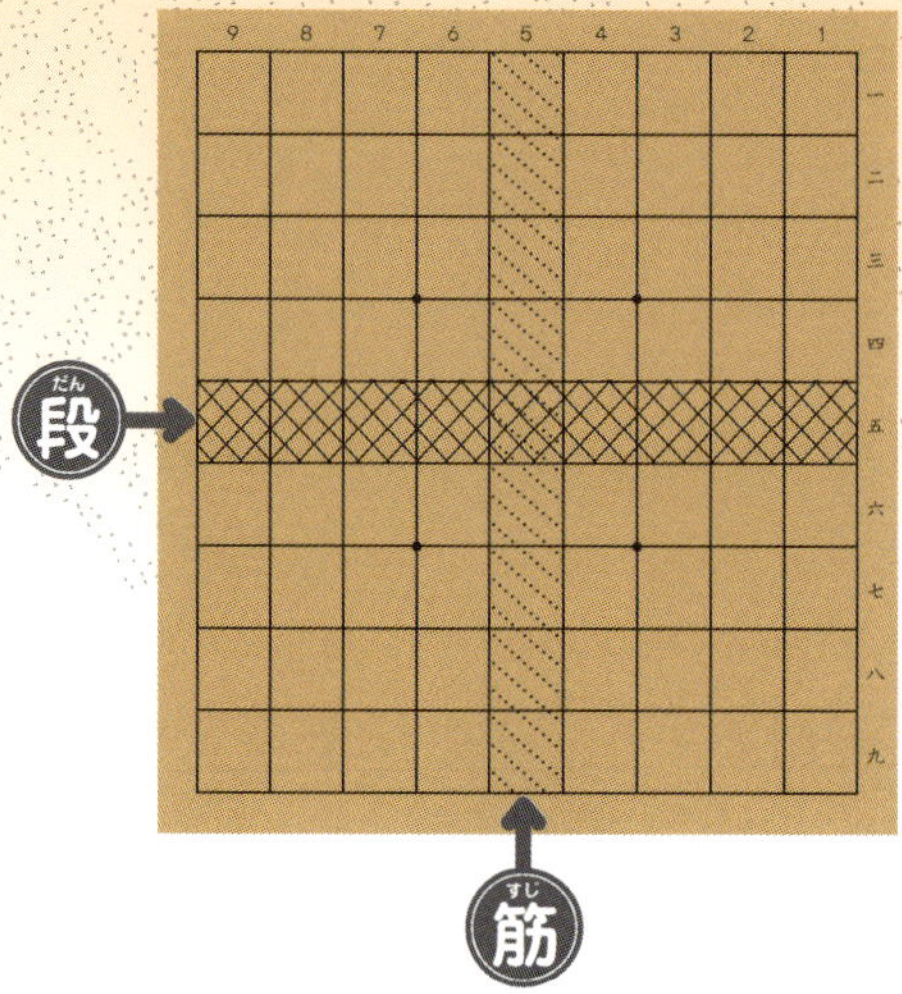
9 8 7 6 5 4 3 2 1
一 二 三 四 五 六 七 八 九
段《だん》
筋《すじ》

縦《たて》の列《れつ》を「筋《すじ》」、横《よこ》の列《れつ》を「段《だん》」というよ。

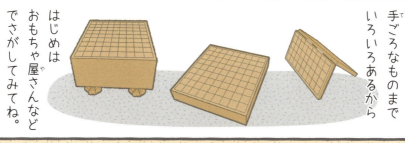

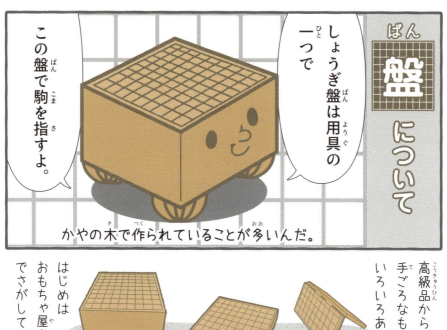

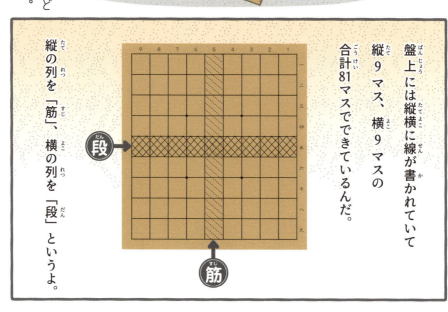

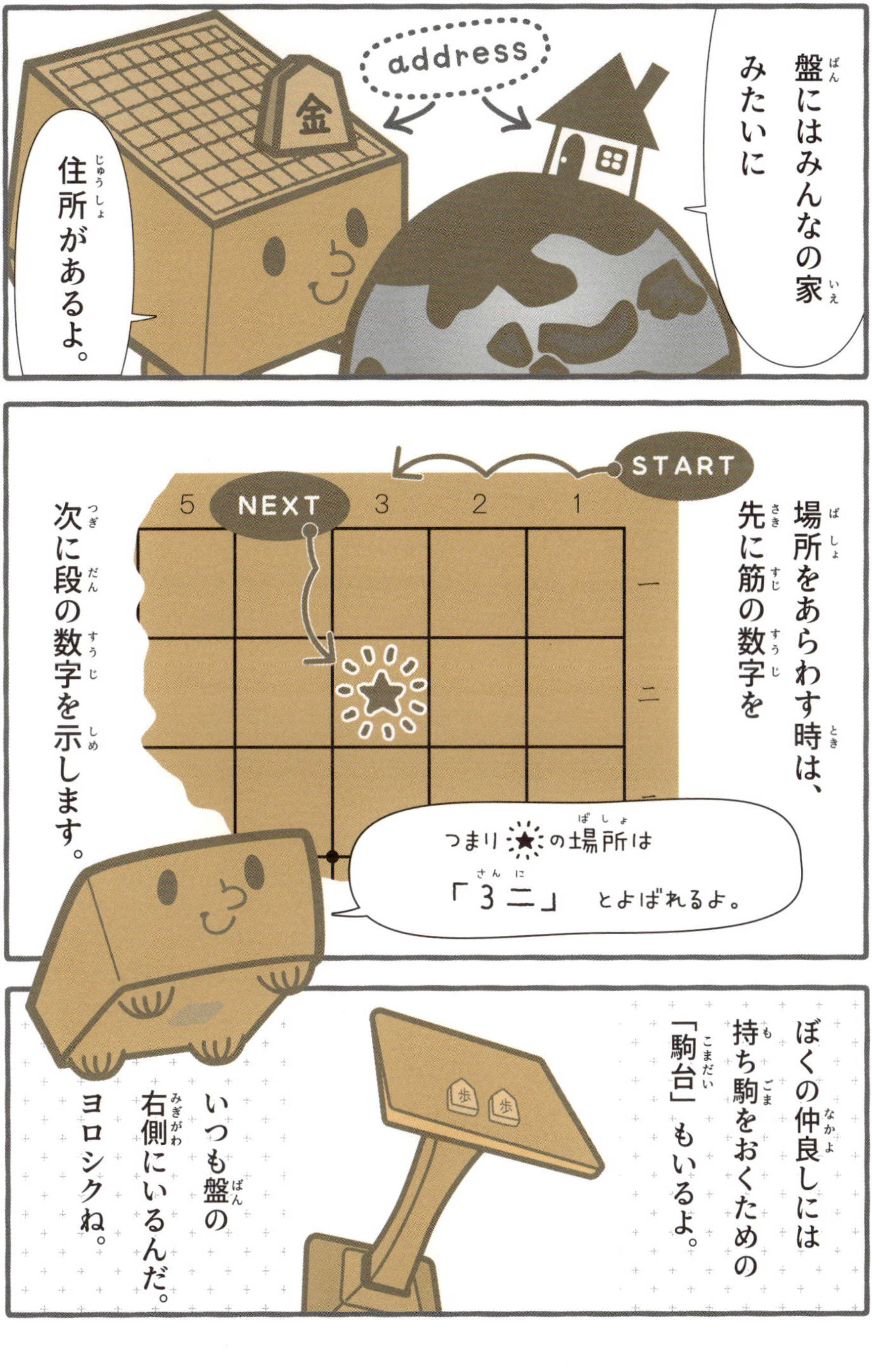
address
金
盤《ばん》にはみんなの家《いえ》みたいに
住所《じゅうしょ》があるよ。
START
5
NEXT
3
2
1
一
二
場所《ばしょ》をあらわす時《とき》は、先《さき》に筋《すじ》の数字《すうじ》を
次《つぎ》に段《だん》の数字《すうじ》を示《しめ》します。
つまり★の場所《ばしょ》は「3《さん》二《に》」とよばれるよ。
ぼくの仲良《なかよ》しには持《も》ち駒《ごま》をおくための「駒台《こまだい》」もいるよ。
歩
歩
いつも盤《ばん》の右側《みぎがわ》にいるんだ。ヨロシクね。

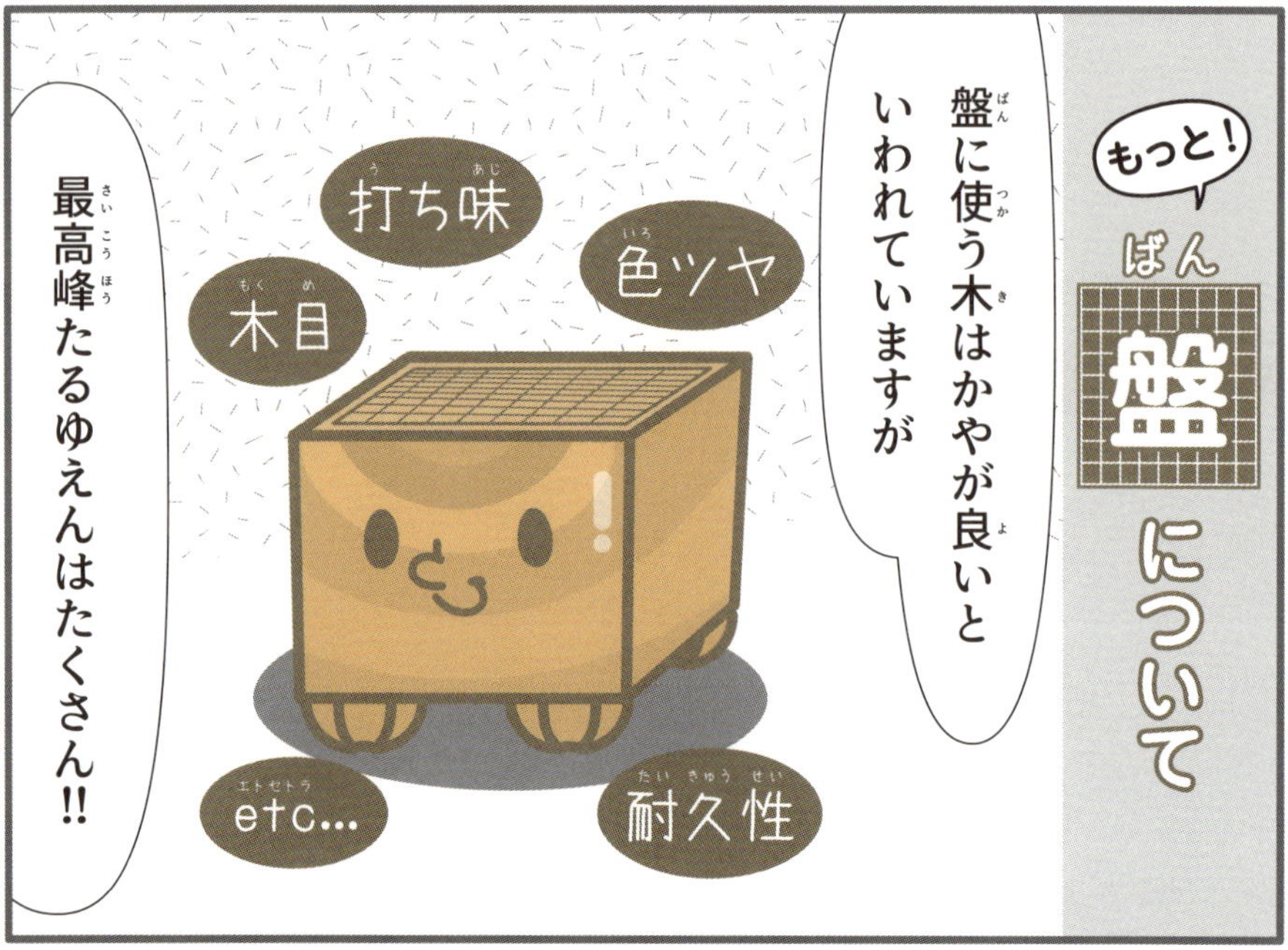
もっと！
盤《ばん》について
盤《ばん》に使《つか》う木《き》はかやが良《よ》いといわれていますが
色《いろ》ツヤ
打《う》ち味《あじ》
木目《もくめ》
耐久性《たいきゅうせい》
etc《エトセトラ》...
最高峰《さいこうほう》たるゆえんはたくさん!!

盤《ばん》に使《つか》う木《き》は10年《ねん》くらい乾燥《かんそう》させます。
完全《かんぜん》に乾燥《かんそう》させないとできあがった製品《せいひん》に狂《くる》いが出《で》るからです。

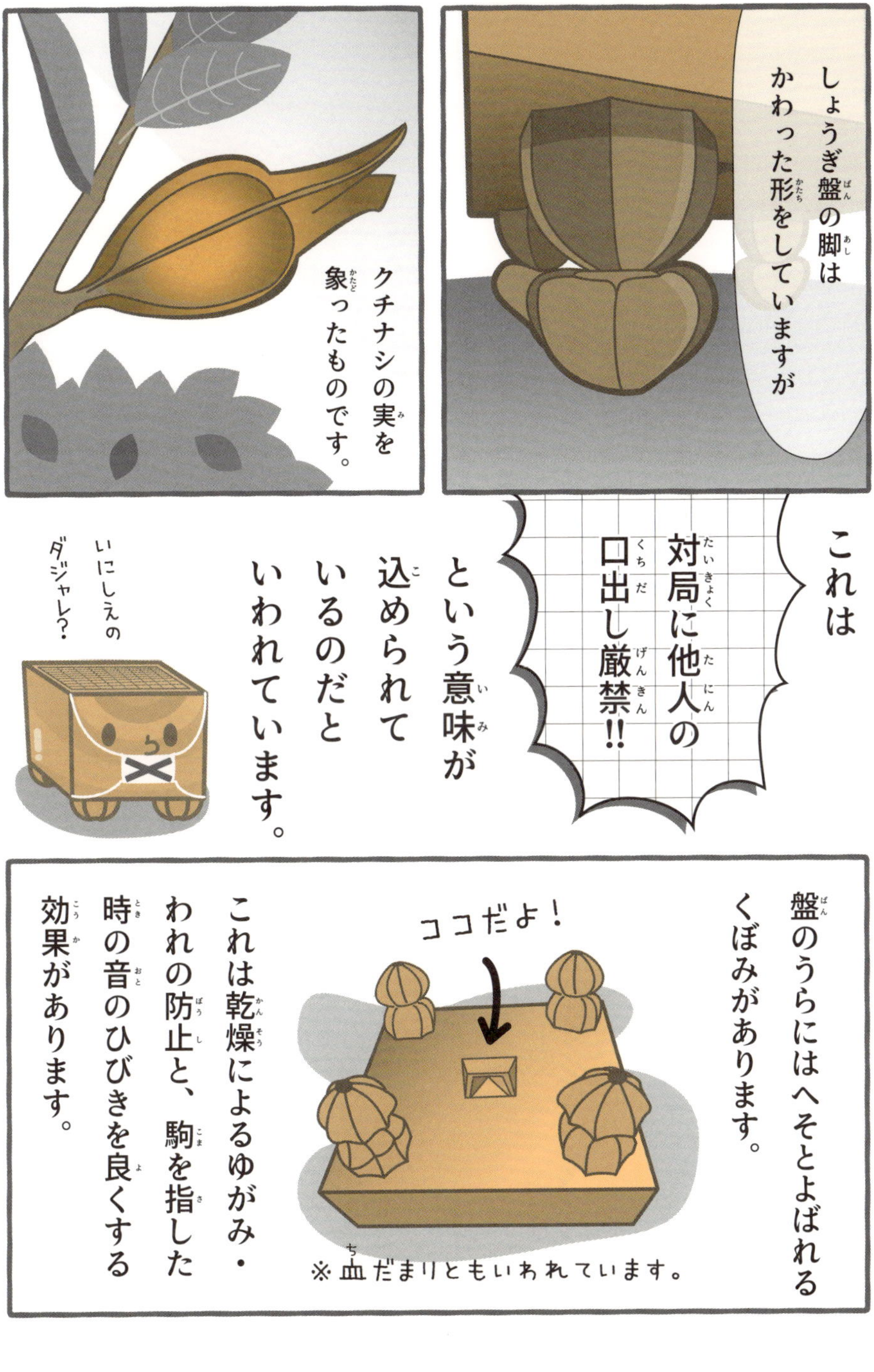
しょうぎ盤《ばん》の脚《あし》は
かわった形《かたち》をしていますが
クチナシの実《み》を
象《かたど》ったものです。
これは
対局《たいきょく》に他人《たにん》の
口出《くちだ》し厳禁《げんきん》!!
という意味《いみ》が
込《こ》められて
いるのだと
いわれています。
いにしえの
ダジャレ?
盤《ばん》のうらにはへそとよばれる
くぼみがあります。
ココだよ!
※血《ち》だまりともいわれています。
これは乾燥《かんそう》によるゆがみ・
われの防止《ぼうし》と、駒《こま》を指《さ》した
時《とき》の音《おと》のひびきを良《よ》くする
効果《こうか》があります。

駒《こま》

金《きん》将《しょう》

なまえ

金将（きんしょう）

とくちょう

玉《ぎょく》を守《まも》る時《とき》に大《だい》かつやく

じゃくてん

ななめ後《うし》ろには動《うご》けない

おもて

金《きん》将《しょう》

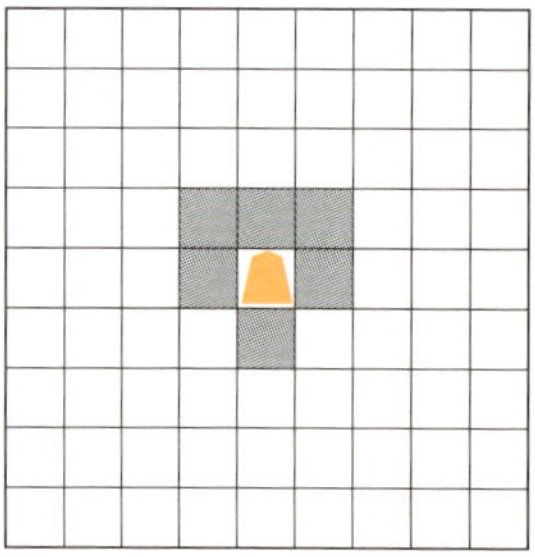

金《きん》は玉《ぎょく》とおなじで、敵《てき》陣《じん》に入《はい》っても成《な》れません。うらには何《なに》も書《か》いてありません。ななめ後《うし》ろは下《さ》がれませんが、それ以《い》外《がい》はどの方《ほう》向《こう》にも動《うご》かすことができます。

銀《ぎん》将《しょう》

なまえ

銀将（ぎんしょう）

うら 成銀（なりぎん）

とくちょう

成《な》ると金《きん》の動《うご》きになるよ

じゃくてん

銀《ぎん》の時《とき》は、横《よこ》と後《うし》ろに動《うご》けない

おもて

銀《ぎん》将《しょう》

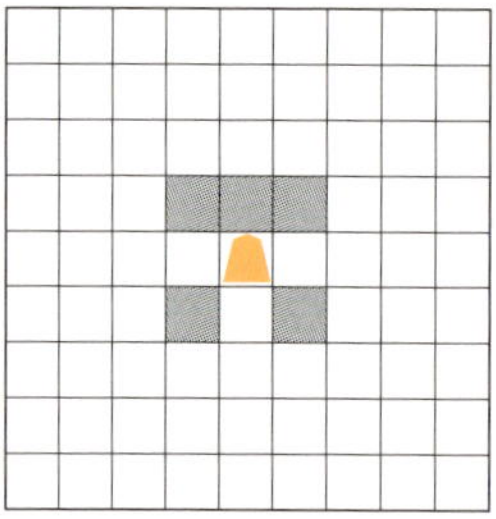

「ぎん」とよばれています。銀《ぎん》は横《よこ》と後《うし》ろに動《うご》けません。「攻《せ》めは飛《ひ》角《かく》銀《ぎん》桂《けい》」といわれるほど攻《せ》めにはたいせつな駒《こま》の一《ひと》つです。

うら

成《なり》銀《ぎん》

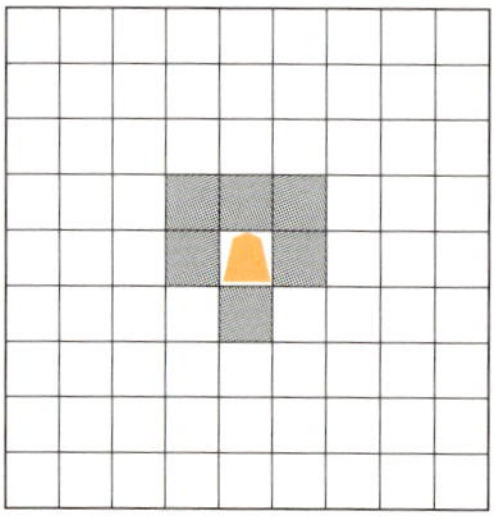

銀《ぎん》は、敵《てき》陣《じん》に入《はい》ると「成《なり》銀《ぎん》」になります。成《な》らない（「成《な》らず」といいます）方《ほう》が良《よ》い手《て》になることもあります。

桂《けい》馬《ま》

なまえ

桂馬（けいま）

うら 成桂（なりけい）

とくちょう

駒《こま》をとびこえることができるよ

じゃくてん

桂《けい》の時《とき》は、一《ひと》マスずつ動《うご》けない

おもて

桂《けい》馬《ま》

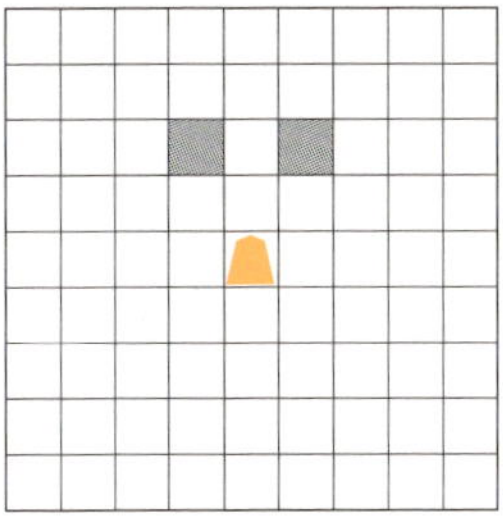

「けい」とよばれています。八種類《はっしゅるい》ある駒《こま》の中《なか》で桂《けい》だけが、相手《あいて》の駒《こま》も自分《じぶん》の駒《こま》もとびこえることができる駒《こま》です。

うら

成《なり》桂《けい》

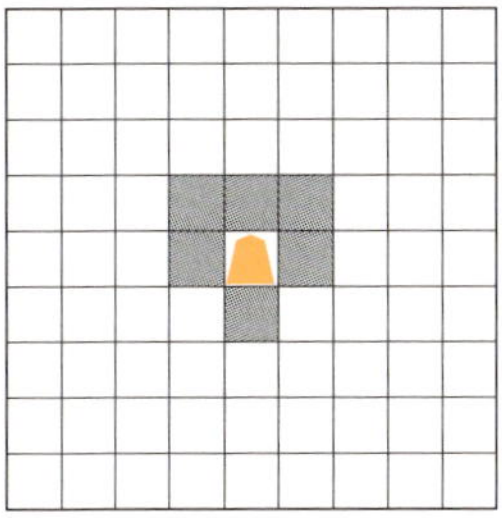

敵陣《てきじん》に入《はい》ると「成桂《なりけい》」になれます。成《な》ると金《きん》の動《うご》きになり、桂《けい》の動《うご》きはできなくなるので、どちらが良《よ》いかよくかんがえましょう。

香《きょう》車《しゃ》

なまえ

香車（きょうしゃ）

うら 成香（なりきょう）

とくちょう

成《な》ると金《きん》の動《うご》きになるよ

じゃくてん

後《うし》ろには動《うご》けない

おもて

香車《きょうしゃ》

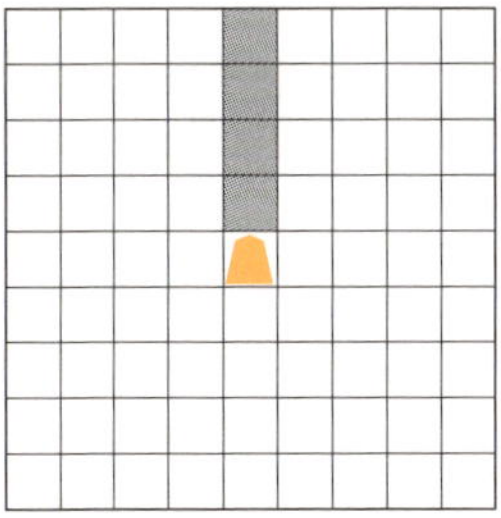

「きょう」とよばれています。まっすぐ一直線《いっちょくせん》に前《まえ》にすすむ駒《こま》なので、またの名《な》を「槍《やり》」ともいわれています。後《うし》ろには下《さ》がれません。

うら

成香《なりきょう》

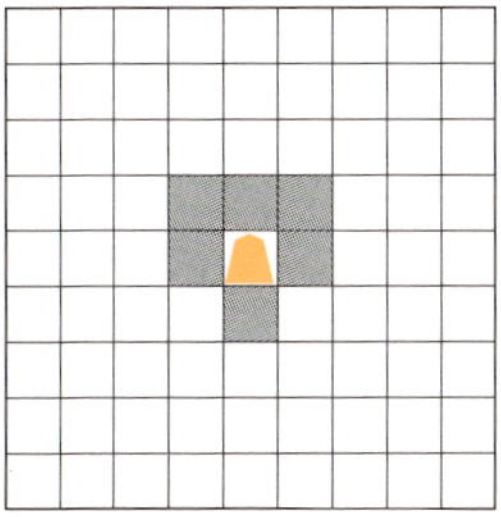

敵陣《てきじん》に入《はい》ると「成香《なりきょう》」になれます。成《な》ると金《きん》の動《うご》きになるので、香《きょう》の動《うご》きはできなくなります。よくかんがえて動《うご》かしましょう。

歩《ふ》兵《ひょう》

なまえ

歩兵（ふひょう）

うら と金（ときん）

とくちょう

成《な》ると金《きん》の動《うご》きになるよ

じゃくてん

前《まえ》に一《ひと》マスずつしか動《うご》けない・後《うし》ろには動《うご》けない

おもて

歩兵

歩《ふ》兵《ひょう》

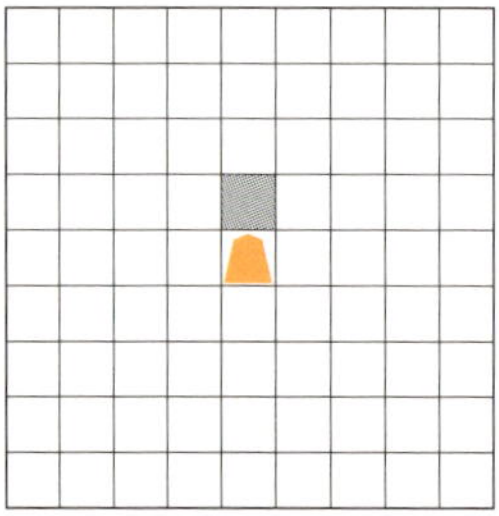

「ふ」とよばれています。前《まえ》に一《ひと》マスすすめます。安《やす》い駒《こま》ですが、「歩《ふ》のないしょうぎは負《ま》けしょうぎ」といわれるほどたいせつな駒《こま》です。

うら

と

と金《きん》

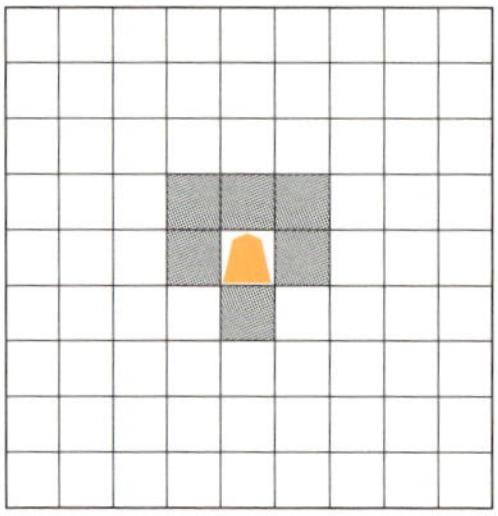

敵陣《てきじん》に入《はい》ると「と金《きん》」になれます。と金《きん》は、もしとられても、相手《あいて》が持《も》ち駒《ごま》として使《つか》う場合《ばあい》は歩《ふ》からスタートします。

飛《ひ》車《しゃ》

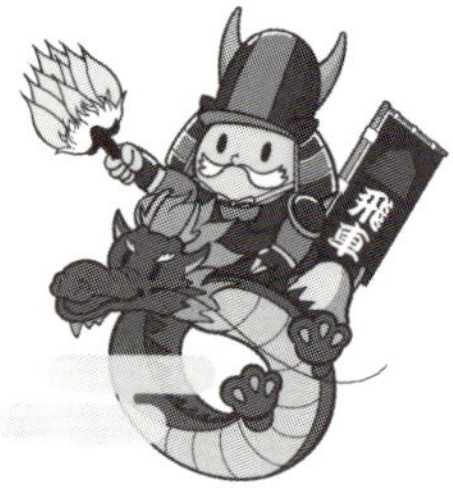

なまえ

飛車（ひしゃ）

うら 龍王（りゅうおう）

とくちょう

成《な》ると龍《りゅう》にパワーアップ

じゃくてん

飛《ひ》の時《とき》は、ななめに動《うご》けない

おもて

飛車

飛《ひ》車《しゃ》

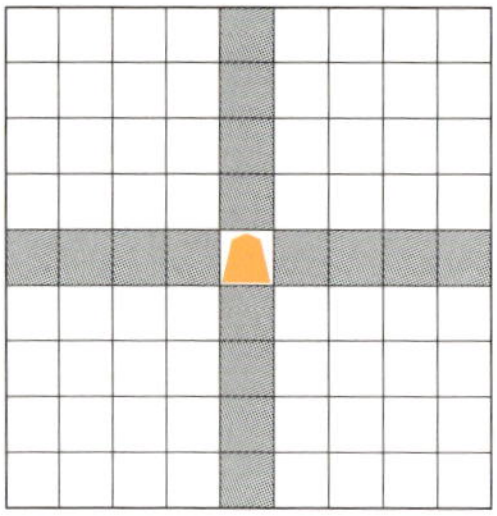

「ひしゃ」とよばれています。縦横《たてよこ》、駒《こま》にぶつかるまで、どこまでもすすむことができます。一番強《いちばんつよ》い駒《こま》で「大《おお》駒《ごま》」といわれています。

うら

龍王

龍王《りゅうおう》

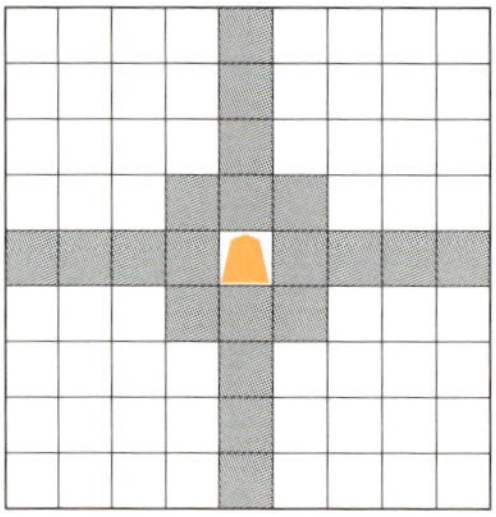

「りゅう」とよばれています。敵陣《てきじん》に入《はい》ると「龍王《りゅうおう》」になれます。飛《ひ》の動《うご》きに加《くわ》えて、ななめに一《ひと》マスずつ動《うご》けるようになります。

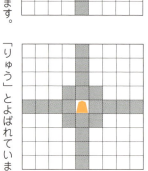

角《かく》行《ぎょう》

なまえ

角行（かくぎょう）

うら 龍馬（りゅうめ）

とくちょう

成《な》ると馬《うま》にパワーアップ

じゃくてん

角《かく》の時《とき》は、まっすぐ動《うご》けない

おもて

角行

角行《かくぎょう》

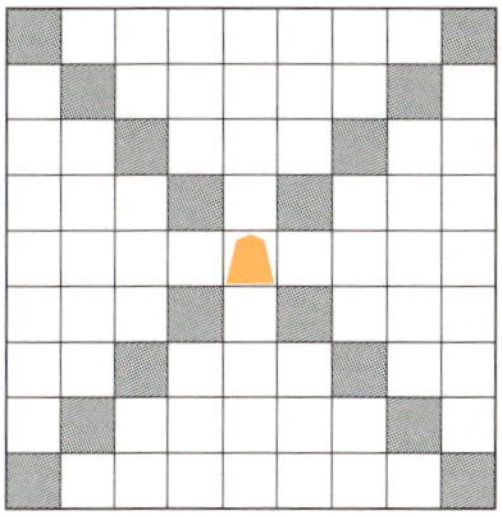

「かく」とよばれています。ななめに駒《こま》がぶつかるまで、どこまでもすすむことができます。「大駒《おおごま》」といわれています。

うら

龍馬

龍馬《りゅうめ》

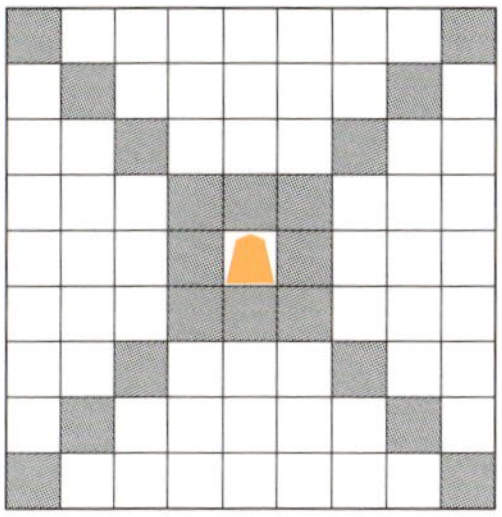

「うま」とよばれています。敵陣《てきじん》に入《はい》ると「龍馬《りゅうめ》」になれます。角《かく》の動《うご》きに加《くわ》えて、縦横《たてよこ》に一《ひと》マスずつ動《うご》けるようになります。

王《おう》将《しょう》

なまえ

王将（おうしょう）

玉将（ぎょくしょう）

とくちょう

すべての方向《ほうこう》にすすめるよ

じゃくてん

なし

おもて1

王将

王将《おうしょう》

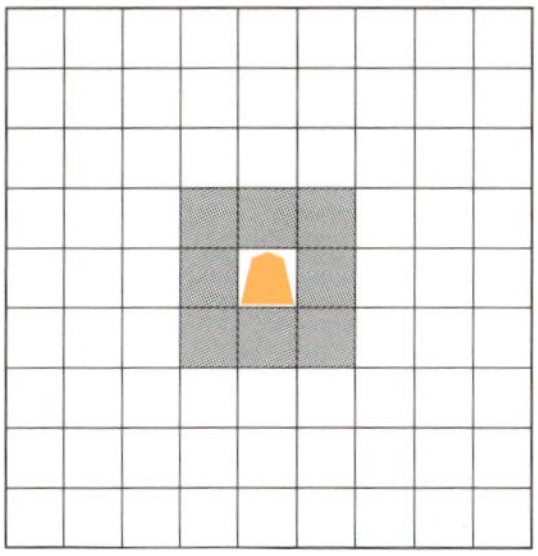

おもて2

玉将

玉将《ぎょくしょう》

王将《おうしょう》は、「王将《おうしょう》」「玉将《ぎょくしょう》」の二《に》種類《しゅるい》があります。「王《おう》」は立場《たちば》が上《うえ》の人《ひと》が、「玉《ぎょく》」は立場《たちば》が下《した》の人《ひと》が使《つか》います。どちらも「ぎょく」といいます。

駒《こま》について
ぼくたちは駒《こま》です。
駒《こま》についてご紹介《しょうかい》します。
歩
歩

駒《こま》は全部《ぜんぶ》で八種類《はっしゅるい》

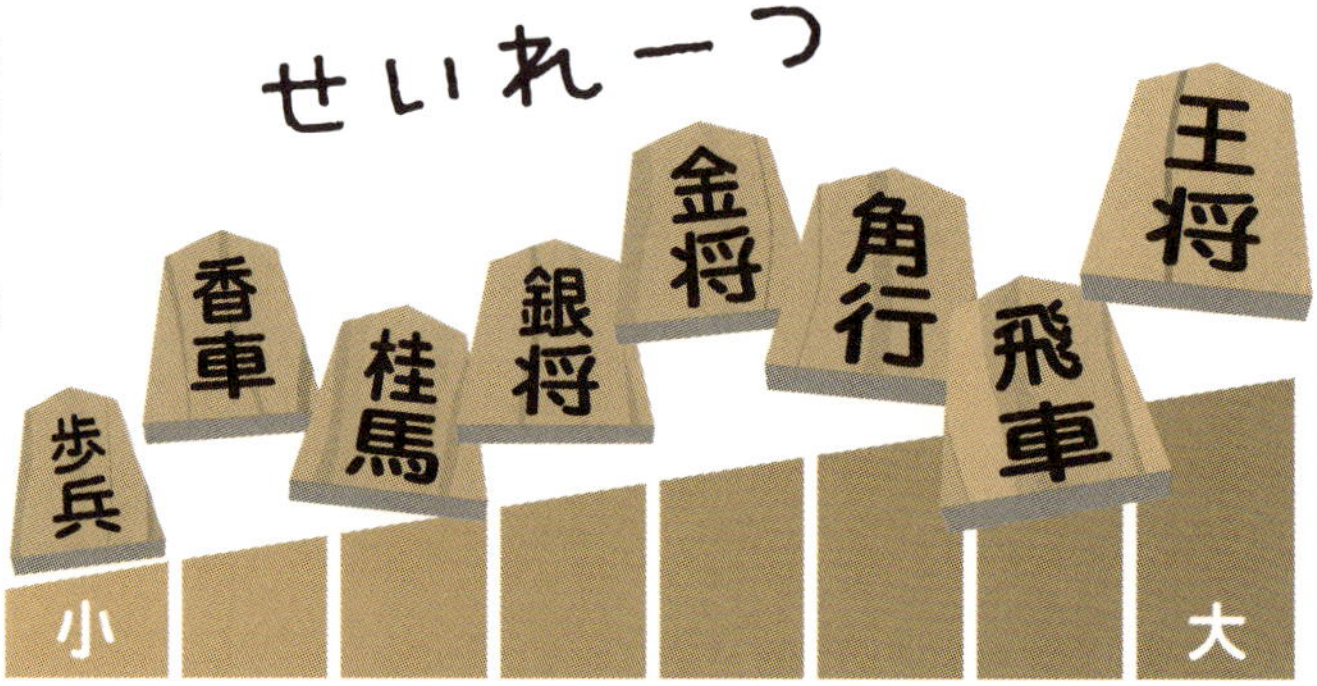

せいれーつ
王将
飛車
角行
金将
銀将
桂馬
香車
歩兵
小
大

種類別《しゅるいべつ》に大《おお》きさがちがうよ。

それぞれ五角形《ごかっけい》をしていて、両面《りょうめん》に文字《もじ》が書《か》いてあります。
（ただし王《おう》・玉《ぎょく》・金《きん》のうらは無地《むじ》）
歩兵
と
f
くるり

書《か》いてある文字《もじ》も、など、いろいろな書体《しょたい》があります。

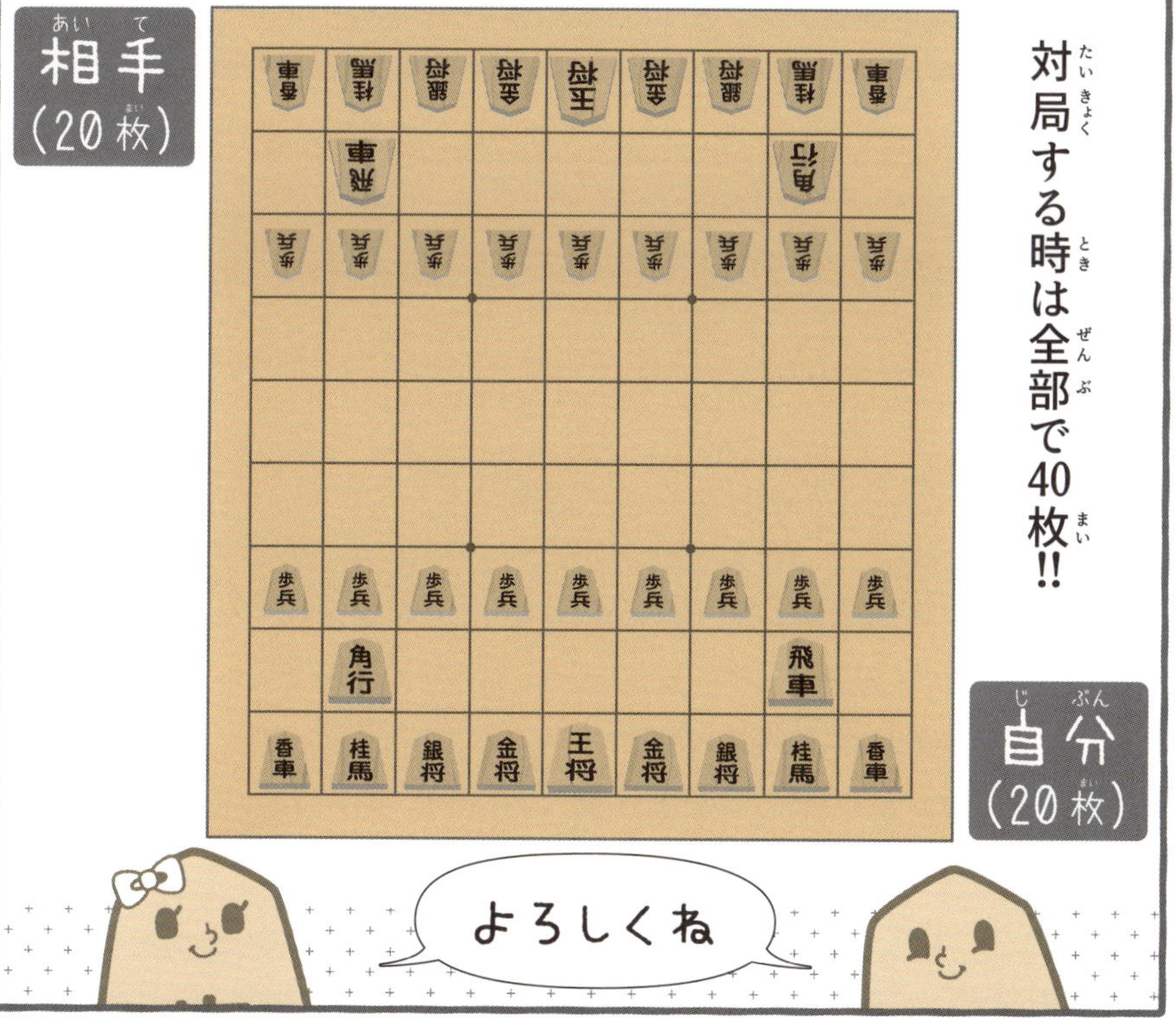

対局《たいきょく》する時《とき》は全部《ぜんぶ》で40枚《まい》!!

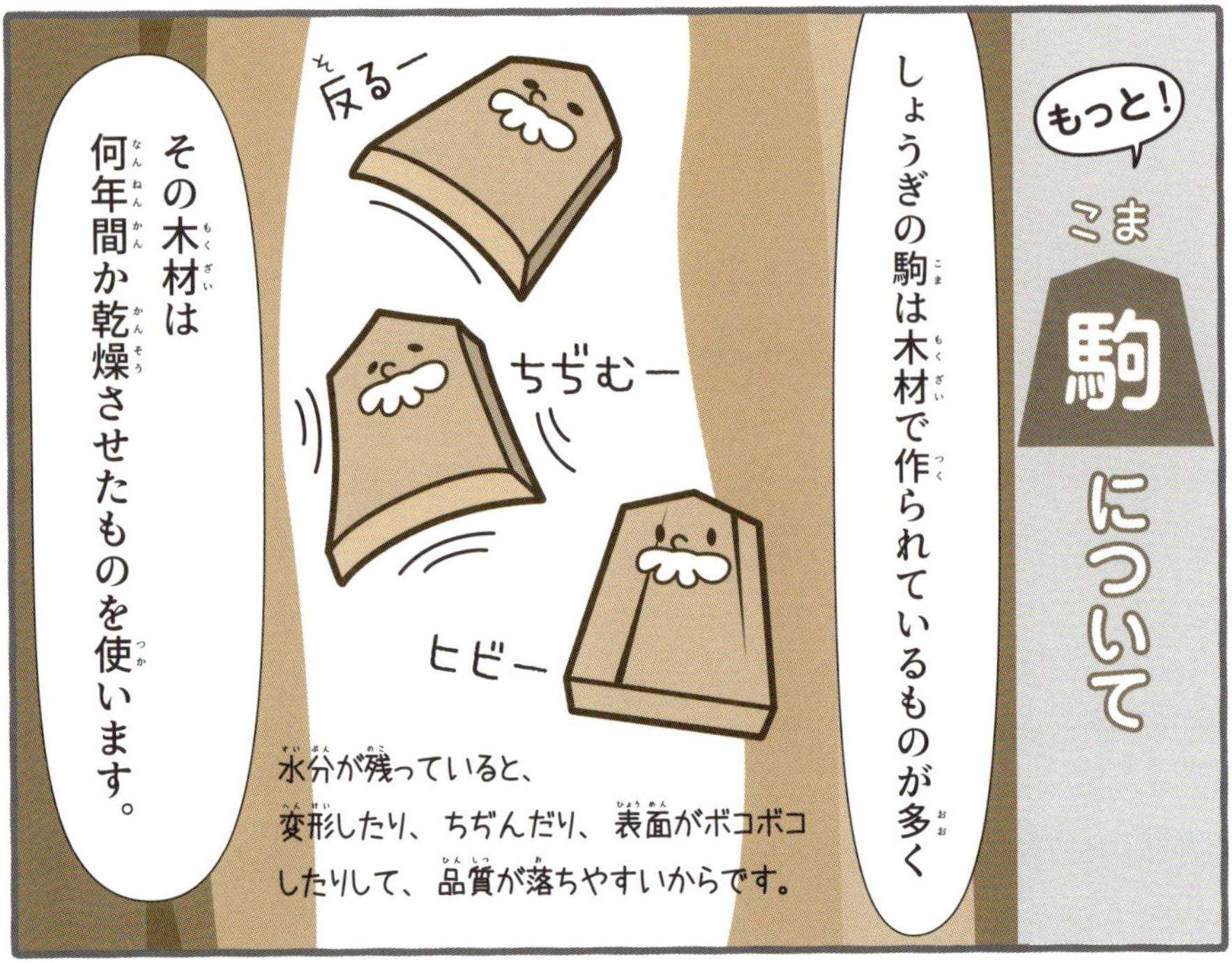

もっと！
駒《こま》について
しょうぎの駒《こま》は木材《もくざい》で作《つく》られているものが多《おお》く
その木材《もくざい》は何年間《なんねんかん》か乾燥《かんそう》させたものを使《つか》います。
反《そ》るー
ちぢむー
ヒビー
水分《すいぶん》が残《のこ》っていると、変形《へんけい》したり、ちぢんだり、表面《ひょうめん》がボコボコしたりして、品質《ひんしつ》が落《お》ちやすいからです。

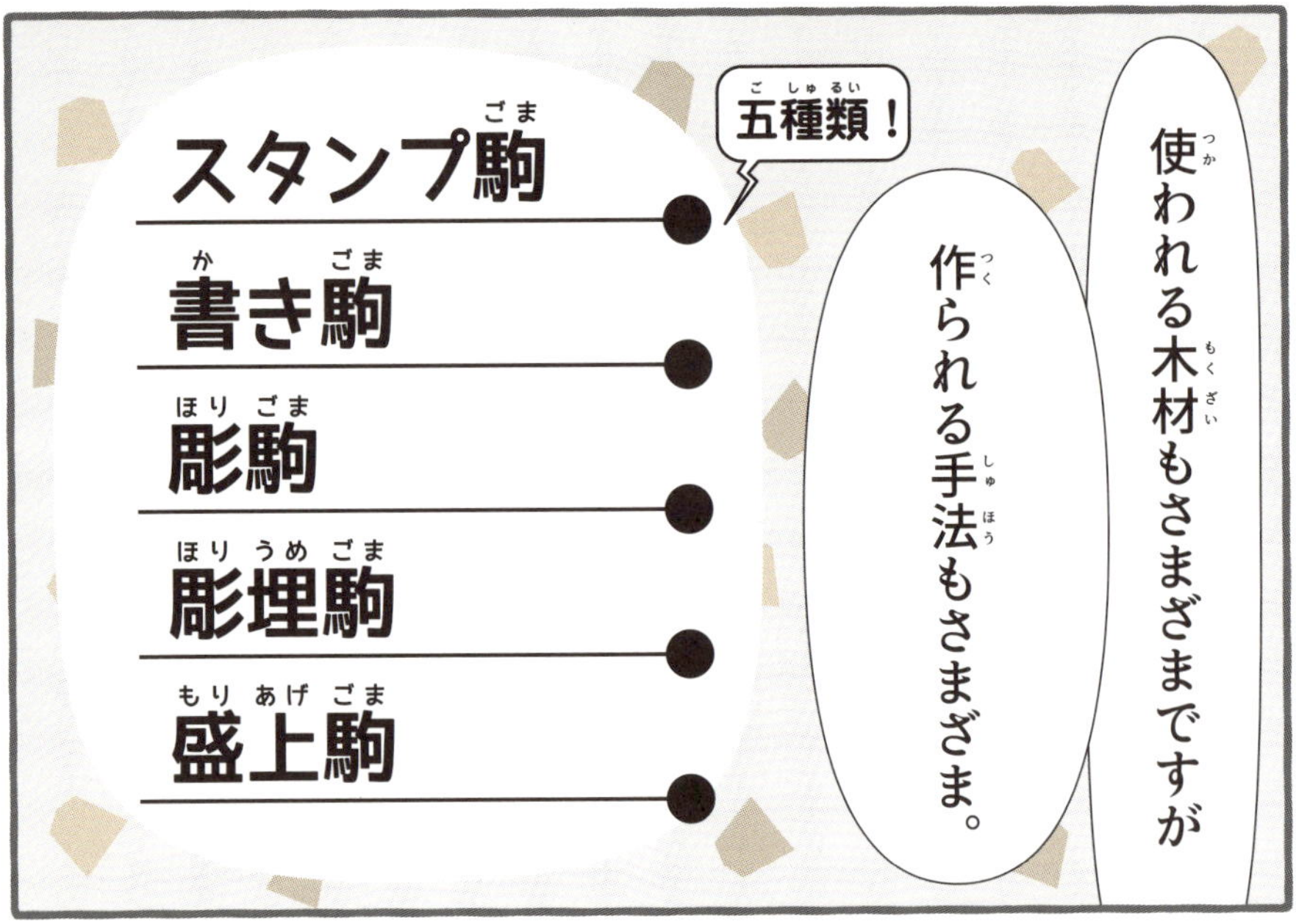

使《つか》われる木材《もくざい》もさまざまですが
作《つく》られる手法《しゅほう》もさまざま。
五種類《ごしゅるい》！
スタンプ駒《ごま》
書《か》き駒《ごま》
彫駒《ほりごま》
彫埋駒《ほりうめごま》
盛上駒《もりあげごま》

断《だん》面《めん》でくらべよう

駒《こま》はたいせつに扱《あつか》おう。

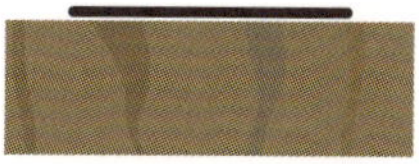

スタンプ駒《ごま》

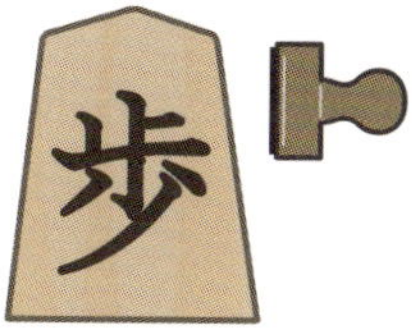

スタンプを押《お》して作《つく》ります。大量生産《たいりょうせいさん》できてリーズナブル。

書《か》き駒《ごま》

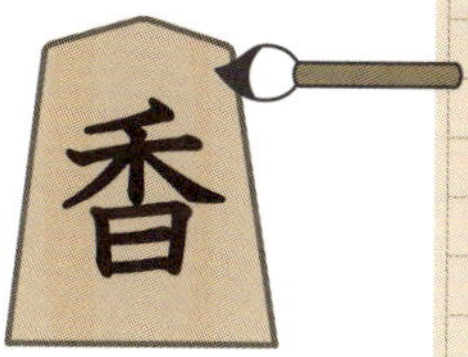

筆《ふで》で直接《ちょくせつ》文字《もじ》を書《か》きます。うるしで書《か》きます。

彫駒《ほりごま》

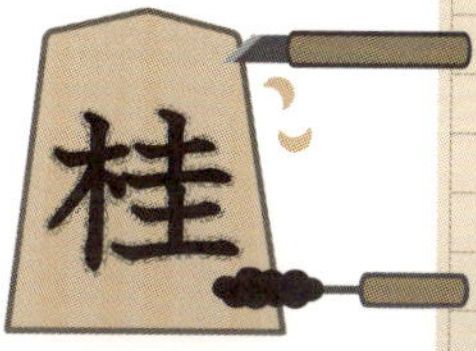

文字《もじ》を彫《ほ》り、その部分《ぶぶん》にうるしを塗《ぬ》ります。

彫埋駒《ほりうめごま》

彫《ほ》った部分《ぶぶん》にうるしを平面《へいめん》になるまでくり返《かえ》し塗《ぬ》り、やすりをかけたものです。

盛上駒《もりあげごま》

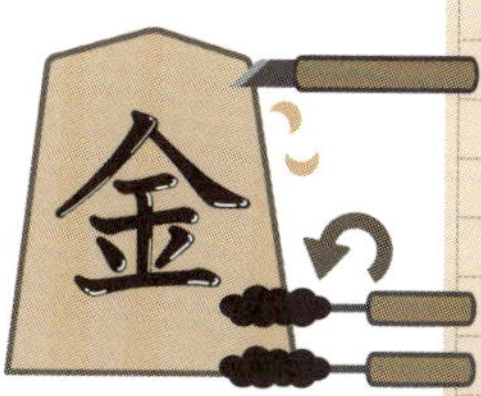

彫埋《ほりうめ》したあとにうるしを盛《も》り上《あ》げて作《つく》ります。高《たか》い技術《ぎじゅつ》が必要《ひつよう》な高級《こうきゅう》品《ひん》です。

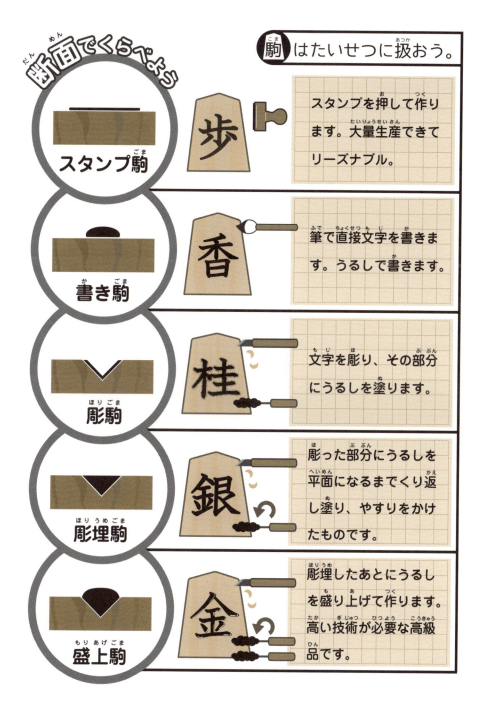

コラム

知《し》っておきたい！ しょうぎのこと

しょうぎとは？

しょうぎも、相手《あいて》の玉《ぎょく》を詰《つ》ませるゲームです。詰《つめ》しょうぎと大《おお》きく違《ちが》うのは、40枚《まい》の駒《こま》すべてを使《つか》うところ。そして何《なに》より2人《ふたり》で対局《たいきょく》するゲームというところです。それぞれ20枚《まい》ずつ自分《じぶん》の駒《こま》をならべて、交互《こうご》に指《さ》していきます。そして、相手《あいて》の玉《ぎょく》をどちらが早《はや》く詰《つ》ませられるか、早《はや》く詰《つ》ませた方《ほう》が勝《か》ちというゲームです。

① 駒《こま》のならべ方《かた》

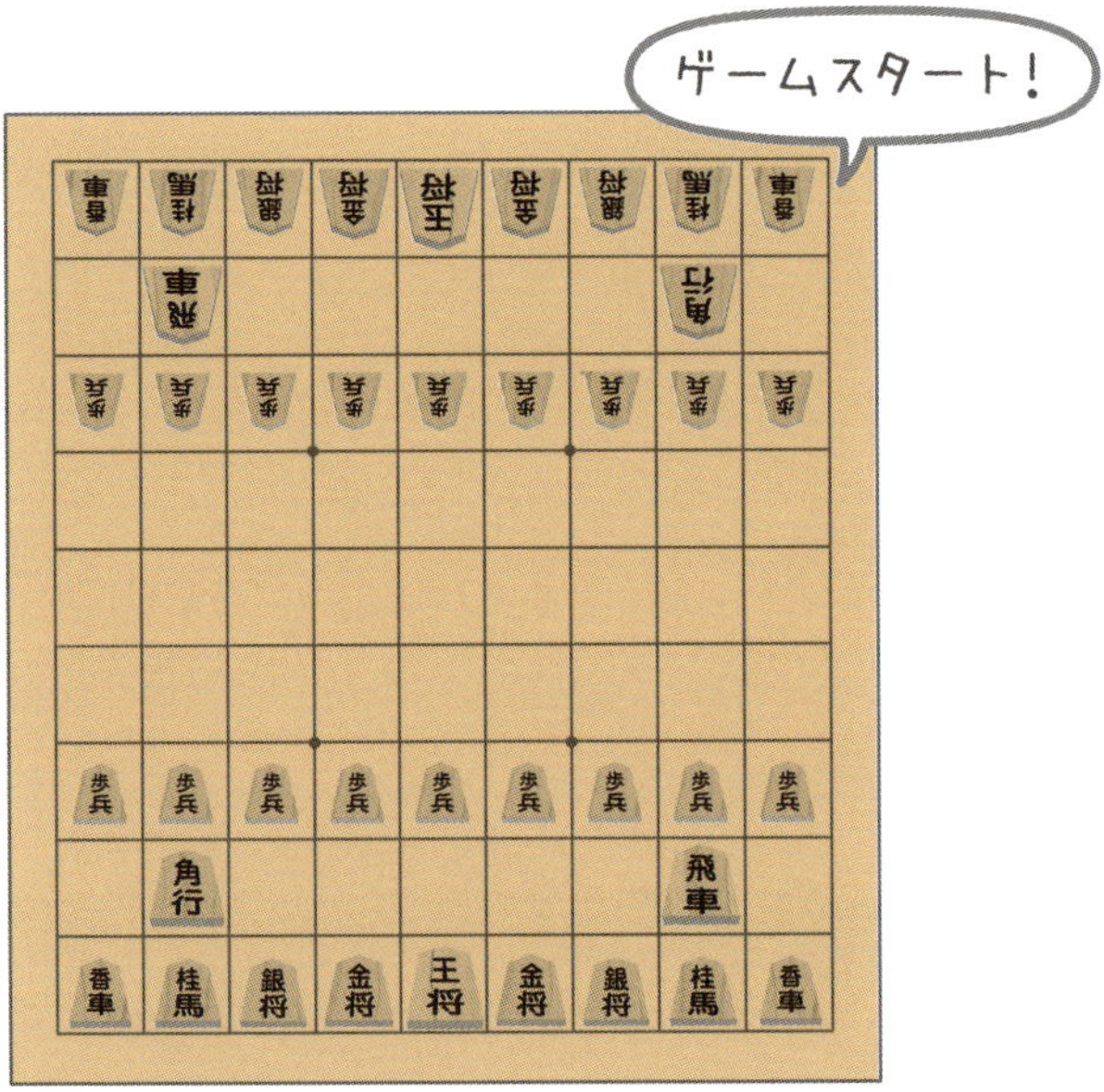

たくさんの駒《こま》を交互《こうご》に動《うご》かして戦《たたか》います。大体《だいたい》、1回《かい》対局《たいきょく》すると、100手《て》くらい指《さ》します。いろいろな指《さ》し方《かた》があるので、おぼえるととてもおもしろいです。

コラム

知《し》っておきたい！ しょうぎのこと

②基《き》本《ほん》のマナー

- 盤《ばん》と駒《こま》はたいせつに扱《あつか》います。投《な》げたりしないようにしましょう。
- はじめる前《まえ》に、おじぎをして「お願《ねが》いします」とあいさつしましょう。
- 2人《ふたり》で対局《たいきょく》し、交代《こうたい》で駒《こま》を動《うご》かします（先手《せんて》、後手《ごて》を決《き》めましょう）。2回《かい》続《つづ》けて駒《こま》を動《うご》かすことはできません。
- 一《ひと》つのマス目《め》には、一《ひと》つの駒《こま》しかおきません。
- 負《ま》けそうだからといって、途中《とちゅう》でやり直《なお》しはできません。
- 一《いち》度《ど》手《て》に持《も》った駒《こま》を動《うご》かします。手《て》に持《も》った駒《こま》をおいて、違《ちが》う駒《こま》を持《も》ち直《なお》して指《さ》すことはできません。
- 自分《じぶん》が負《ま》けだとわかった場合《ばあい》は、「負《ま》けました」といいましょう。
- 対局《たいきょく》が終《お》わったあとは、駒《こま》をしっかり数《かぞ》えてていねいに片《かた》づけをしましょう。
- さいごに「ありがとうございました」とあいさつをして終《お》わります。

2 詰《つめ》しょうぎ 基本《きほん》のきまりごと

詰《つめ》しょうぎをはじめる前《まえ》に、おぼえておきたいきまりごとがあります。これをマスターして、もんだいにチャレンジしましょう。

詰《つめ》しょうぎとは？

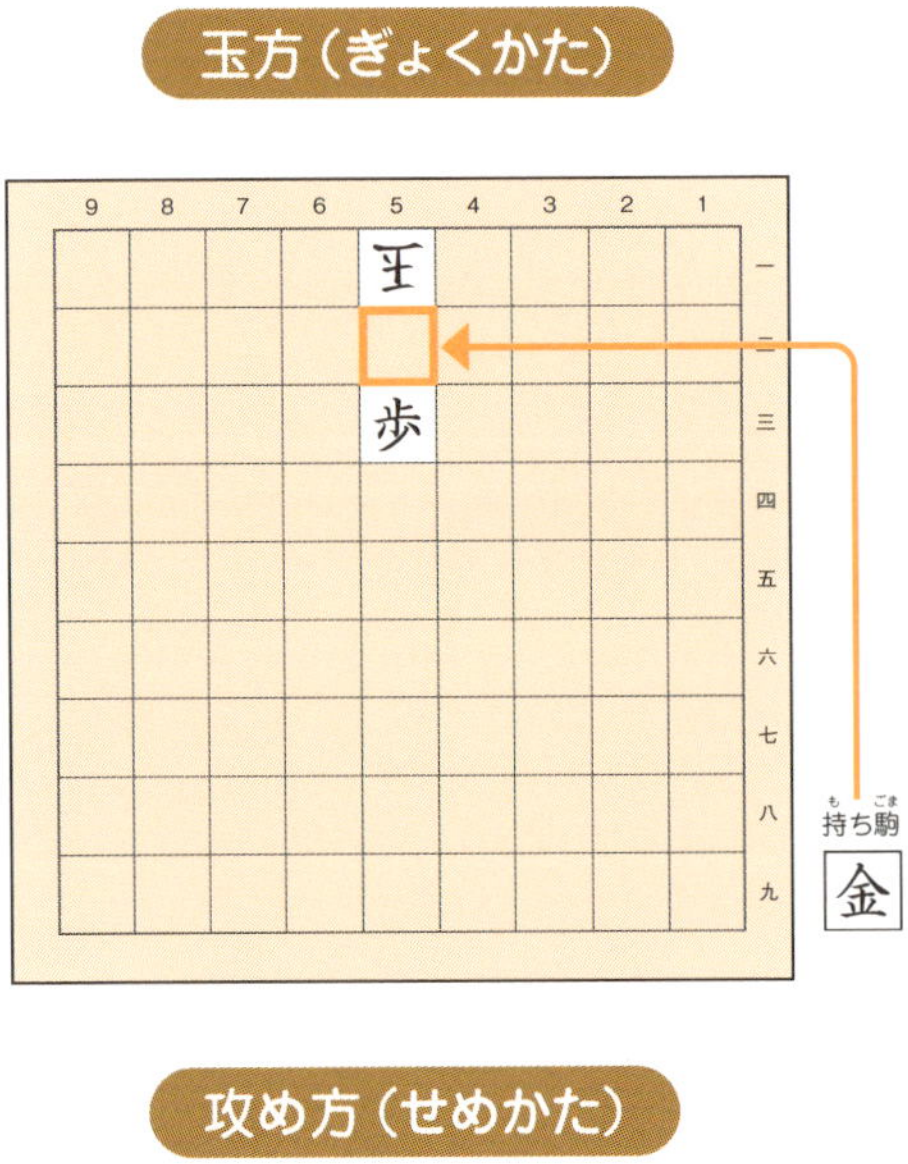

詰《つめ》しょうぎとは、玉《ぎょく》を詰《つ》ますゲームです。自分《じぶん》が攻《せ》め方《かた》（攻《せ》める側《がわ》のこと）となり、相手《あいて》の玉《ぎょく》に「王手《おうて》」をして詰《つ》ませます。攻《せ》め方《かた》は「王手《おうて》」以外《いがい》の手《て》は指《さ》せません。本書《ほんしょ》は1手詰《いってづ》みもんだいばかりなので、攻《せ》め方《かた》の1手《いって》で詰《つ》むはずです。次《つぎ》のステップになると、3手《さんて》詰《づめ》、5手詰《ごてづめ》、7手詰《ななてづめ》……と、自分《じぶん》が指《さ》して終《お》わりではなく、相手《あいて》の逃《に》げ方《かた》や受《う》け方《かた》もかんがえなくていけないゲームになっていきます。例《たと》えば3手詰《さんてづめ》は、攻《せ》め方《かた》「王手《おうて》」→玉方《ぎょくかた》（相手《あいて》玉側《ぎょくがわ》のこと）「玉《ぎょく》が逃《に》げるもしくは受《う》ける」→攻《せ》め方《かた》「王手《おうて》」で詰《つ》み。という具合《ぐあい》にすすめます。詰《つめ》しょうぎは駒《こま》の動《うご》かし方《かた》をおぼえれば、パズルのような感《かん》覚《かく》でとり組《く》むことができます。一人《ひとり》でできるゲームで、短《みじか》い時間《じかん》でたくさんのもんだいを解《と》いていけるので、初心者《しょしんしゃ》のかたでも楽《たの》しめます。

ゲームスタート！
攻《せ》め方《かた》から指《さ》します

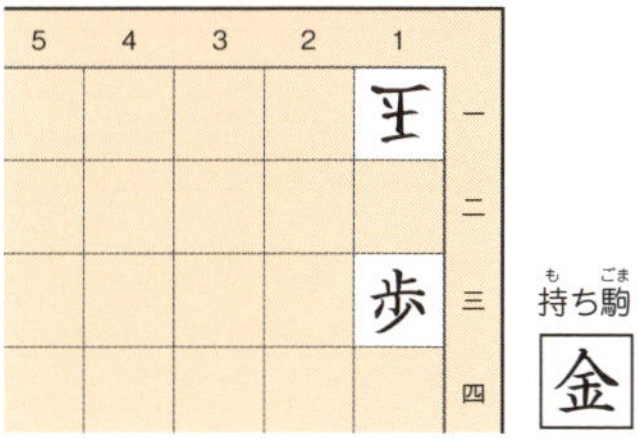

ゲーム終了《しゅうりょう》！
相手玉《あいてぎょく》は逃《に》げられません

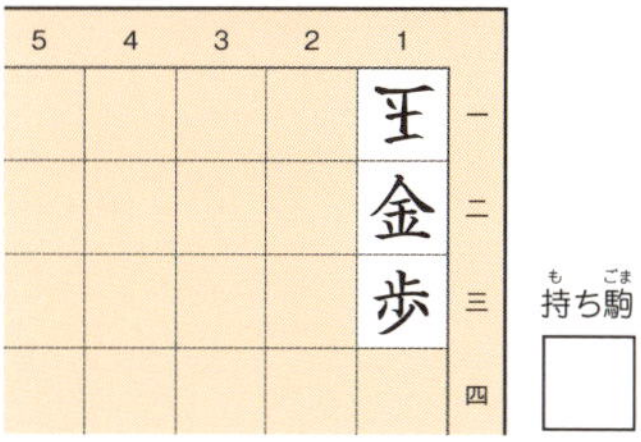

詰上《つめあ》がり図《ず》（相手玉《あいてぎょく》を詰《つ》ませた盤面《ばんめん》の図《ず》をこういいます）

詰《つめ》しょうぎは、いつでもどこでもできる、というメリットがあります。もんだいを見《み》て「ハッ」ときづけるとうれしいですね！

知《し》っておきたい６つのこと

- 詰《つ》められる側《がわ》を「玉方（ぎょくかた）」、詰《つ》ます側《がわ》を「攻め方（せめかた）」といいます。
- １手詰《いってづめ》もんだいは、「あと１手《いって》で詰《つ》む（玉《ぎょく》が逃《に》げられない）」形《かたち》になっています。
- 自分《じぶん》の手元《てもと》に持《も》ち駒《ごま》がある時《とき》は、かならずすべて使《つか》いきります。ない時《とき》は、盤上《ばんじょう》にある駒《こま》を動《うご》かして詰《つ》ませます。
- 攻《せ》め方《かた》から指《さ》します（先手《せんて》といいます）。
- １手《いって》で詰《つ》むので、駒《こま》をどこにおくと相手《あいて》の玉《ぎょく》が逃《に》げられない形《かたち》になるか、よくかんがえておきます。
- 攻《せ》め方《かた》はかならず王手《おうて》で指《さ》します。王手《おうて》にならないところに駒《こま》を打《う》ったり、動《うご》かしたりしてはいけません。

きまりごと 1

駒《こま》を「成《な》る」

しょうぎでは、敵陣《てきじん》に入《はい》ると自分《じぶん》の駒《こま》がパワーアップして動《うご》かせる場所《ばしょ》がふえます。これを駒《こま》が「成《な》る」といいます。敵陣《てきじん》に自分《じぶん》の駒《こま》を打《う》ってから、次《つぎ》の手《て》でその駒《こま》を動《うご》かしても成《な》ることができます。一度《いちど》成《な》った駒《こま》は、もとにもどすことはできません。

自分《じぶん》の駒《こま》をうらがえすことで成《な》ることができるので、次《つぎ》の手《て》で成《な》るかどうかをよくかんがえましょう。成《な》らない場合《ばあい》は「不成（成《な》らず）」といいます。

❶敵陣《てきじん》に入《はい》ると成《な》れます。

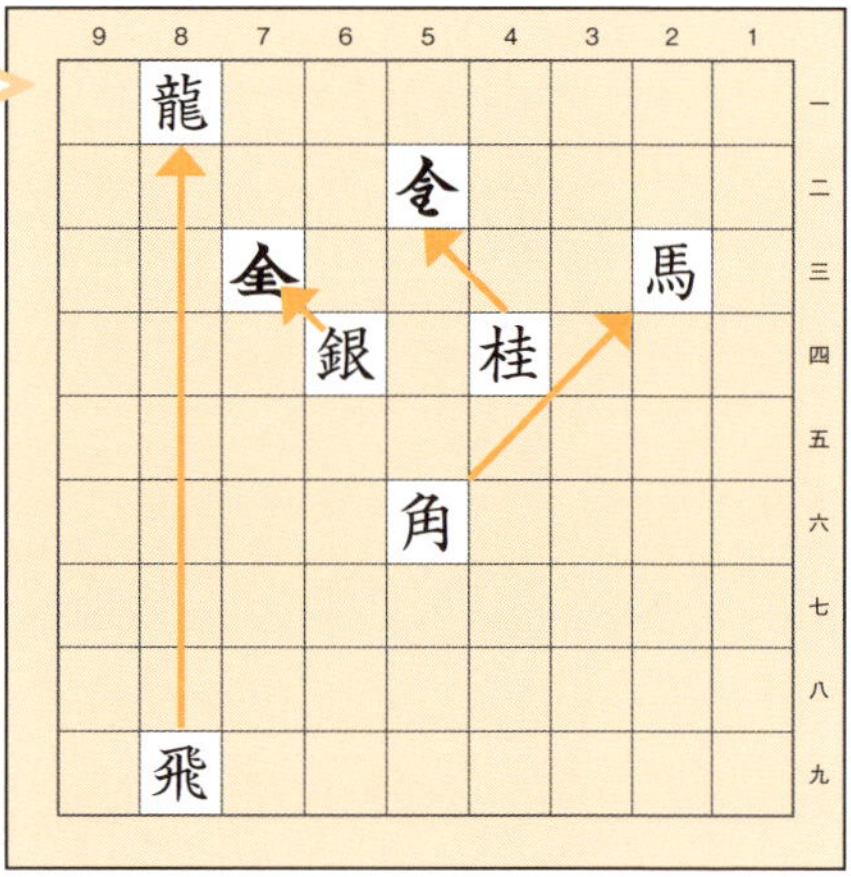

❷敵陣《てきじん》に持《も》ち駒《ごま》を打《う》つ時《とき》、成《な》ることはできません。

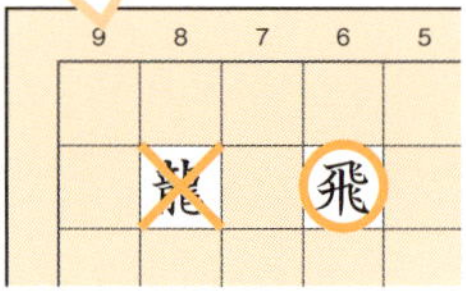

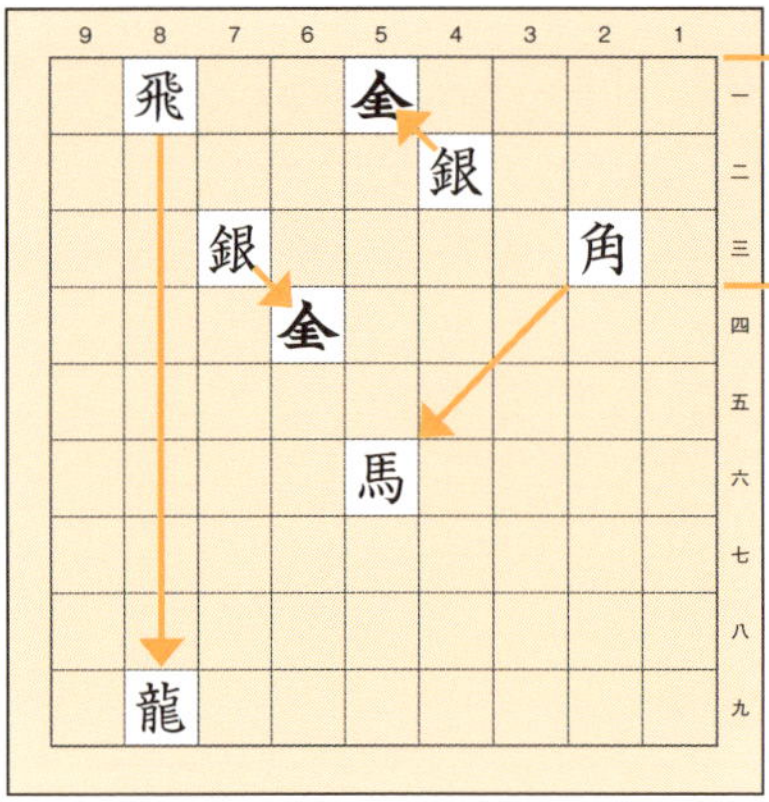

❸敵陣《てきじん》から自分《じぶん》の駒《こま》を動《うご》かす時《とき》も成《な》ることができます。

成《な》ると詰《つ》まない

成《な》らないと詰《つ》む！

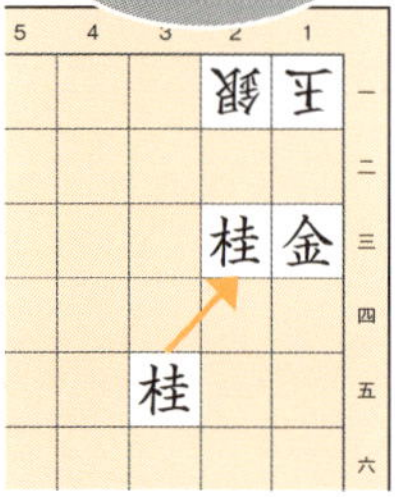

※成《な》る必要《ひつよう》がない時《とき》は成《な》らなくても良《よ》いです。どちらが良《よ》い手《て》か、かんがえましょう。

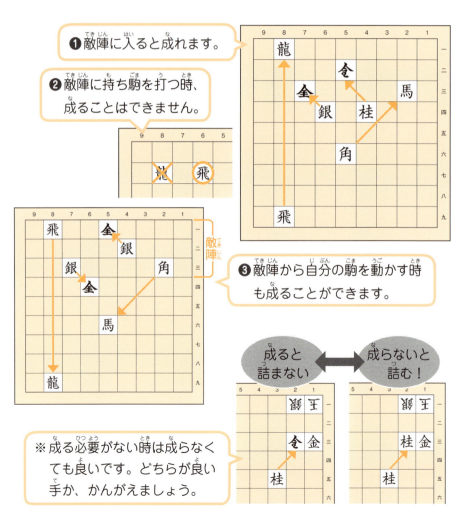

駒《こま》を成《な》る

しょうぎでは、駒《こま》の強《つよ》さをパワーアップする方法《ほうほう》があるよ。

成《な》る方法《ほうほう》①

敵陣《てきじん》に入《はい》る時《とき》

成《な》る方法《ほうほう》②

敵陣《てきじん》から動《うご》かす時《とき》

まだ成《な》っていない駒《こま》を、敵陣《てきじん》から動《うご》かす時《とき》に成《な》れるよ。

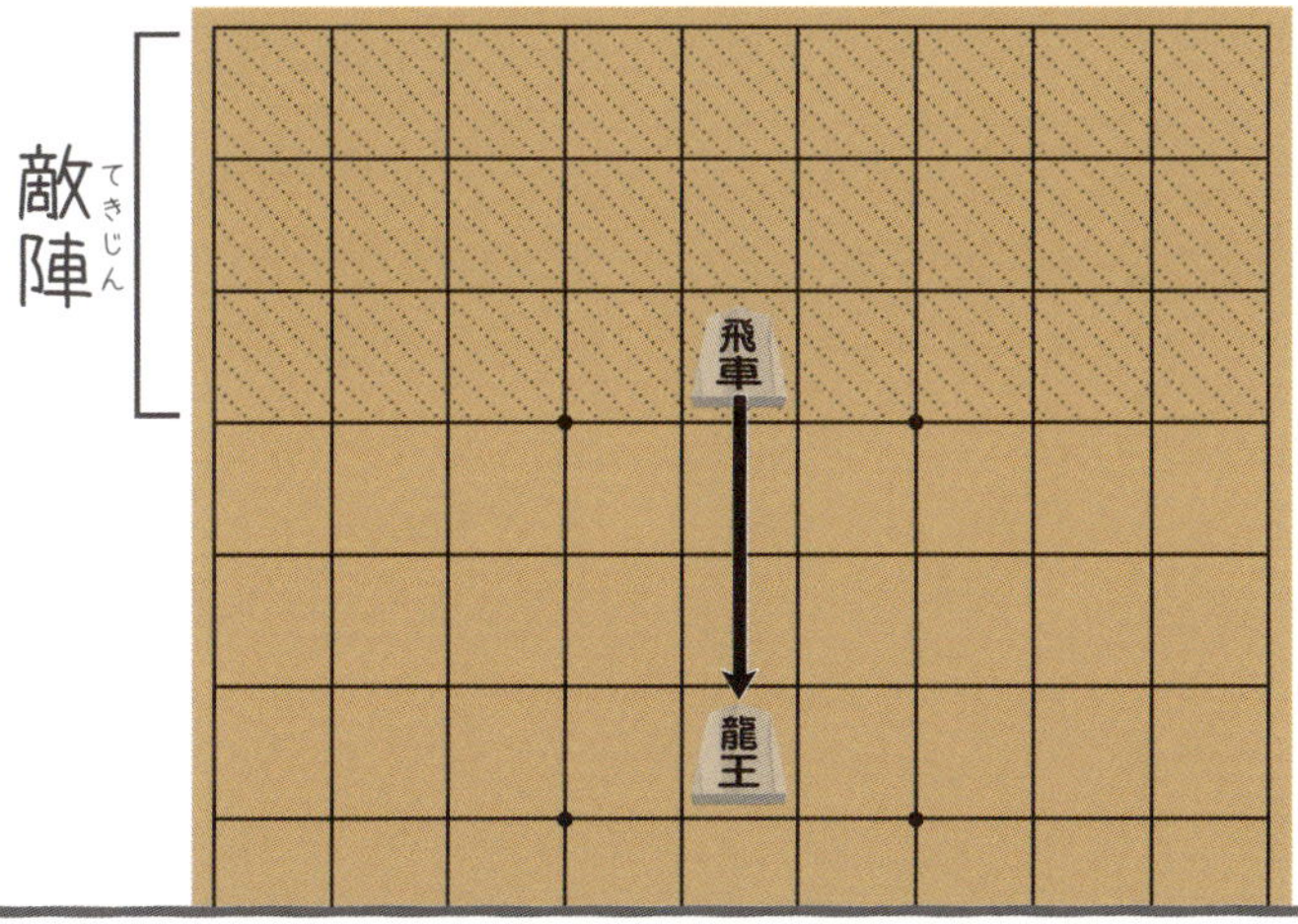

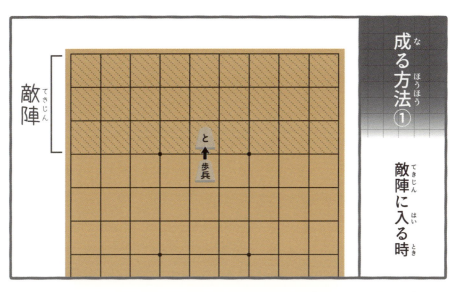

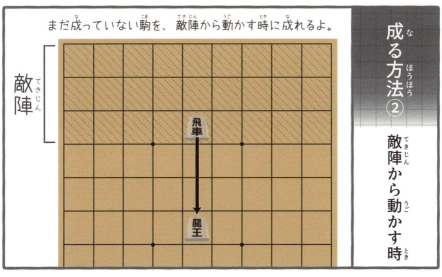

成《な》る時《とき》は、
歩兵
と
駒《こま》をうらがえしてね。
無地《むじ》！
ただし、うらが無地《むじ》の王《おう》・玉《ぎょく》・金《きん》は成《な》れないよ。
金
王

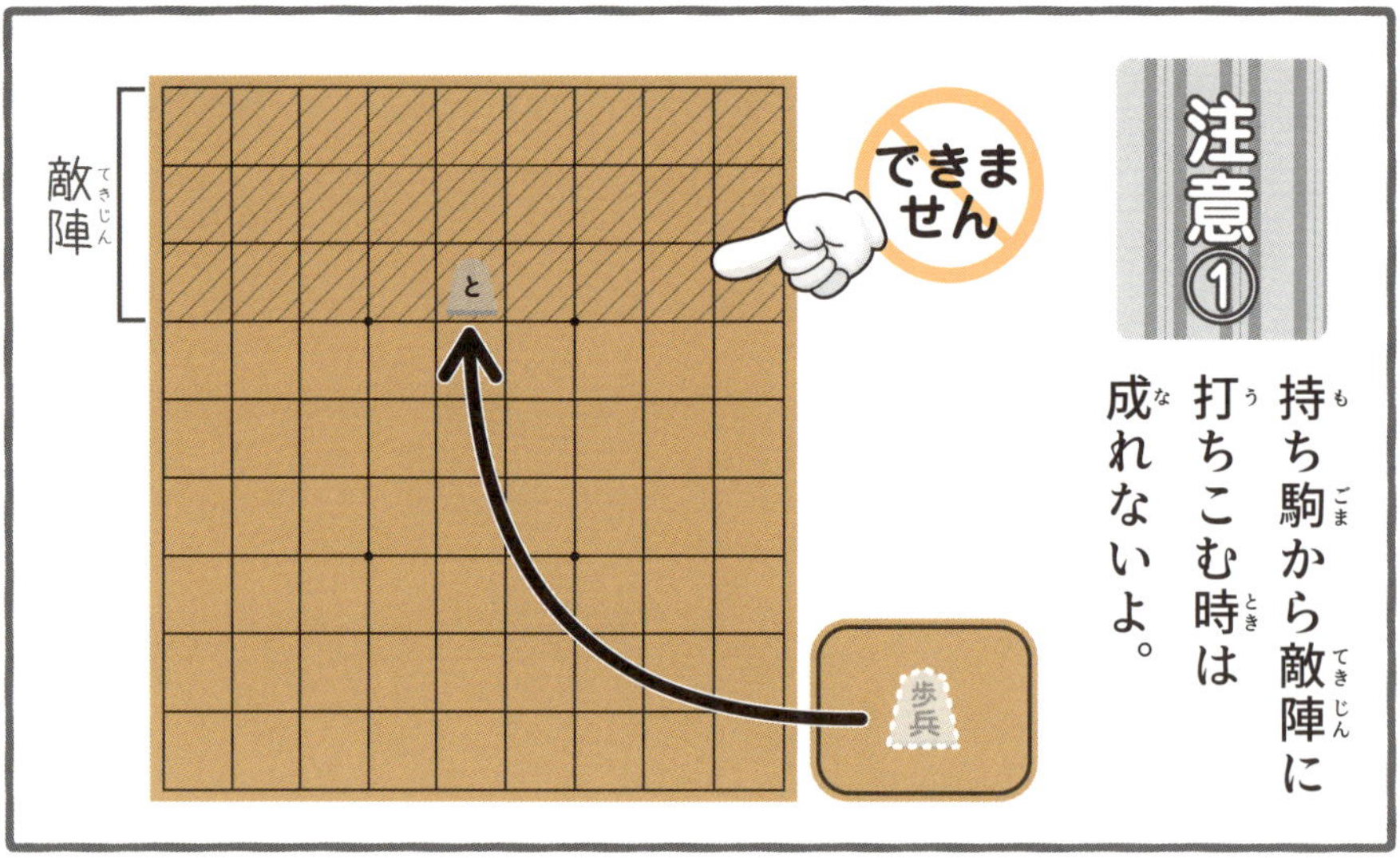
注意①
持《も》ち駒《ごま》から敵陣《てきじん》に打《う》ちこむ時《とき》は成《な》れないよ。
できません
敵陣《てきじん》
と
歩兵

注意②

一度《いちど》成《な》った駒《こま》はもとにもどすことはできません。

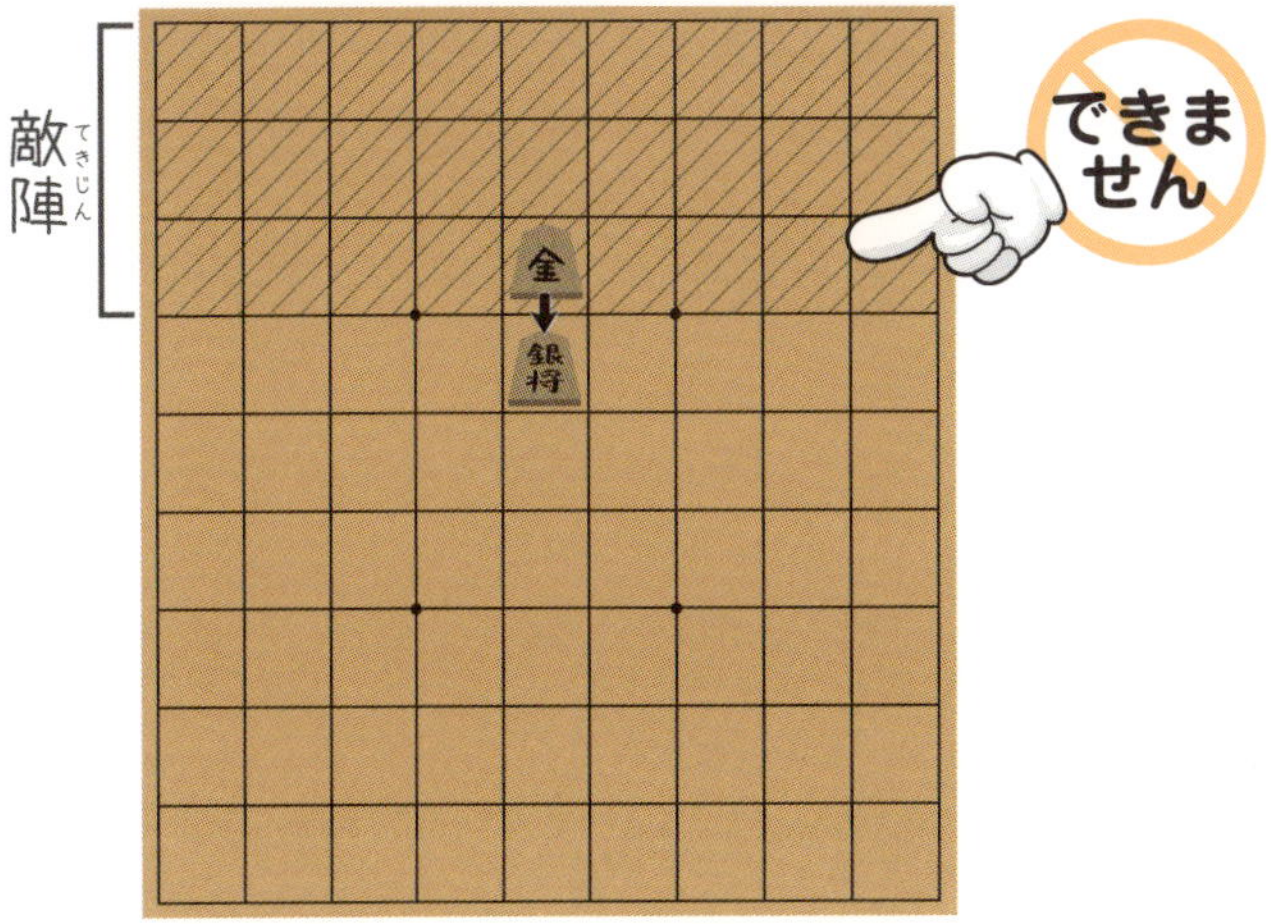

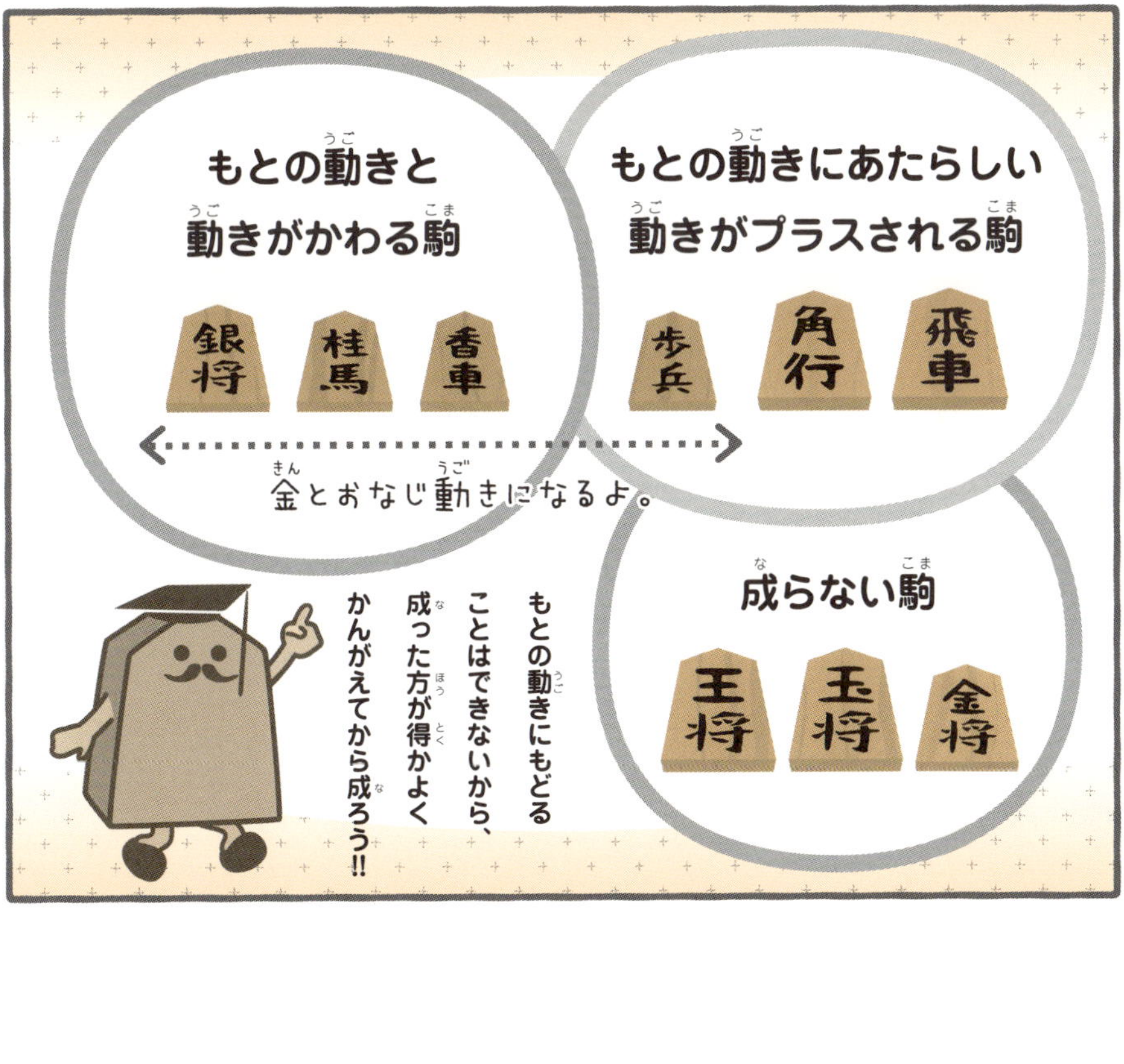

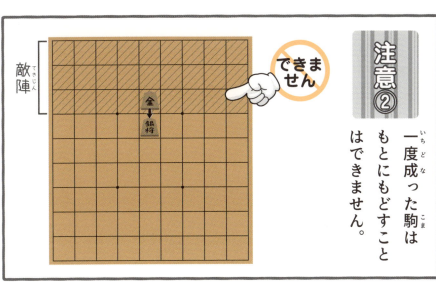

きまりごと 2

持《も》ち駒《ごま》の使《つか》い方《かた》

1. 持《も》ち駒《ごま》はすべて使《つか》いきります。
2. 詰《つめ》上《あ》がり（玉《ぎょく》が逃《に》げられない形《かたち》）で、攻《せ》め方《かた》の持《も》ち駒《ごま》はかならずなくなっていないといけません。
3. 持《も》ち駒《ごま》がある時《とき》は、持《も》ち駒《ごま》を使《つか》って詰《つ》ませるのがせいかいです。

■例《れい》

○

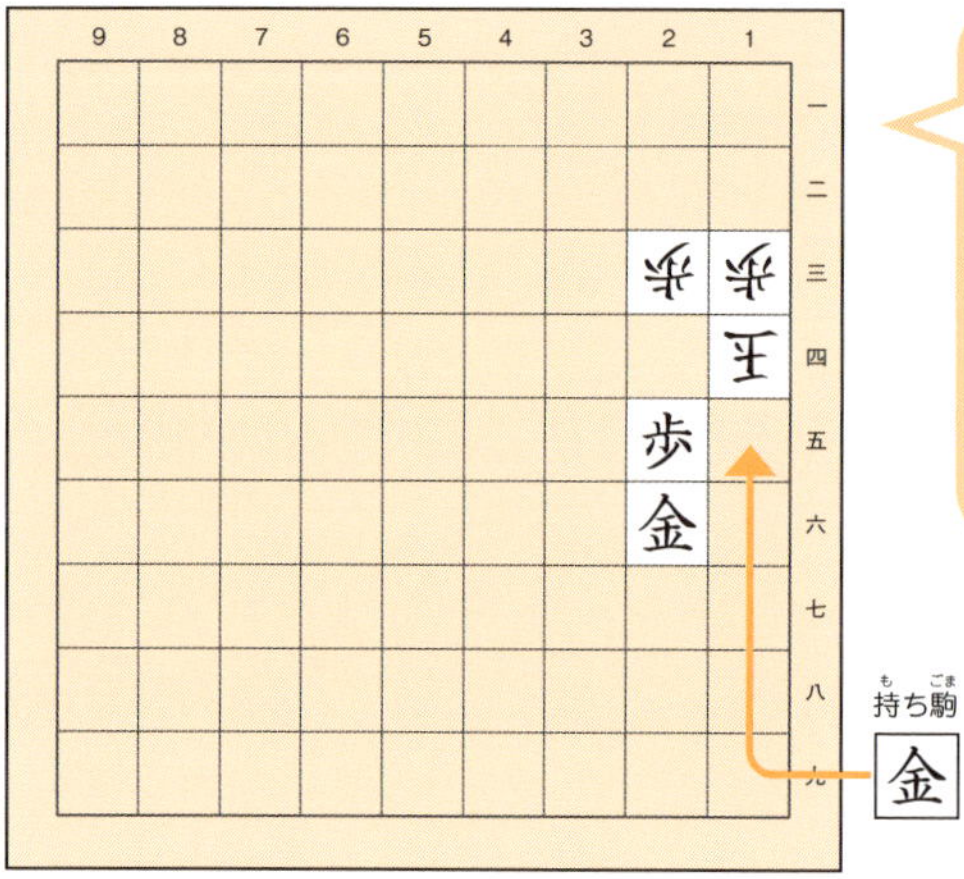

持《も》ち駒《ごま》に金《きん》があるので使《つか》います。
どこかに打《う》つとかならず詰《つ》むので、その場所《ばしょ》をさがします。

×

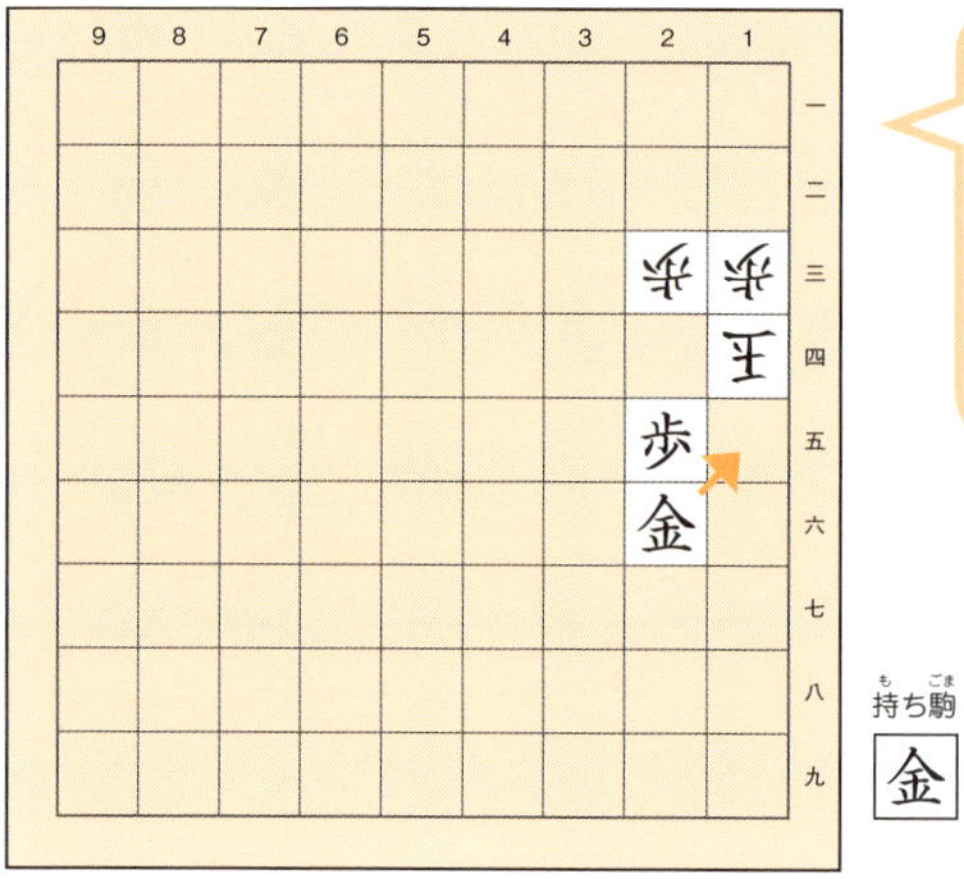

盤上《ばんじょう》の金《きん》を動《うご》かしてもとられて詰《つ》みませんし、持《も》ち駒《ごま》が余《あま》るのでいけません。

きまりごと 3

玉方《ぎょくかた》はむだな合《あ》い駒《ごま》をしません

■例《れい》

もんだい

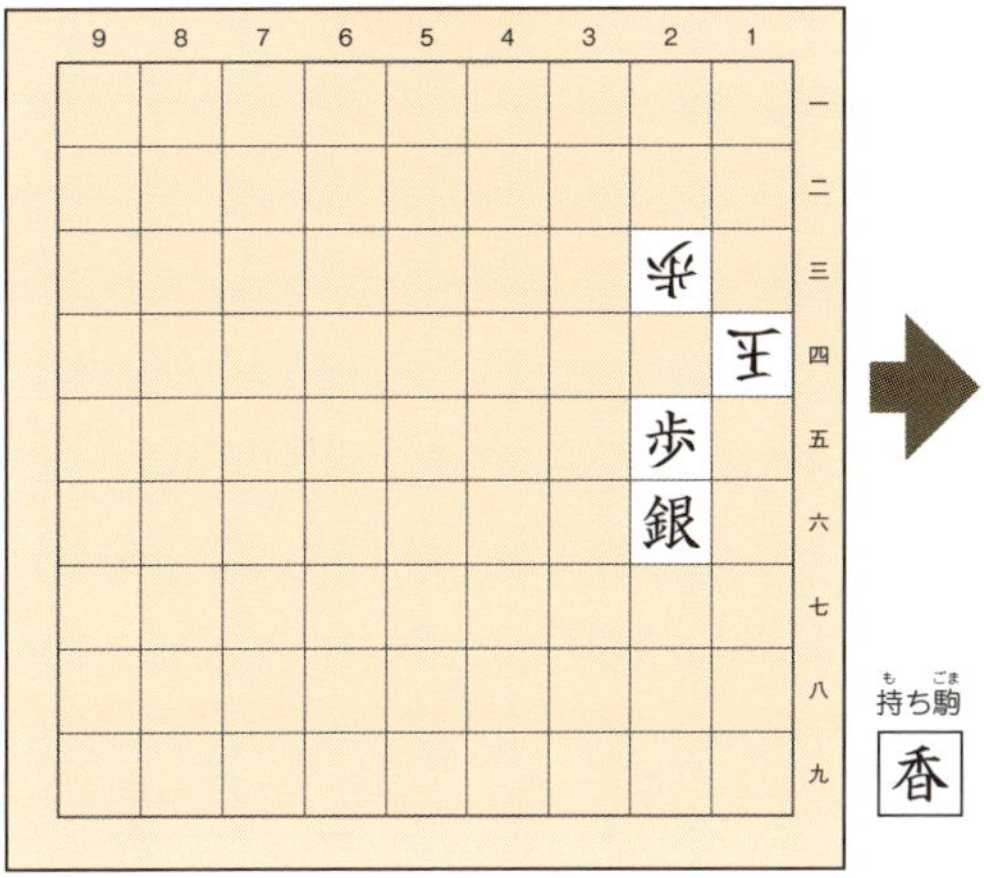

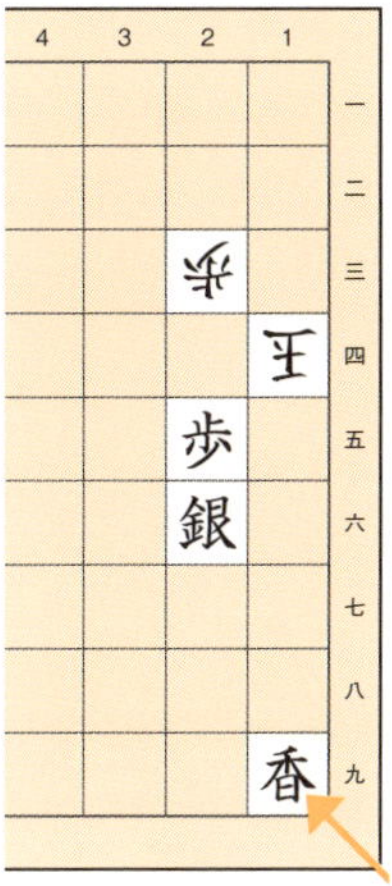

❶ 図《ず》の場所《ばしょ》に香《きょう》車《しゃ》を打《う》って王《おう》手《て》！

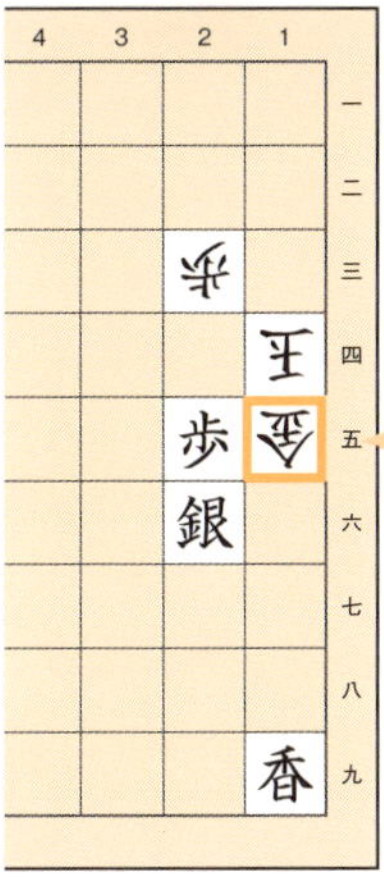

❷ 玉方《ぎょくかた》が、合《あ》い駒《ごま》として金《きん》を打《う》ったとします。

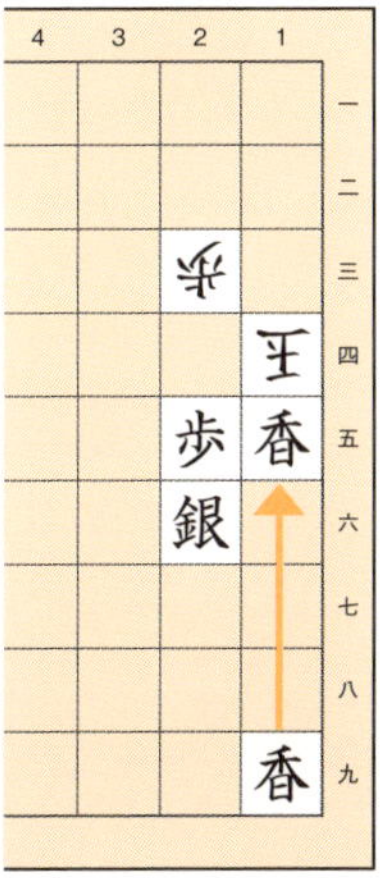

❸ 攻《せ》め方《かた》の香《きょう》にとられて詰《つ》みです。玉方《ぎょくかた》がどんな駒《こま》をおいてもとられて詰《つ》んでしまいます。

❹ ❷で玉方《ぎょくかた》が打《う》った金《きん》はむだな合《あ》い駒《ごま》となり、この詰《つめ》しょうぎのこたえは❶の図《ず》になります。

きまりごと 4

禁《きん》じ手《て》❶

行《い》き所《どころ》のない駒《こま》（これ以上《いじょう》すすめない場所《ばしょ》に駒《こま》をおいてはいけません）

後《うし》ろにすすめない駒《こま》「歩《ふ》」「香車《きょうしゃ》」「桂馬《けいま》」は、これ以上前《いじょうまえ》にすすめない場所《ばしょ》においてはいけません。そのような場所《ばしょ》におくことを「禁《きん》じ手《て》」といいます。

しょうぎでは、「禁《きん》じ手《て》」は反則《はんそく》で負《ま》けとなります。

■例《れい》

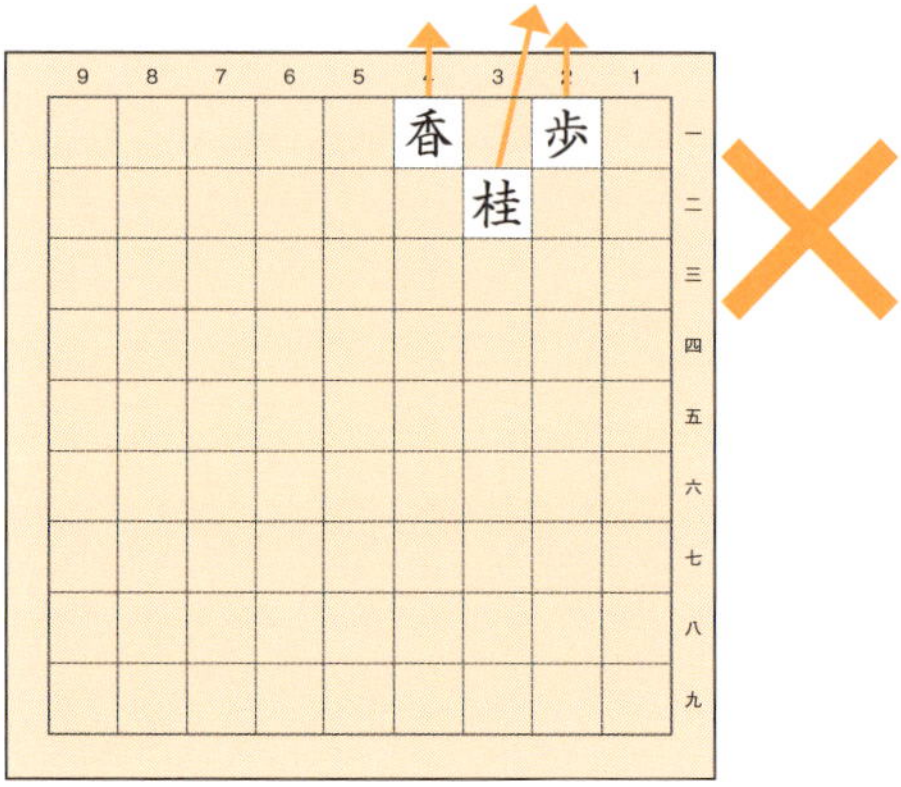

禁《きん》じ手《て》❷

二歩《にふ》（自分《じぶん》の歩《ふ》がある筋《すじ》に二枚目《にまいめ》の歩《ふ》を打《う》ってはいけません）

二歩《にふ》も「禁《きん》じ手《て》」とよばれていて、打《う》つと反則《はんそく》で負《ま》けとなります。「と金《きん》」がある筋《すじ》に歩《ふ》を打《う》つのは反則《はんそく》ではありません。

■例《れい》

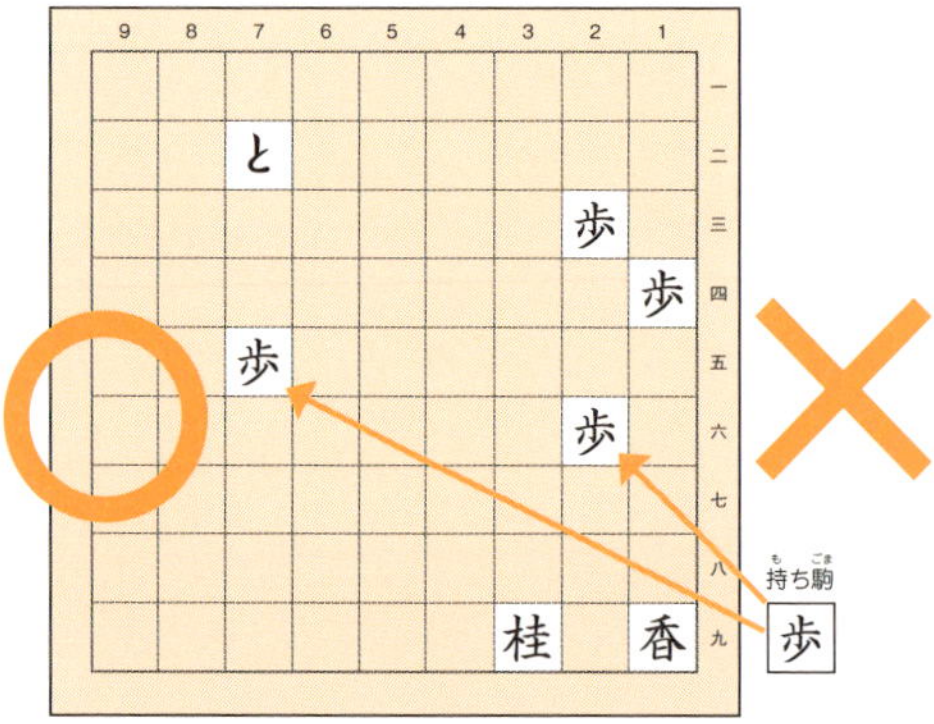

禁《きん》じ手《て》❸

打《う》ち歩《ふ》詰《づ》め（歩《ふ》を打《う》って詰《つ》ます形《かたち》はいけません）

1手詰《いってづめ》のもんだいでは、持《も》ち駒《ごま》はかならず使《つか》って詰《つ》ませる内容《ないよう》になっているので、出題《しゅつだい》されることはありませんが、3手詰《さんてづめ》からの手数《てすう》がふえる詰《つめ》しょうぎでは知《し》っていなければなりません。

■例《れい》

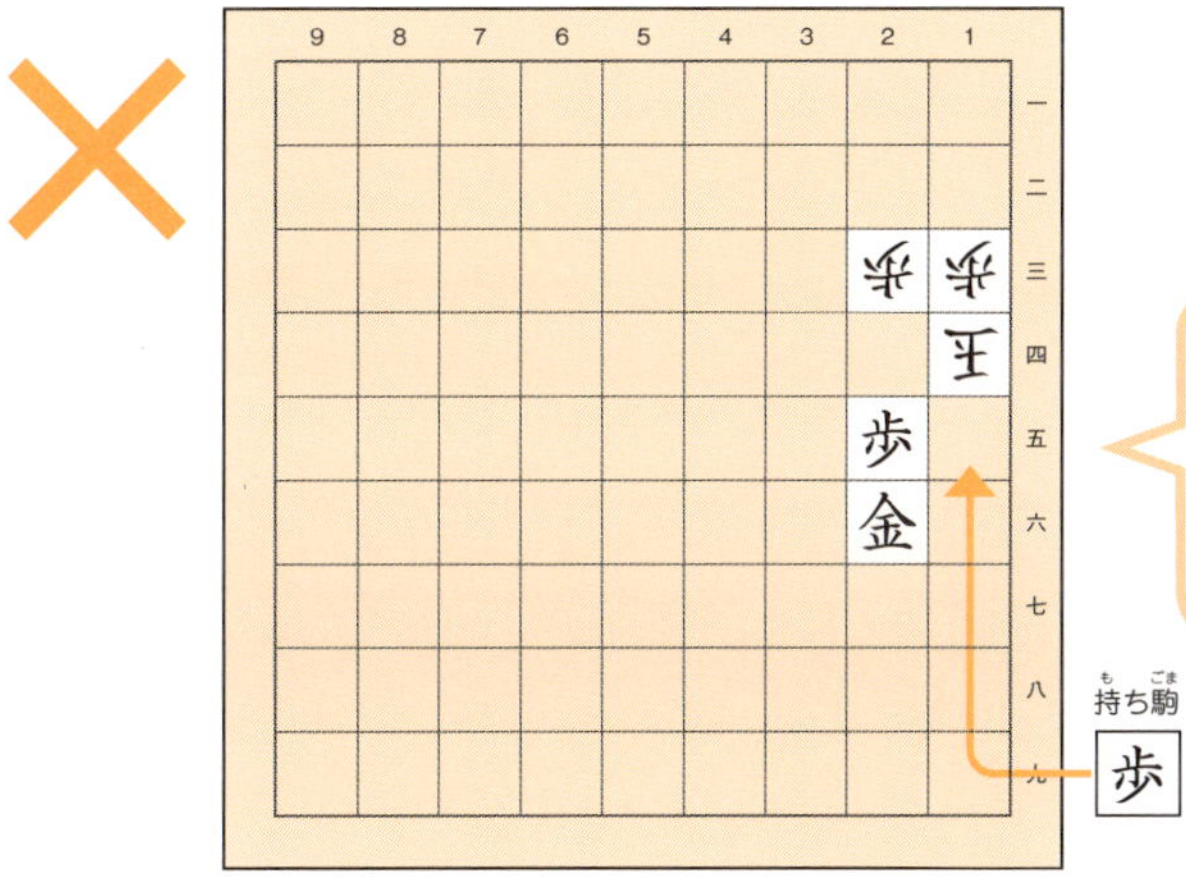

持《も》ち駒《ごま》の歩《ふ》を打《う》って詰《つ》ます形《かたち》はいけません。

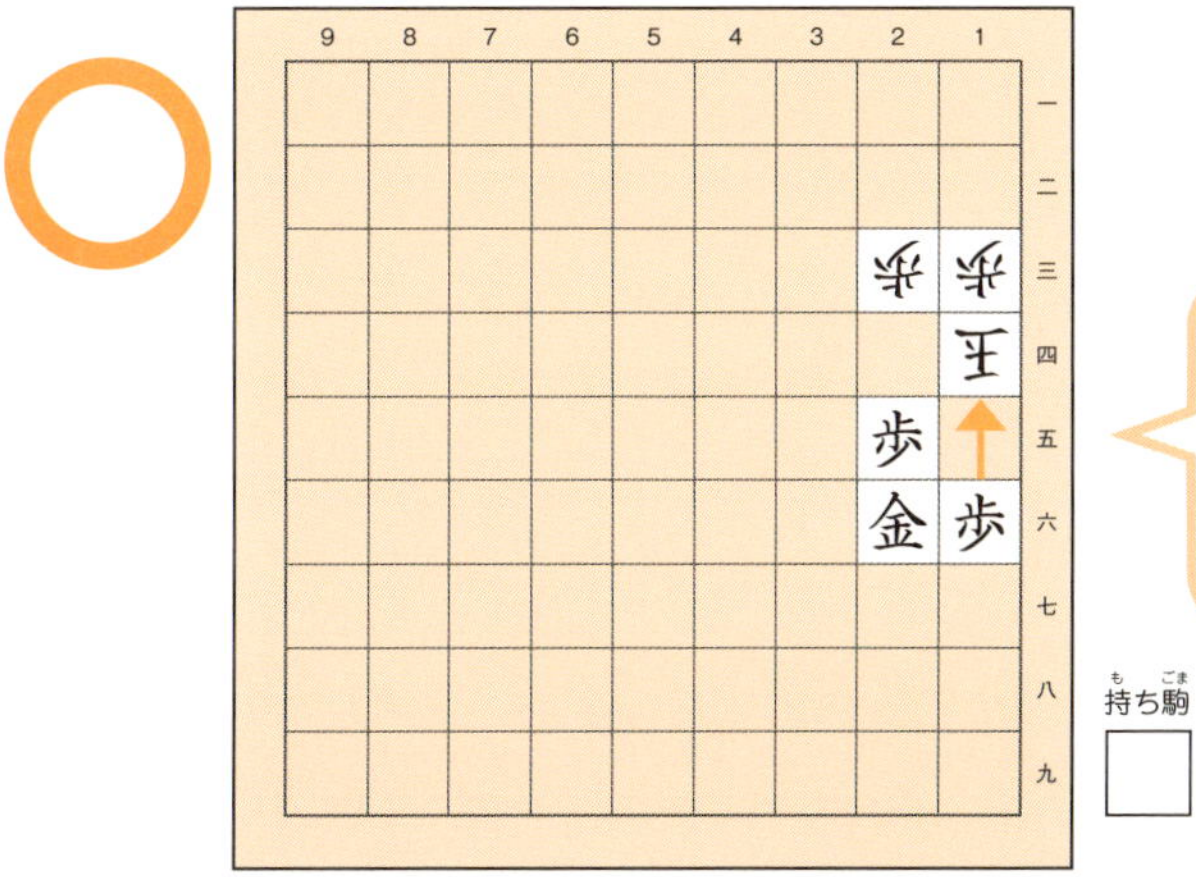

盤上《ばんじょう》にある歩《ふ》をすすませて詰《つ》ます形《かたち》は大《だい》丈夫《じょうぶ》です。

禁《きん》じ手《て》

しょうぎでは、いくつかの禁《きん》じ手《て》といわれる指《さ》し方《かた》があるよ。

禁《きん》じ手《て》①

これ以上《いじょう》動《うご》けない場所《ばしょ》に指《さ》す

後《うし》ろに下《さ》がれないオイラたちは
行《い》き止《ど》まりまですすんじゃうと、
反則負《はんそくま》けになるよ。
桂
歩
香

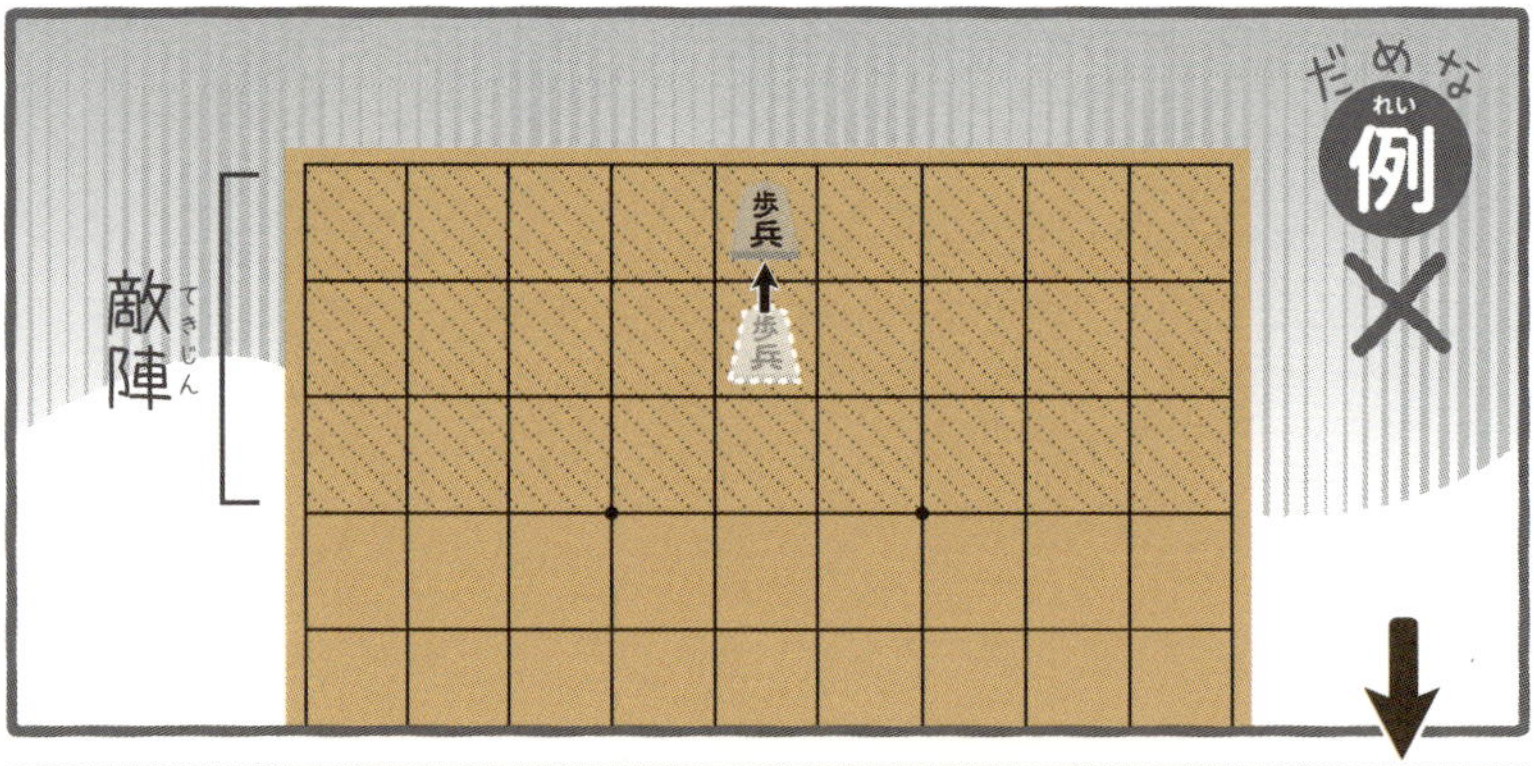
だめな例《れい》
×
敵陣《てきじん》
歩兵
歩兵

OK例《れい》
○
と
歩兵

基本的《きほんてき》に、歩《ふ》は敵陣《てきじん》に入《はい》ったら成《な》ろう。

歩兵
香車
桂馬

禁《きん》じ手《て》②

おなじ筋《すじ》に歩《ふ》を二《ふた》つ指《さ》す

だめな例《れい》×

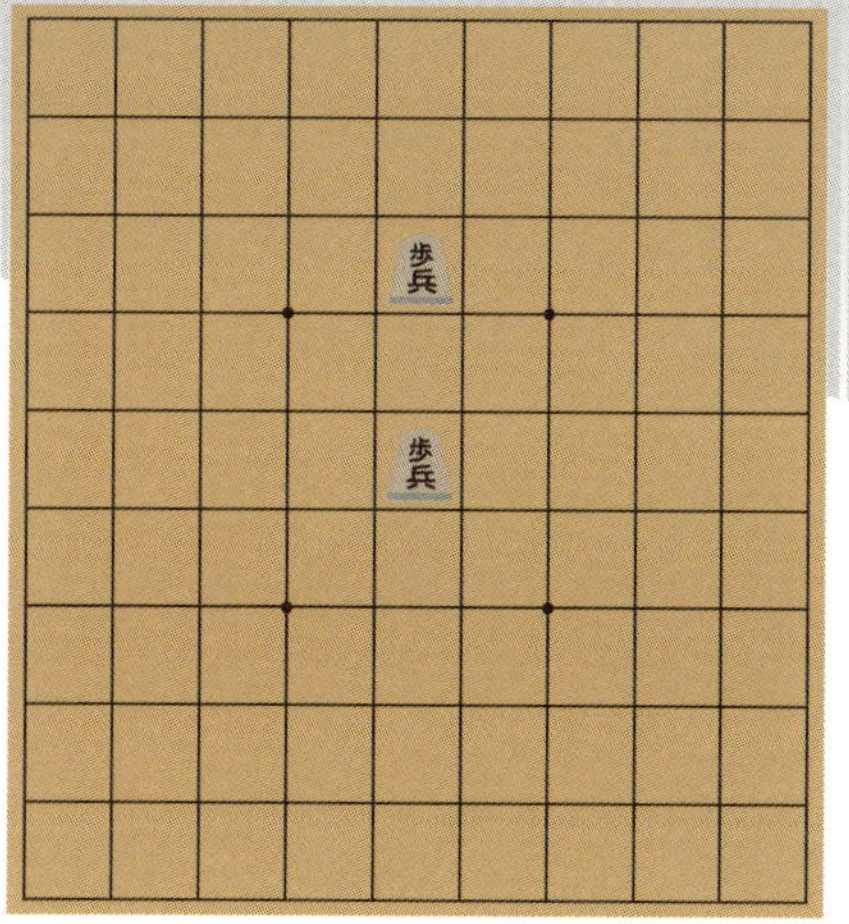

くっついて指《さ》しても
はなれて指《さ》してもだめだよ。

OK例《れい》○

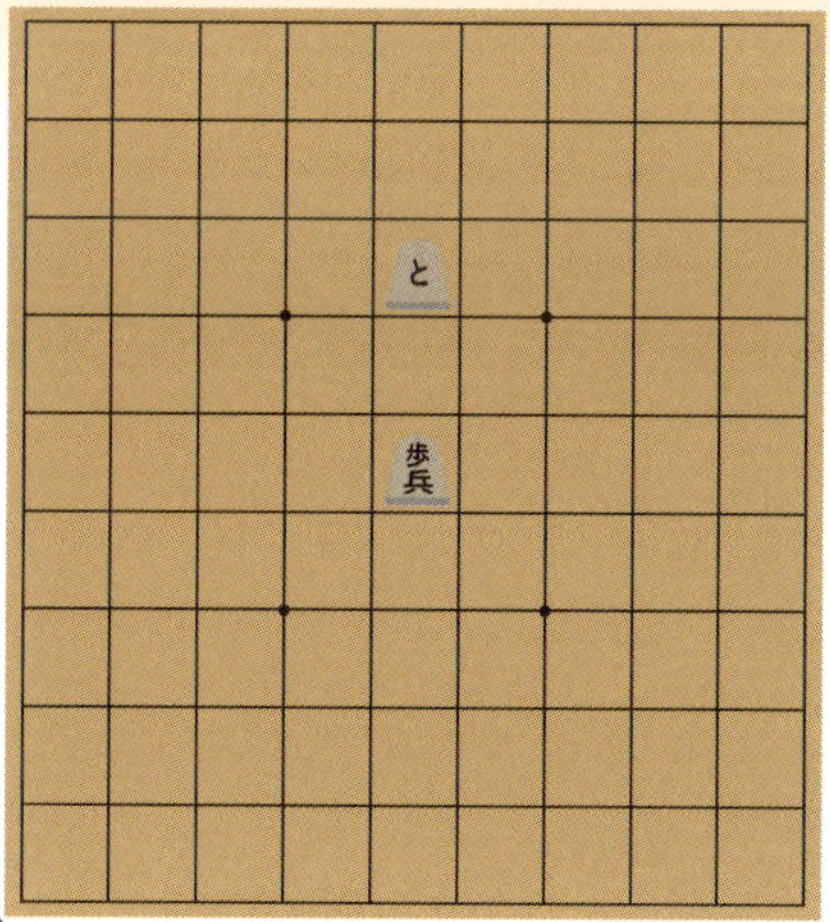

歩《ふ》の駒《こま》がならんでいるけど
「成《な》る」駒《こま》なのでOK《オーケー》!!

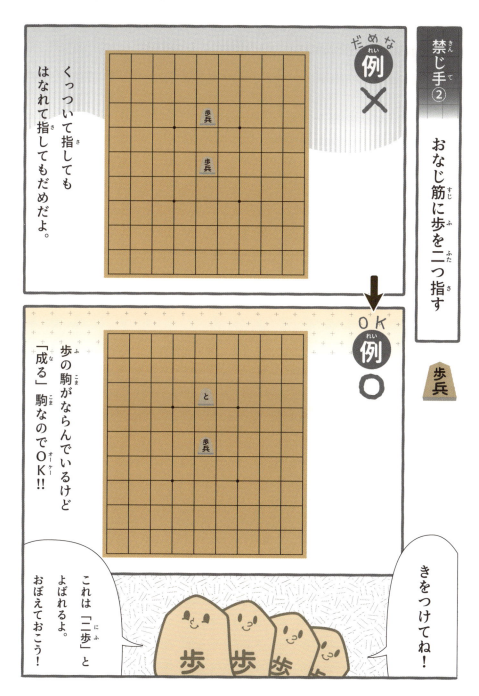

禁《きん》じ手《て》③

持《も》ち駒《ごま》にある歩《ふ》で王手《おうて》を打《う》つ

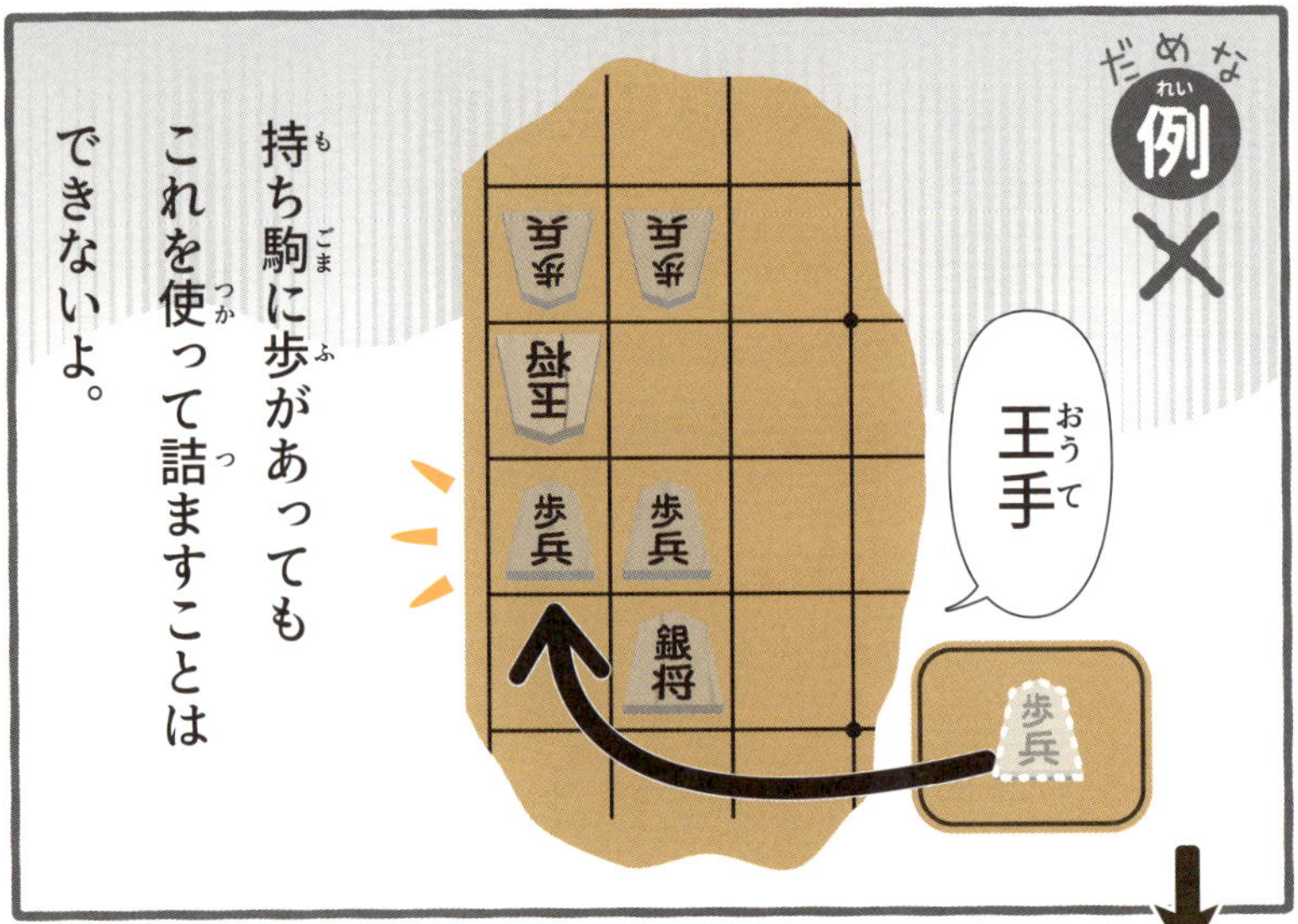

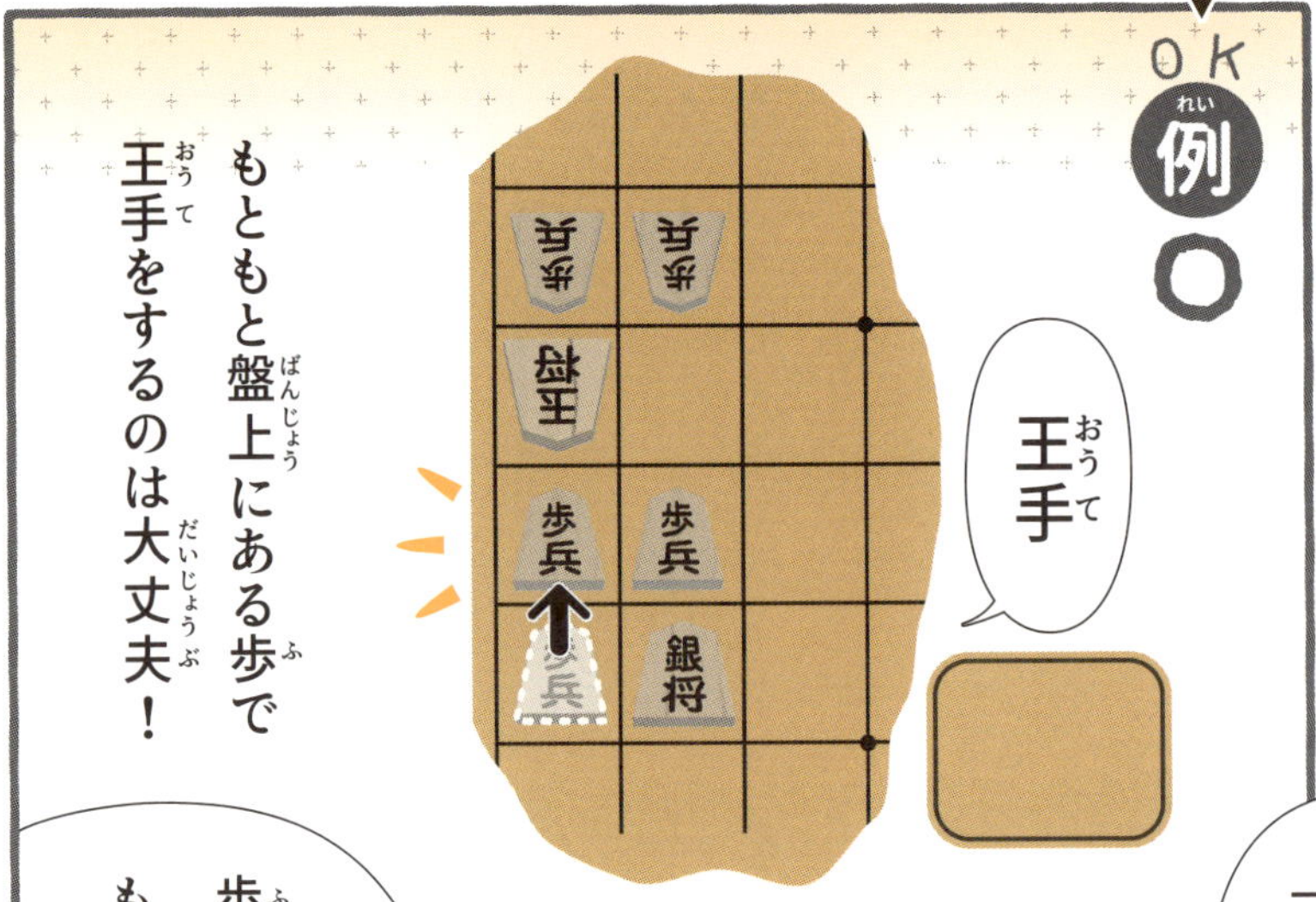

3 符号《ふごう》をおぼえよう

ついに符号《ふごう》の登場《とうじょう》です。符号《ふごう》をおぼえることでしょうぎの楽《たの》しさがぐんと広《ひろ》がり、棋力《きりょく》もアップすることまちがいなしです！

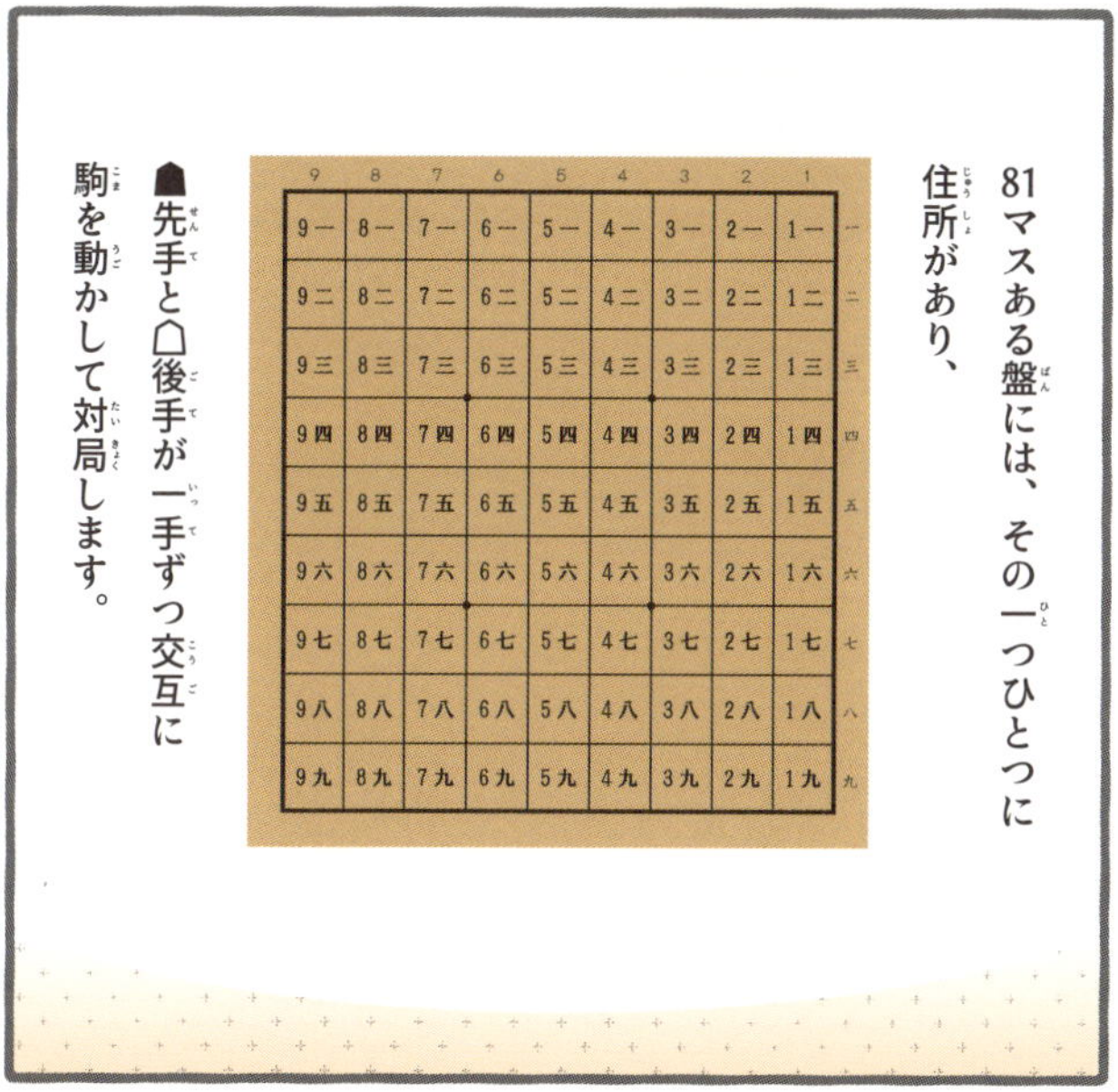

9	8	7	6	5	4	3	2	1	
9一	8一	7一	6一	5一	4一	3一	2一	1一	一
9二	8二	7二	6二	5二	4二	3二	2二	1二	二
9三	8三	7三	6三	5三	4三	3三	2三	1三	三
9四	8四	7四	6四	5四	4四	3四	2四	1四	四
9五	8五	7五	6五	5五	4五	3五	2五	1五	五
9六	8六	7六	6六	5六	4六	3六	2六	1六	六
9七	8七	7七	6七	5七	4七	3七	2七	1七	七
9八	8八	7八	6八	5八	4八	3八	2八	1八	八
9九	8九	7九	6九	5九	4九	3九	2九	1九	九

駒《こま》の場所《ばしょ》は、先《さき》に筋《すじ》（算用数字《さんようすうじ》）、次《つぎ》に段《だん》（漢数字《かんすうじ》）の位置《いち》をあらわします。

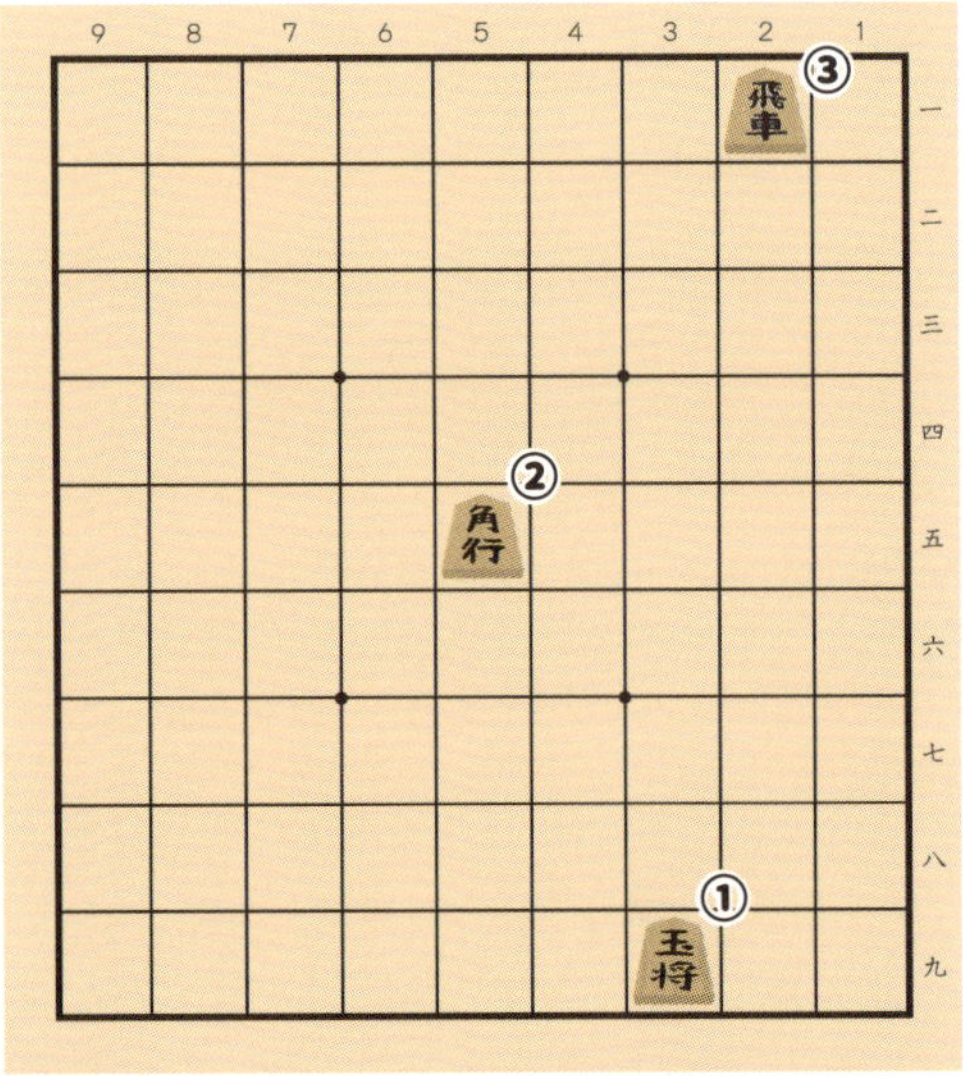
9 8 7 6 5 4 3 2 1
一 二 三 四 五 六 七 八 九
③ 飛車
② 角行
① 玉将

もんだい

練習《れんしゅう》してみよう！（今《いま》いる場所《ばしょ》）

①3九の玉（さんきゅうのぎょく） ②5五の角（ごごのかく）とあらわします。では、③は何《なん》とあらわすでしょう？

うーん
筋《すじ》が先《さき》、段《だん》を次《つぎ》に表記《ひょうき》するから…
③【2一の飛】かな？
（にいちのひ）
せいかい!!
たいへんよくできました。
やったー

では、☖後手《ごて》が動《うご》きます。動《うご》いた先《さき》の場所《ばしょ》をあらわしてみましょう。

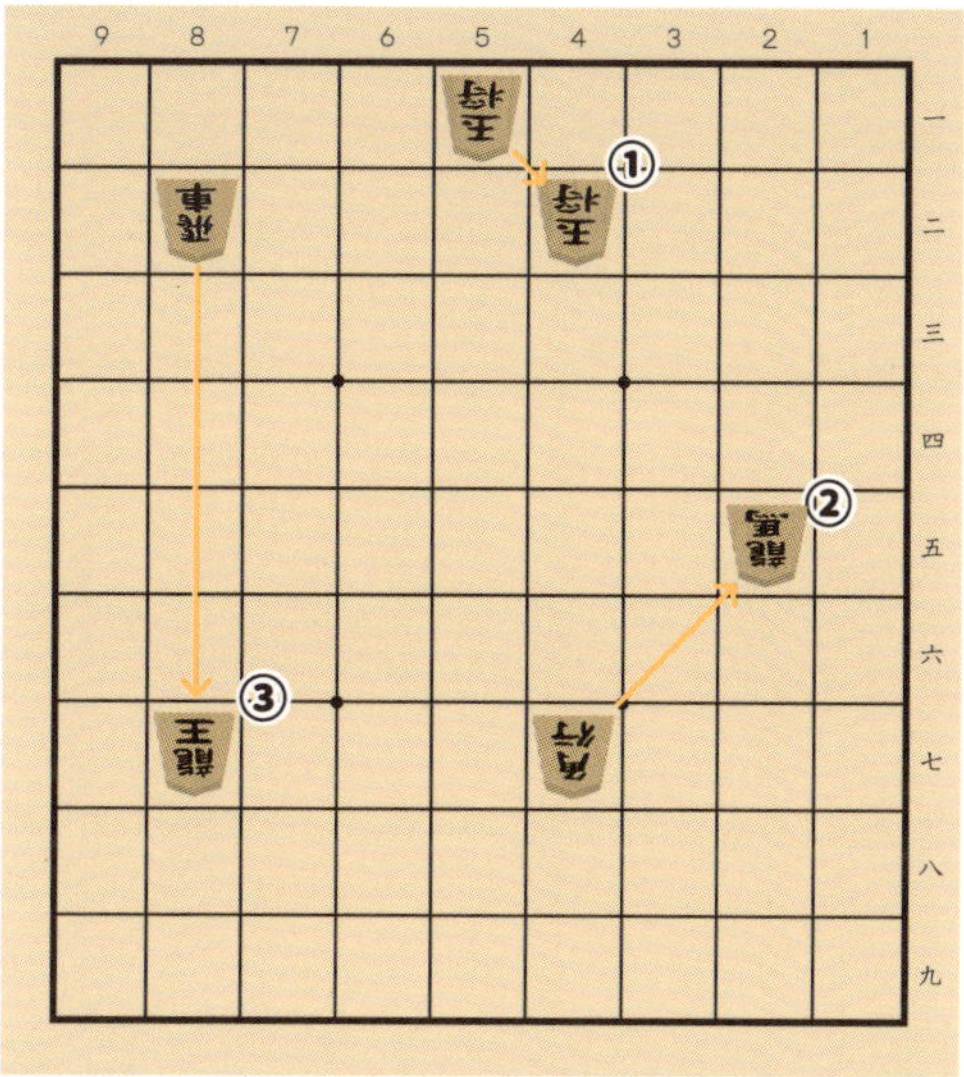
①
②
③

動《うご》いた先《さき》で成《な》る場合《ばあい》は、さいごに「成（なり）」をつけましょう。

もんだい

練習《れんしゅう》してみよう！（動《うご》いた場所《ばしょ》）

①☖4二玉（ごてよんにぎょく）　②☖2五角成（ごてにごかくなり）とあらわします。では、③は何《なん》とあらわすでしょう？

えーっと
動《うご》いたあと成《な》ってるから…
③【☖8七飛成】でしょ？
（ごてはちななひなり）
せいかい!!
ぱち
ぱち
がんばっているね。
よっしゃ！
ぐっ

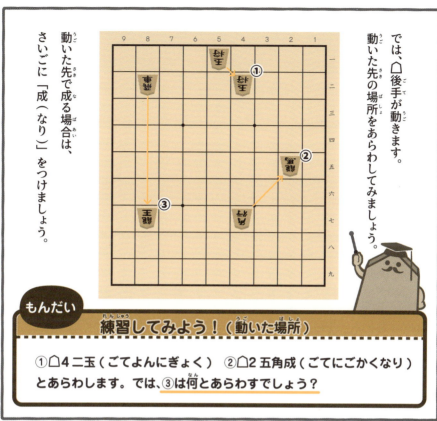

動《うご》いた先《さき》で、成《な》れるのにあえて成《な》らない場合《ばあい》は

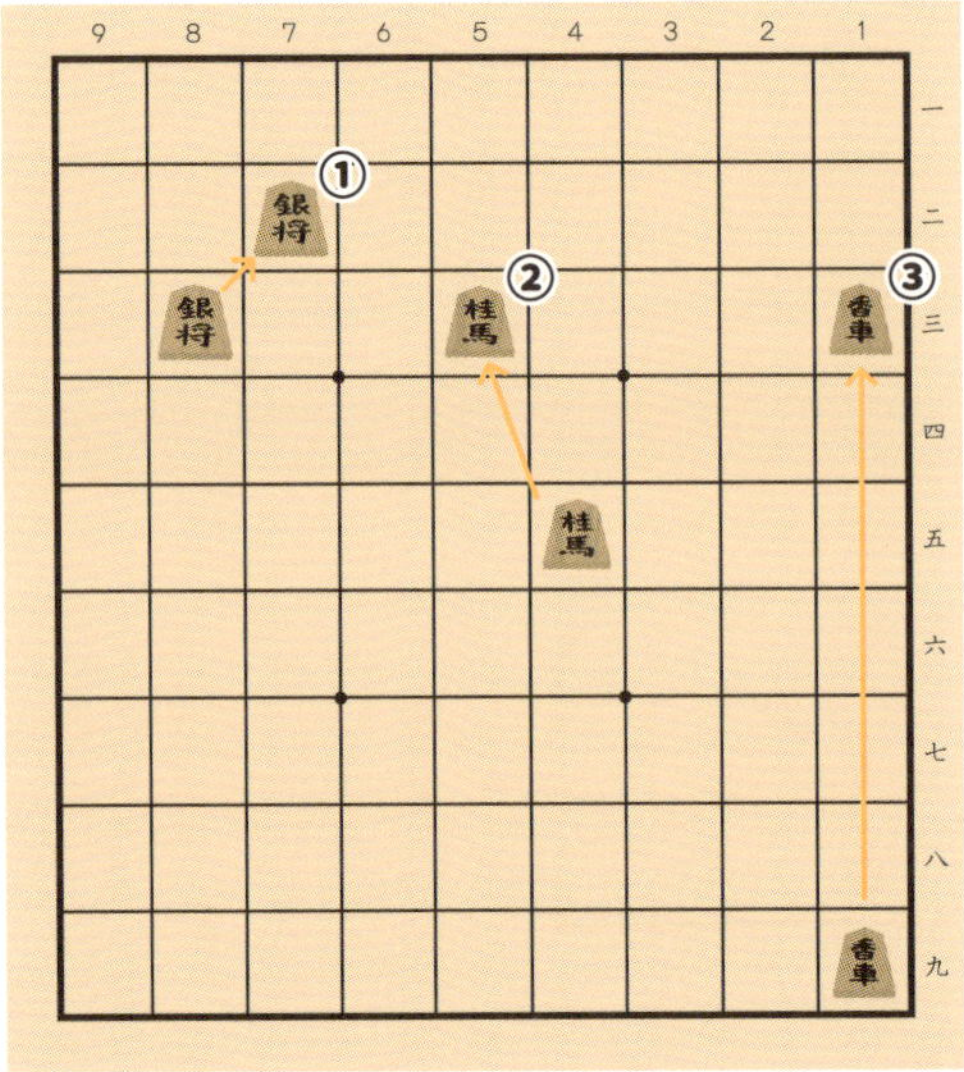

さいごに「不成（ならず）」をつけましょう。

もんだい

練習《れんしゅう》してみよう！（ならず）

①☗7二銀不成（せんてななにぎんならず）
②☗5三桂不成（せんてごさんけいならず）とあらわします。
では、③は何《なん》とあらわすでしょう？

移動先《いどうさき》でも香《きょう》のままだね…ということは

③【☗1三香不成】だね！
（せんていちさんきょうならず）

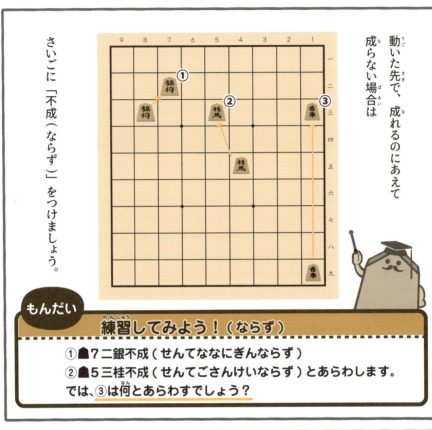

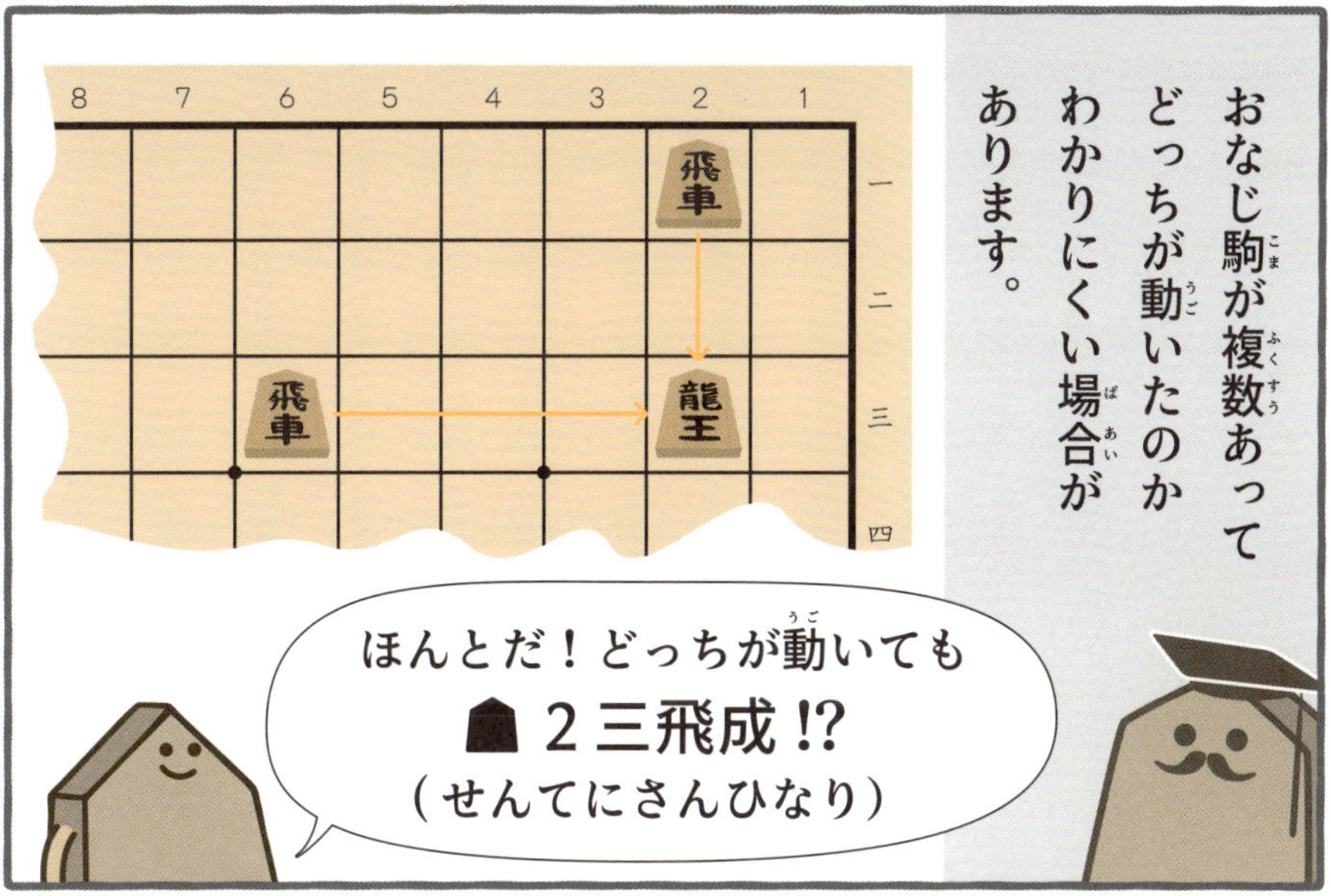

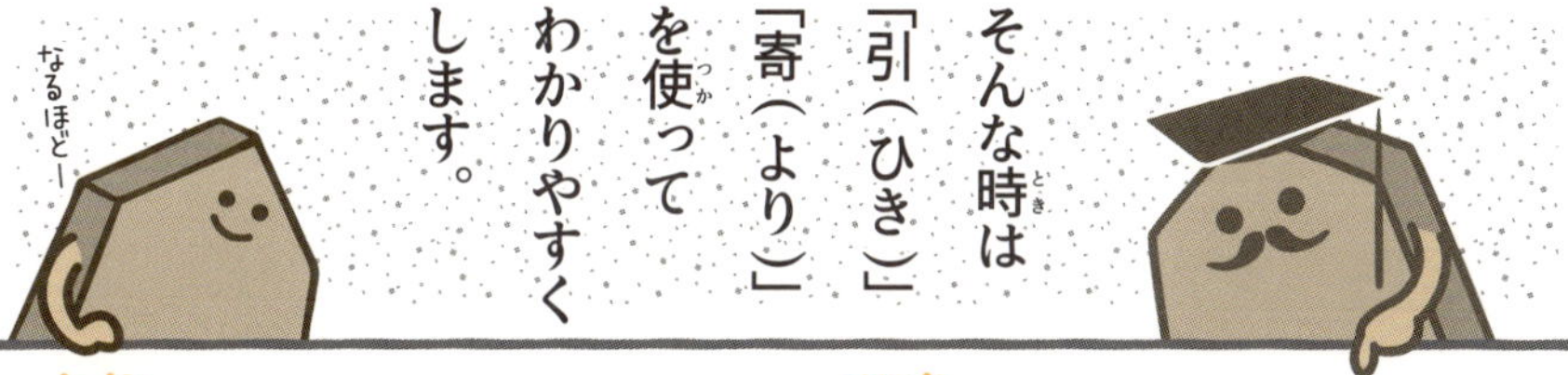

より
寄 一《ひと》マス以上《いじょう》、横《よこ》に動《うご》く

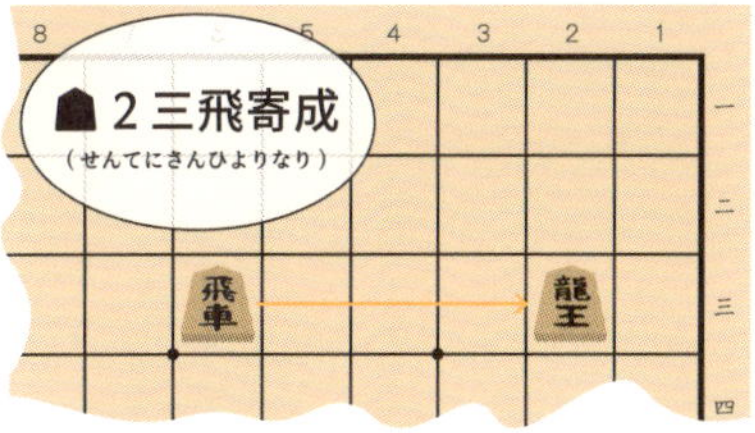

ひき
引 一《ひと》マス以上《いじょう》、下《した》に動《うご》く

むずかしさ ★★☆ 練習《れんしゅう》もんだい 1問目《もんめ》

符号《ふごう》をおぼえよう

歩《ふ》が守《まも》ってくれます

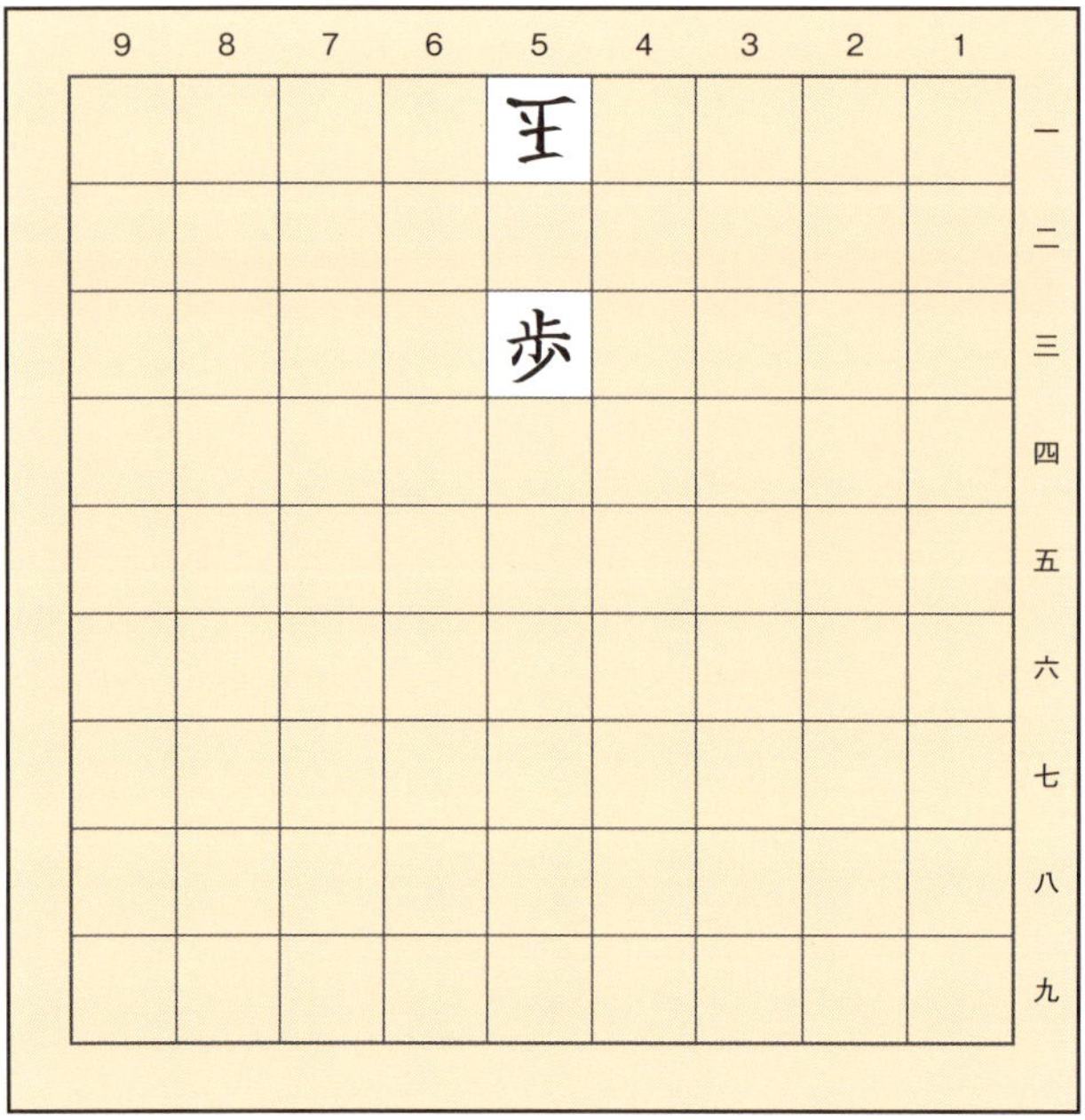

持《も》ち駒《ごま》

金

持《も》ち駒《ごま》は金《きん》です。1手詰《いってづめ》もんだいですから、持《も》ち駒《ごま》の金《きん》をどこかに打《う》てば詰《つ》むということです。金《きん》を打《う》つことで、玉《ぎょく》が逃《に》げられない場所《ばしょ》はどこでしょうか。打《う》った金《きん》をとることができない場所《ばしょ》はどこでしょうか。

こたえ 1 問目《もんめ》

☗5二《に》金《きん》まで 1手詰《いってづ》み（詰上《つめあ》がり図《ず》）

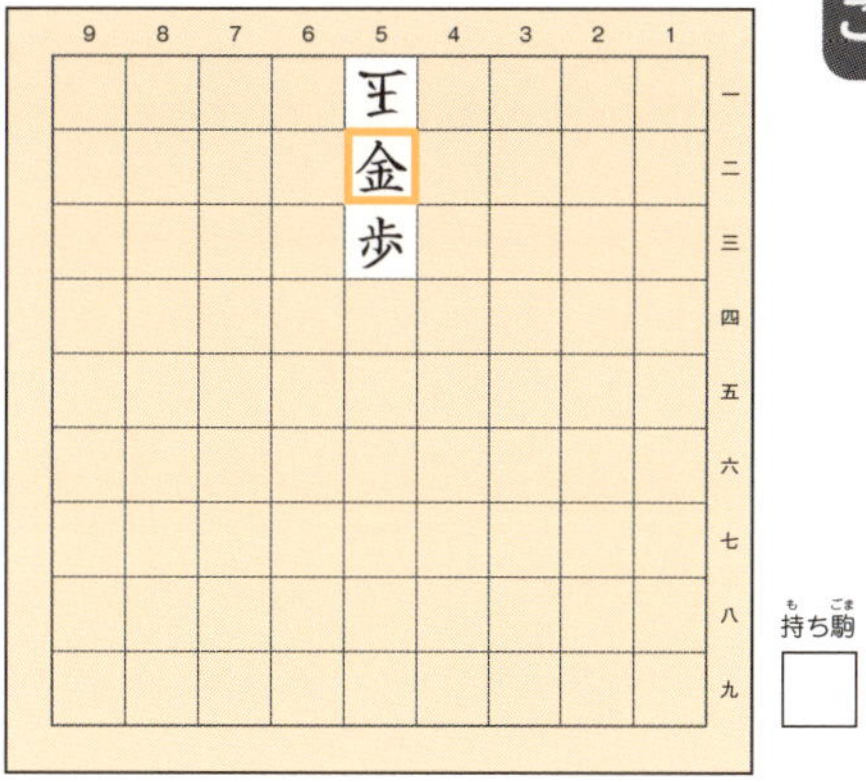

歩《ふ》が守《まも》ってくれているので、玉《ぎょく》でとることができません。攻《せ》めや守《まも》りに強《つよ》い金《きん》でも、味方《みかた》の守《まも》りがなければとられてしまいます。図《ず》のような詰《つ》ませ方《かた》を「頭金《あたまきん》」といいます。詰《つ》みの基本《きほん》の形《かたち》です。

よくあるまちがい

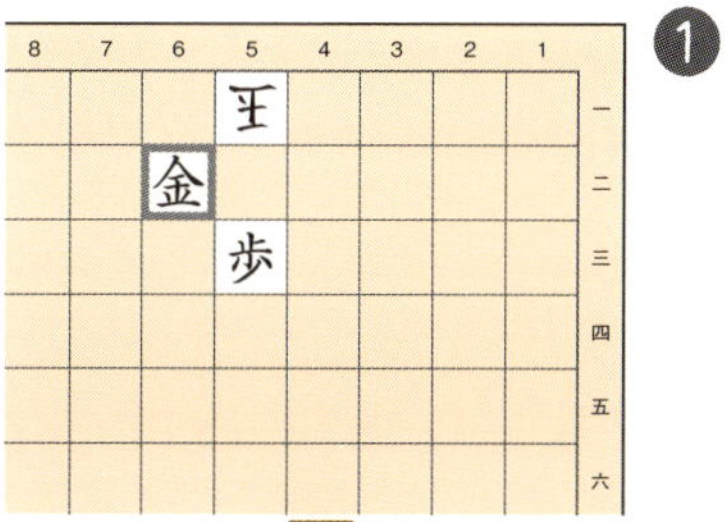

例《たと》えば、図《ず》の場所《ばしょ》で王手《おうて》をしようと思《おも》います。符号《ふごう》であらわすと「☗6二金（ろくにきん）」です。しかし、これでは歩《ふ》に守《まも》ってもらえませんね。

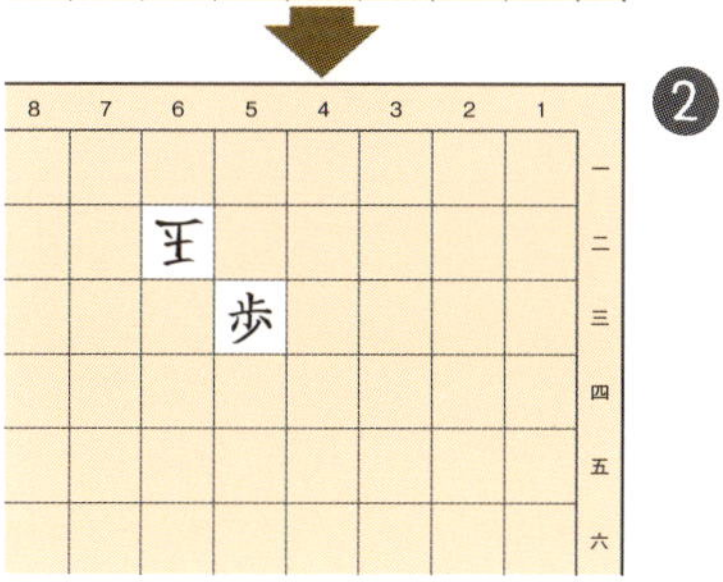

もちろん相手《あいて》は、図《ず》のように、玉《ぎょく》で金《きん》をとってくるので詰《つ》みません。この後手側《ごてがわ》の動《うご》きを符号《ふごう》であらわすと「☖6二玉（ろくにぎょく）」ではなく、「☖同玉（どうぎょく）」となります。

先手《せんて》、後手《ごて》のあらわし方《かた》

攻《せ》め方《かた》（先手《せんて》）の動《うご》きは☗であらわし、玉方《ぎょくかた》（後手《ごて》）の動《うご》きは☖であらわします。
上《うえ》の図《ず》で自分《じぶん》が指《さ》した駒《こま》を、相手《あいて》がとる時《とき》は、☗6二金《にきん》→☖同玉《どうぎょく》といいます。

むずかしさ ★★☆ 練習《れんしゅう》もんだい 2問目《もんめ》

符号《ふごう》をおぼえよう

龍《りゅう》が逃《に》げてはいけません

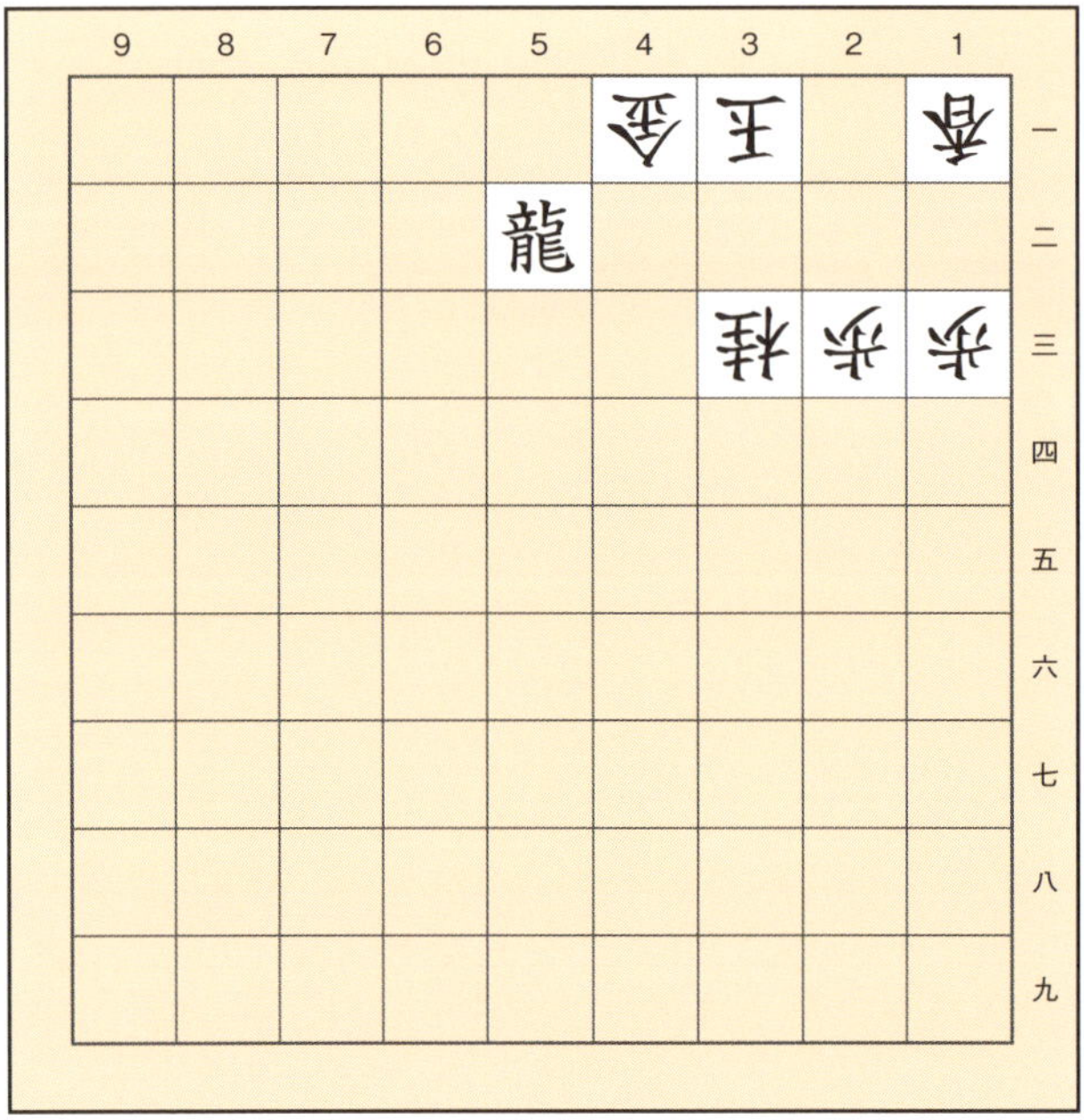

持《も》ち駒《ごま》

銀

4一《いち》にいる金《きん》に龍《りゅう》がとられてしまいそうな局面《きょくめん》です。しかし、とられそうな龍《りゅう》にきをとられてはいけません。持《も》ち駒《ごま》は銀《ぎん》です。相手《あいて》の駒《こま》をよく見《み》て、利《き》いている場所《ばしょ》はどこかかくにんしましょう。守《まも》りがうすい場所《ばしょ》はどこでしょうか。

こたえ 2問目《もんめ》

☗2二《に》銀《ぎん》まで 1手《いって》詰《づ》み（詰上《つめあ》がり図《ず》）

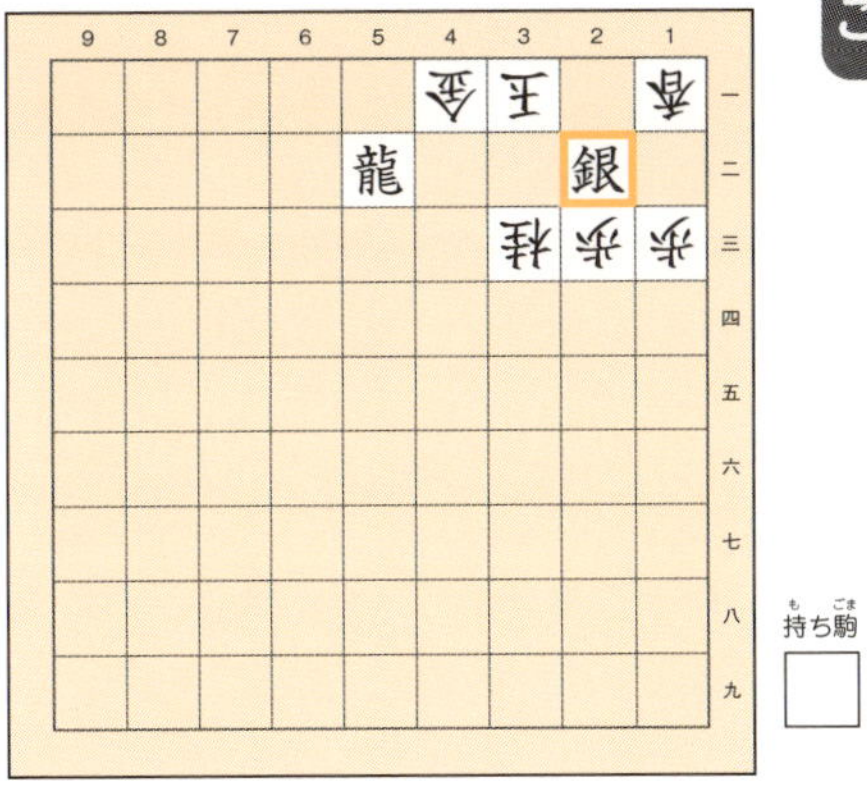

☖5二金《にきん》とされて、龍《りゅう》をとられてしまいそうな局面《きょくめん》です。持《も》ち駒《ごま》の銀《ぎん》を2二《に》の場所《ばしょ》に打《う》てば、龍《りゅう》が利《き》いているので詰《つ》みです。

よくあるまちがい

①

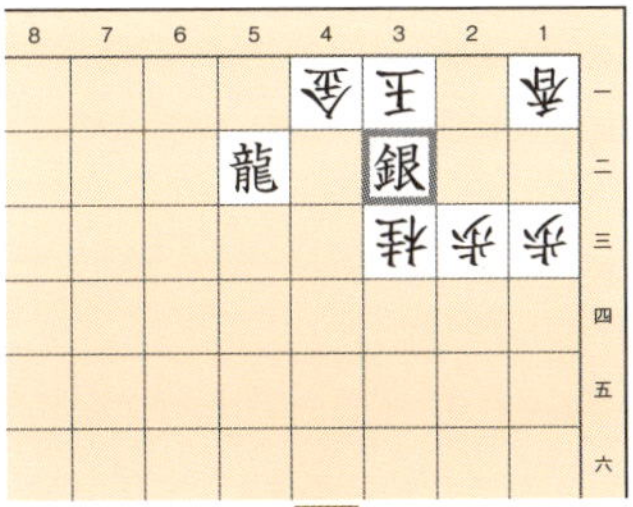

例《たと》えば、図《ず》の場所《ばしょ》で王手《おうて》をしようと思《おも》います。符号《ふごう》であらわすと「☗3二銀（さんにぎん）」です。しかし、これでは相手《あいて》の金《きん》の利《き》きをよく見《み》ていなかったことになります。

②

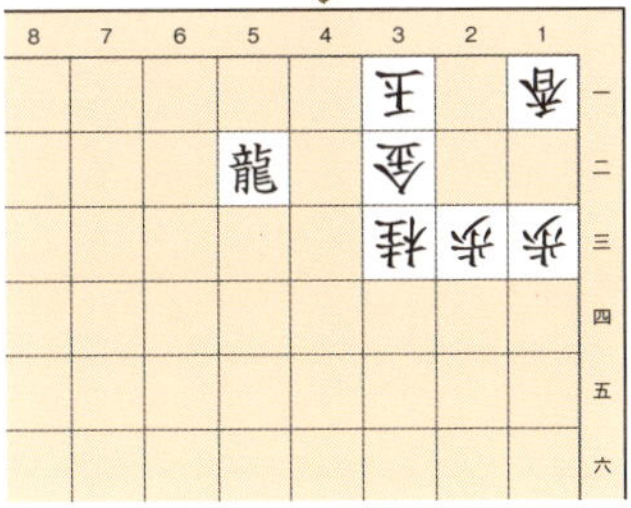

もちろん相手《あいて》は、図《ず》のように金《きん》で銀《ぎん》をとってくるので詰《つ》みません。この後手側《ごてがわ》の動《うご》きを符号《ふごう》であらわすと「☖3二金（さんにきん）」ではなく、「☖同金（どうきん）」となります。

符《ふ》号《ごう》をおぼえよう

むずかしさ ★★☆

練習《れんしゅう》もんだい 3問《もん》目《め》

桂《けい》で王《おう》手《て》してみましょう

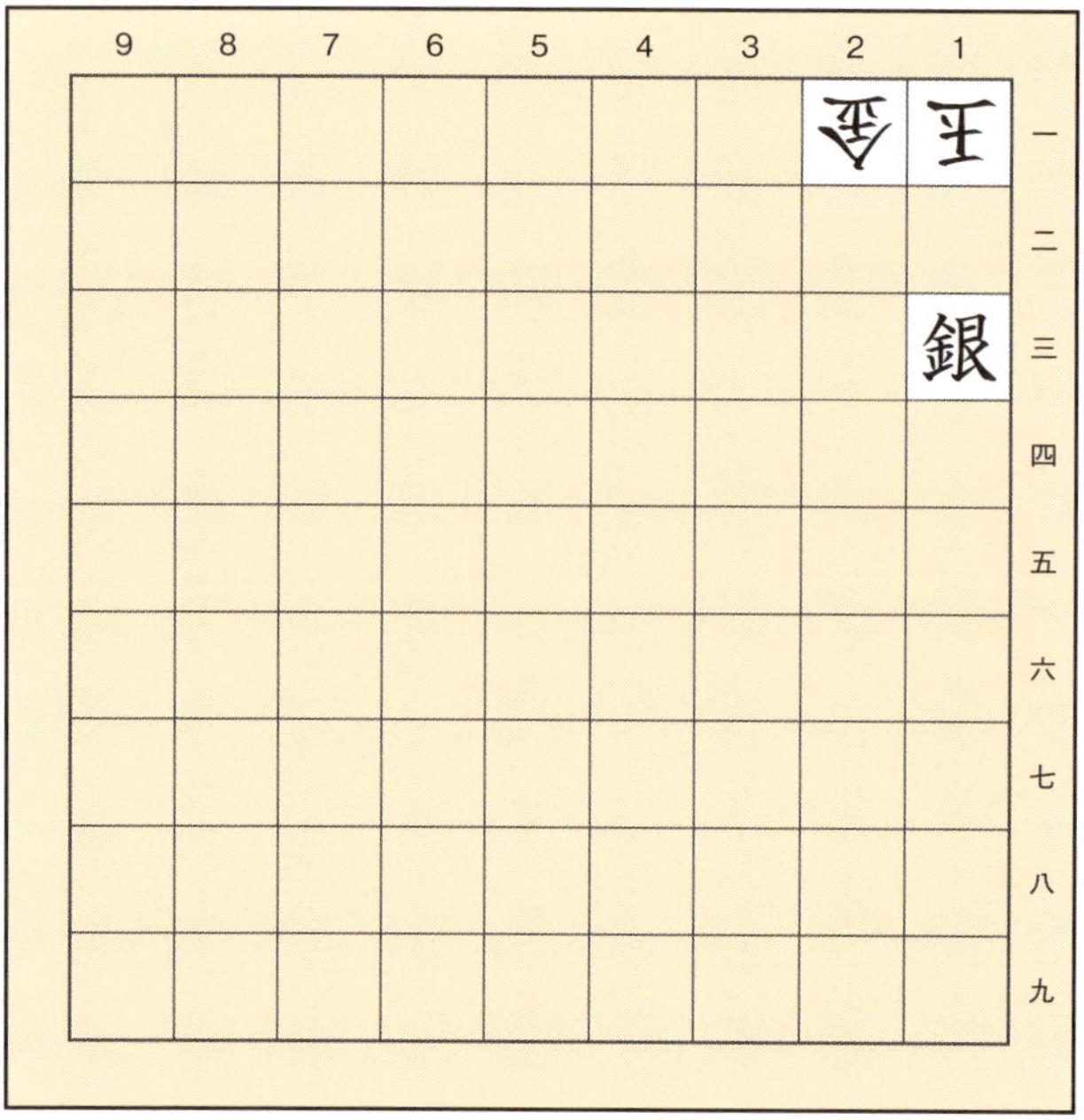

持《も》ち駒《ごま》

桂

持《も》ち駒《ごま》は桂《けい》です。1手詰《いってづ》みもんだいですから、持《も》ち駒《ごま》の桂《けい》をどこかに打《う》てば詰《つ》むということです。どこに打《う》って王手《おうて》とすると玉《ぎょく》は逃《に》げられないでしょうか？　相手《あいて》にとられず、玉《ぎょく》に逃《に》げられない場所《ばしょ》をさがしてみましょう。

こたえ 3問目《もんめ》

☗2三《さん》桂《けい》まで 1手詰《いってづ》み（詰上《つめあ》がり図《ず》）

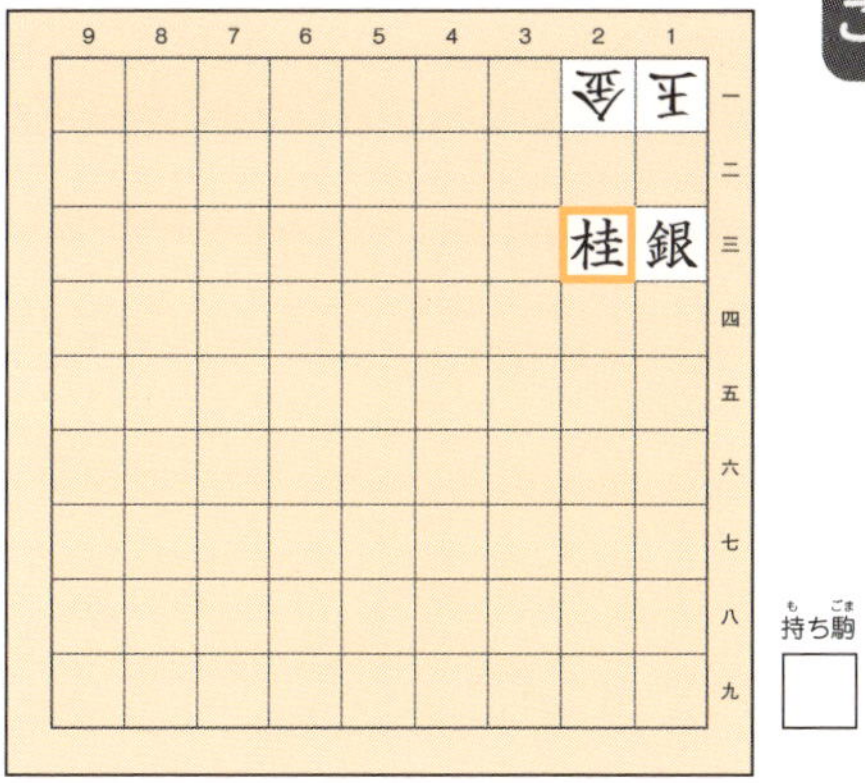

桂《けい》はとぶことができるので、☗2三《さん》桂《けい》と打《う》って王手《おうて》とします。玉《ぎょく》から遠《とお》い感《かん》じがしますが、相手《あいて》はこの桂《けい》をとることができません。相手《あいて》の玉《ぎょく》は、逃《に》げたくても銀《ぎん》がにらんでいるので逃《に》げることもできません。

よくあるまちがい

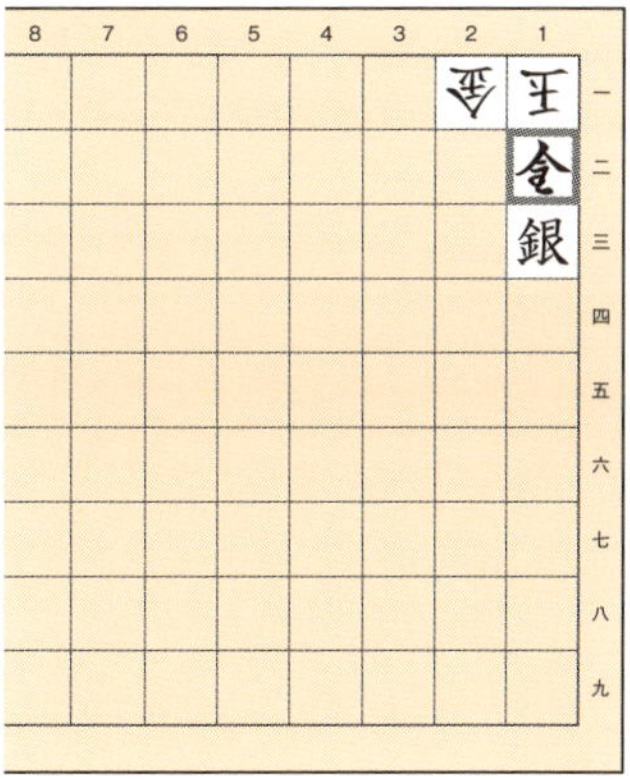

持《も》ち駒《ごま》の桂《けい》を使《つか》って、王手《おうて》しようとかんがえる時《とき》、図《ず》の場所《ばしょ》に、持《も》ち駒《ごま》の桂《けい》を成桂《なりけい》として打《う》ちたい、と思《おも》ったかたはいませんか？ 基本的《きほんてき》なことですが、持《も》ち駒《ごま》は成駒《なりごま》として打《う》つことはできません。敵陣《てきじん》に打《う》つ時《とき》でも、持《も》ち駒《ごま》は表《おもて》のままで使《つか》います。これは、どの駒《こま》にもいえることです。この局面《きょくめん》で、☗1二《に》成桂《なりけい》とはできません。

持《も》ち駒《ごま》は、成《な》って指《さ》すことはできません。この局面《きょくめん》では、成桂《なりけい》で指《さ》したことが禁《きん》じ手《て》となり負《ま》けてしまいます。

むずかしさ ★★☆ 練習《れんしゅう》もんだい 4問目《もんめ》

符号《ふごう》をおぼえよう

飛《ひ》がとられそうですが…

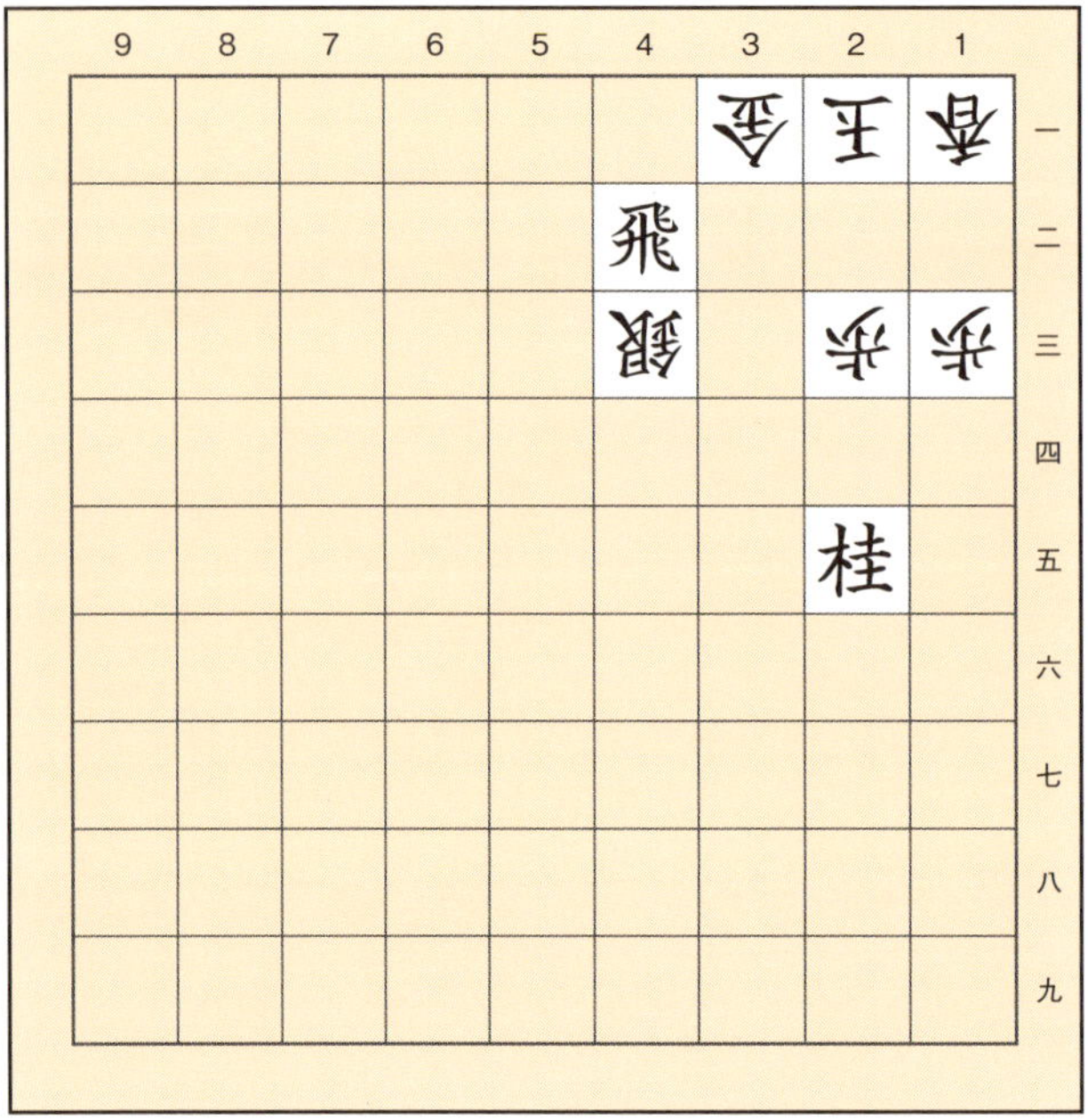

持《も》ち駒《ごま》

持《も》ち駒《ごま》はありません。盤上《ばんじょう》の駒《こま》を動《うご》かしましょう。盤上《ばんじょう》にある攻《せ》め方《かた》の駒《こま》は飛《ひ》と桂《けい》の２枚《まい》のみ。４二《に》の飛《ひ》が３一《いち》にいる金《きん》にとられてしまいそうです。とられそうな大駒《おおごま》の飛《ひ》を使《つか》うのか、それとも小駒《こごま》の桂《けい》を使《つか》うのか。よくかんがえてから動《うご》かしましょう。

こたえ 4問目《もんめ》

☗3三桂《さんけい》不成《ならず》まで
1手詰《いってづ》み（詰上《つめあ》がり図《ず》）

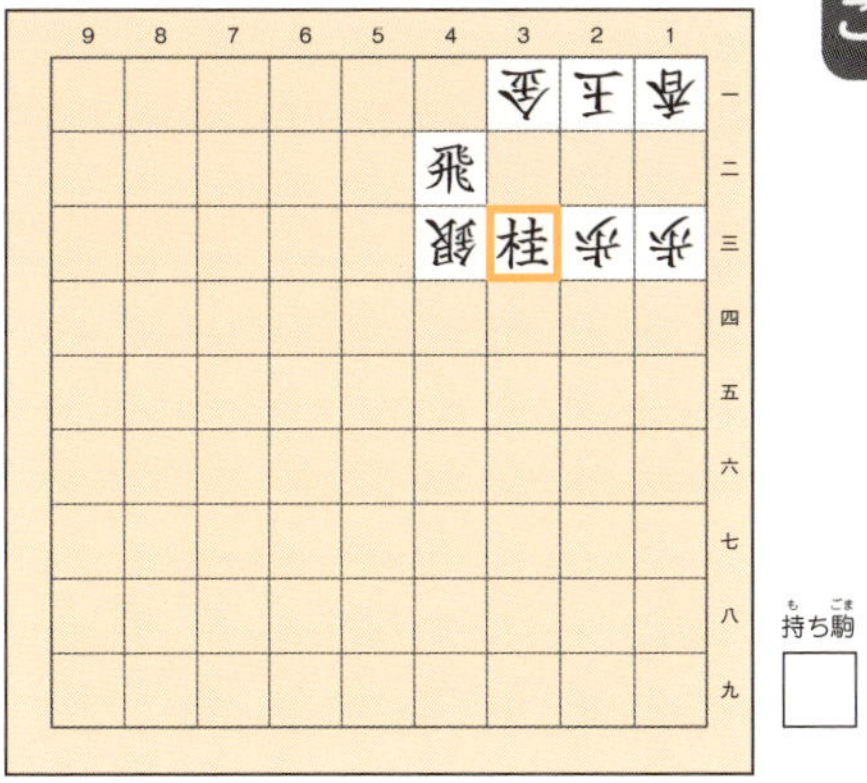

飛《ひ》を成《な》って王手《おうて》としたくなりますね。例《たと》えば☗1二飛成《にひなり》と王手《おうて》すると、☖同玉《どうぎょく》または☖同香《どうきょう》と、とられてしまいます。☗2二飛成《にひなり》も☖同玉《どうぎょく》または☖同金《どうきん》と、とられてしまいます。また、☗1三桂《さんけい》不成《ならず》は☖同香《どうきょう》と、とられてしまいます。飛《ひ》を使《つか》わず、にらみを利用《りよう》して詰《つ》ませるもんだいでした。

よくあるまちがい

① 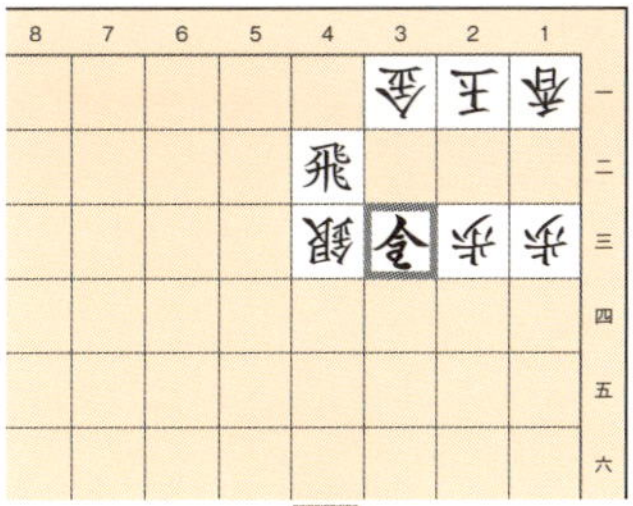

例《たと》えば、図《ず》の場所《ばしょ》に桂《けい》がとんで成《な》った時《とき》、符号《ふごう》であらわすと「☗3三桂成（さんさんけいなり）」となります。成桂《なりけい》になってしまったことで、王手《おうて》にならず詰《つ》みません。

② 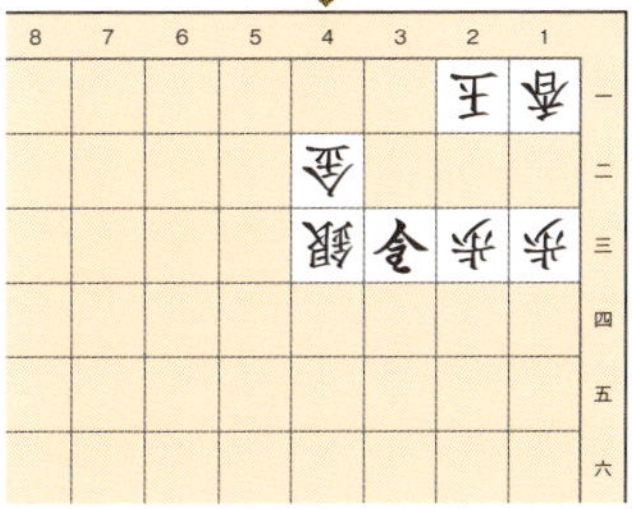

王手《おうて》にならなかったことで、図《ず》のように相手《あいて》の金《きん》が飛《ひ》をとりにきます。この後手《ごて》側《がわ》の動《うご》きを符号《ふごう》であらわすと「☖4二金（よんにきん）」となります。

むずかしさ★★☆ 練習《れんしゅう》もんだい 5問目《もんめ》

符号《ふごう》をおぼえよう

遠見《とおみ》の角《かく》は…

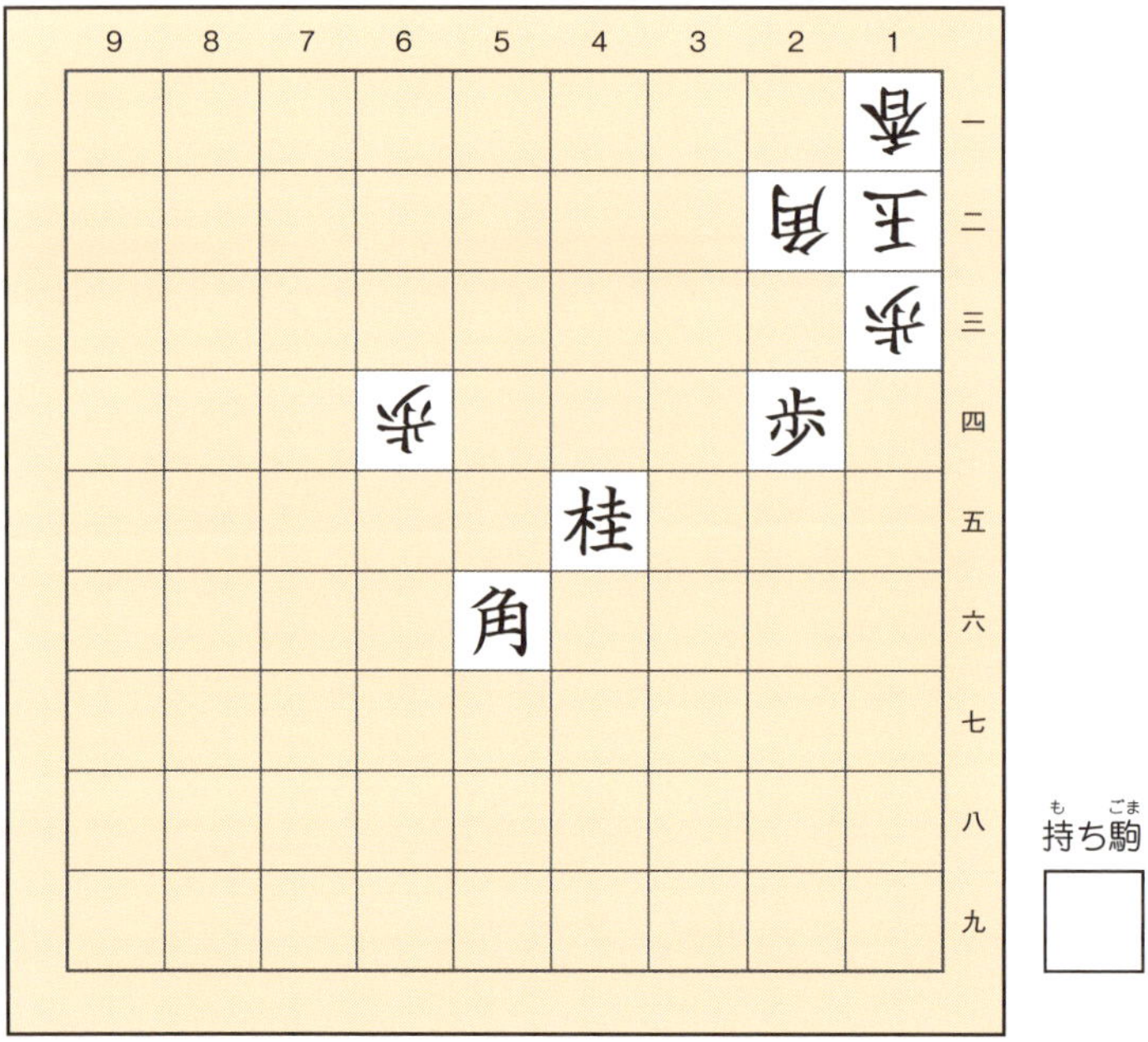

「遠見《とおみ》の角《かく》に好手《こうしゅ》あり」という格言《かくげん》がありましたね。「遠《とお》くにいるから大丈夫《だいじょうぶ》」はあぶないかんがえ方《かた》です。角《かく》は遠《とお》くにいてもそのパワーはすごいのです。角《かく》で王手《おうて》するには、どの駒《こま》をどのように動《うご》かしたら良《よ》いでしょうか。

こたえ 5問目《もんめ》

☗3三《さん》桂《けい》不成《ならず》まで
1手《いって》詰《づ》み（詰上《つめあ》がり図《ず》）

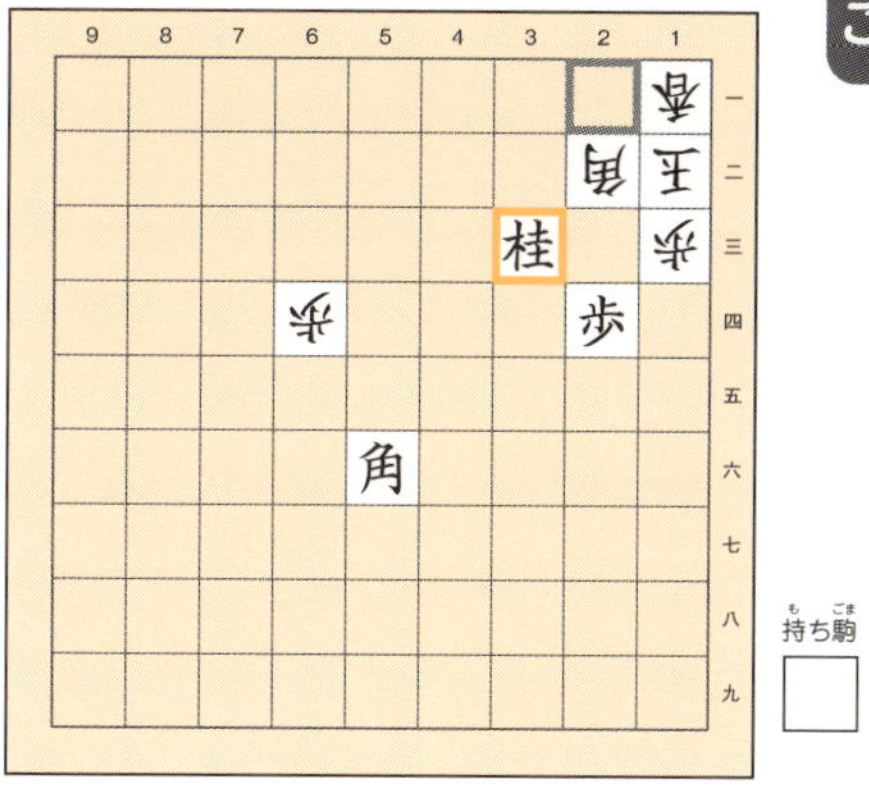

桂《けい》が不成《ならず》でとぶと、角《かく》で王手《おうて》になります。このように自分《じぶん》の駒《こま》を動《うご》かすことでほかの駒《こま》で王手《おうて》になる形《かたち》を『開き王手（あきおうて）』といいます。□の場所《ばしょ》には、桂《けい》が利《き》いているので逃《に》げられません。成《な》ってしまうと、□の場所《ばしょ》に逃《に》げられて詰《つ》みません。

よくあるまちがい

①

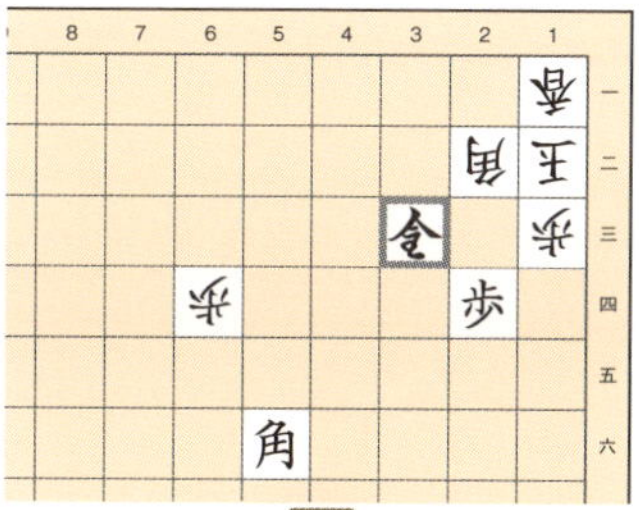

例《たと》えば、図《ず》の場所《ばしょ》に桂《けい》がとんで成《な》ったとします。符号《ふごう》であらわすと「☗3三桂成（さんさんけいなり）」となります。

②

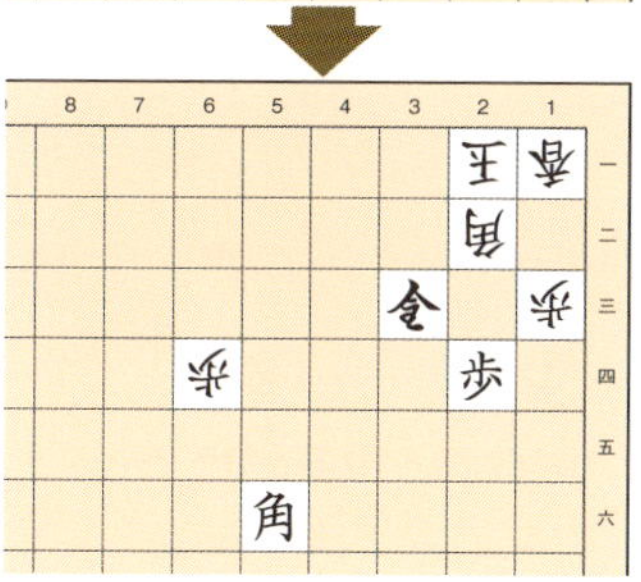

桂《けい》が成《な》ってしまったことで、2一《いち》の場所《ばしょ》には桂《けい》の利《き》きがなくなってしまうのです。もちろん相手《あいて》の玉《ぎょく》は、図《ず》のように逃《に》げてしまい詰《つ》みません。この後手《ごて》側《がわ》の動《うご》きを符号《ふごう》であらわすと「☖2一玉（にいちぎょく）」となります。

むずかしさ ★★☆

練習《れんしゅう》もんだい 6問目《もんめ》

符号《ふごう》をおぼえよう

香《きょう》が応《おう》援《えん》してくれています

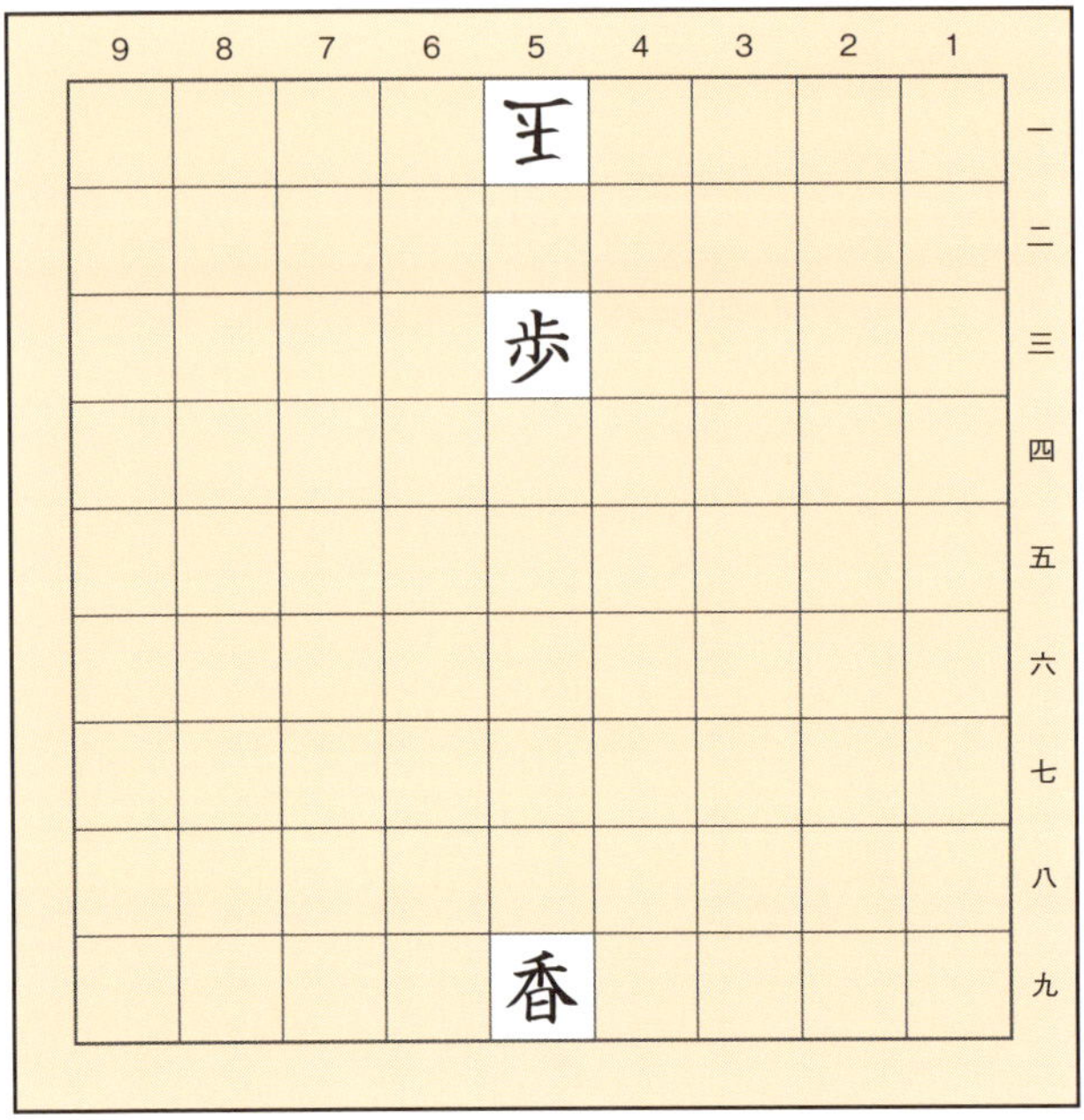

持《も》ち駒《ごま》

持《も》ち駒《ごま》はありません。1手《いって》詰《づ》みなので、盤上《ばんじょう》の駒《こま》を1手《いって》動《うご》かすと詰《つ》むもんだいです。自分《じぶん》のどの駒《こま》を動《うご》かすと、玉《ぎょく》は逃《に》げられなくなるでしょうか。敵陣《てきじん》に入《はい》ると成《な》れる、ということを思《おも》い出《だ》して、かんがえてみましょう。

こたえ 6問目《もんめ》

▲5二《に》歩《ふ》成《なり》まで 1手《いって》詰《づ》み（詰上《つめあ》がり図《ず》）

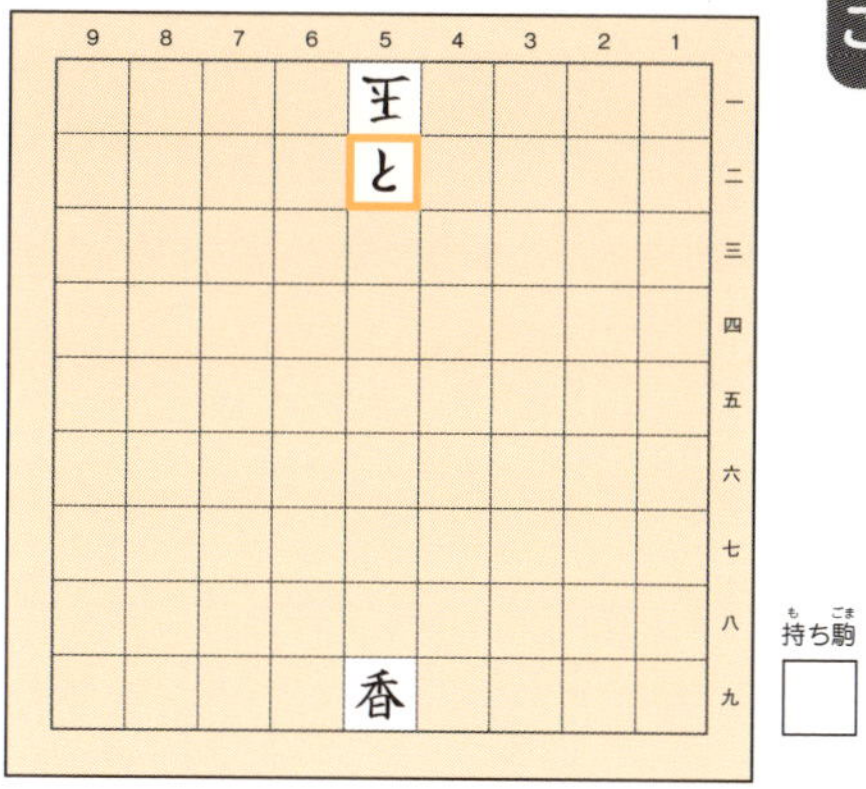

□の場所《ばしょ》で成《な》って詰《つ》みです。敵陣《てきじん》に入《はい》ると、と金《きん》になれるので、相手《あいて》の玉《ぎょく》は逃《に》げる場所《ばしょ》がなくなります。

よくあるまちがい

①

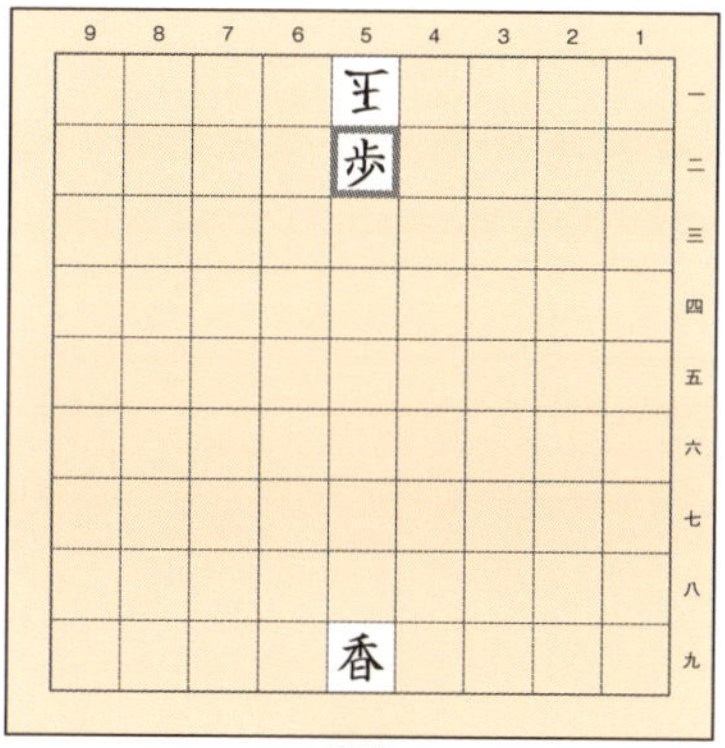

例《たと》えば、図《ず》の場所《ばしょ》に歩《ふ》が不成《ならず》ですすんだ時《とき》、符号《ふごう》であらわすと「▲5二歩不成（ごにふならず）」となります。しかし、これでは玉《ぎょく》に逃《に》げられてしまいますね。

②

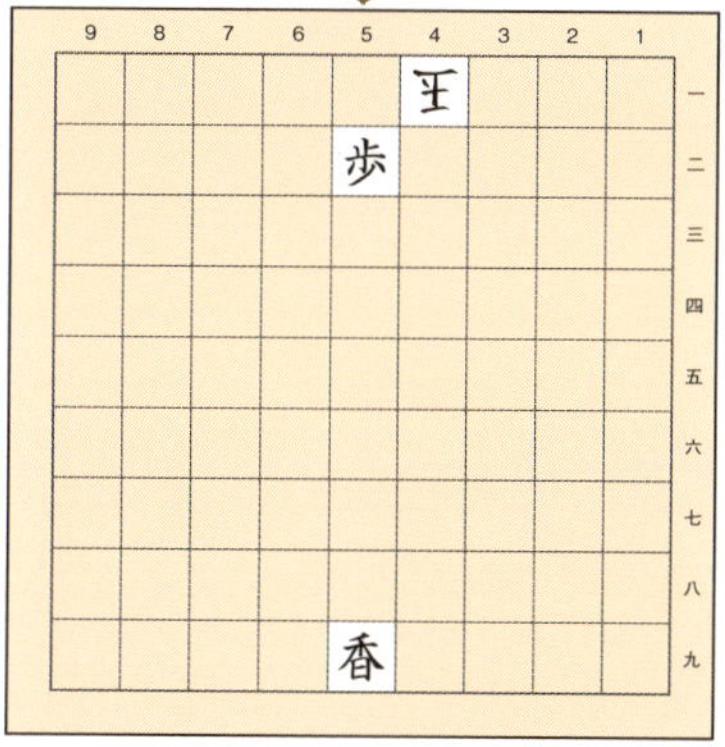

もちろん相手《あいて》の玉《ぎょく》は、図《ず》のように逃《に》げてしまいます。この後手《ごて》側《がわ》の動《うご》きを符号《ふごう》であらわすと「△4一玉（よんいちぎょく）」となります。

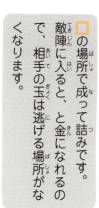

むずかしさ ★★☆　練習《れんしゅう》もんだい　7 問目《もんめ》

符号《ふごう》をおぼえよう

王手《おうて》されていますが

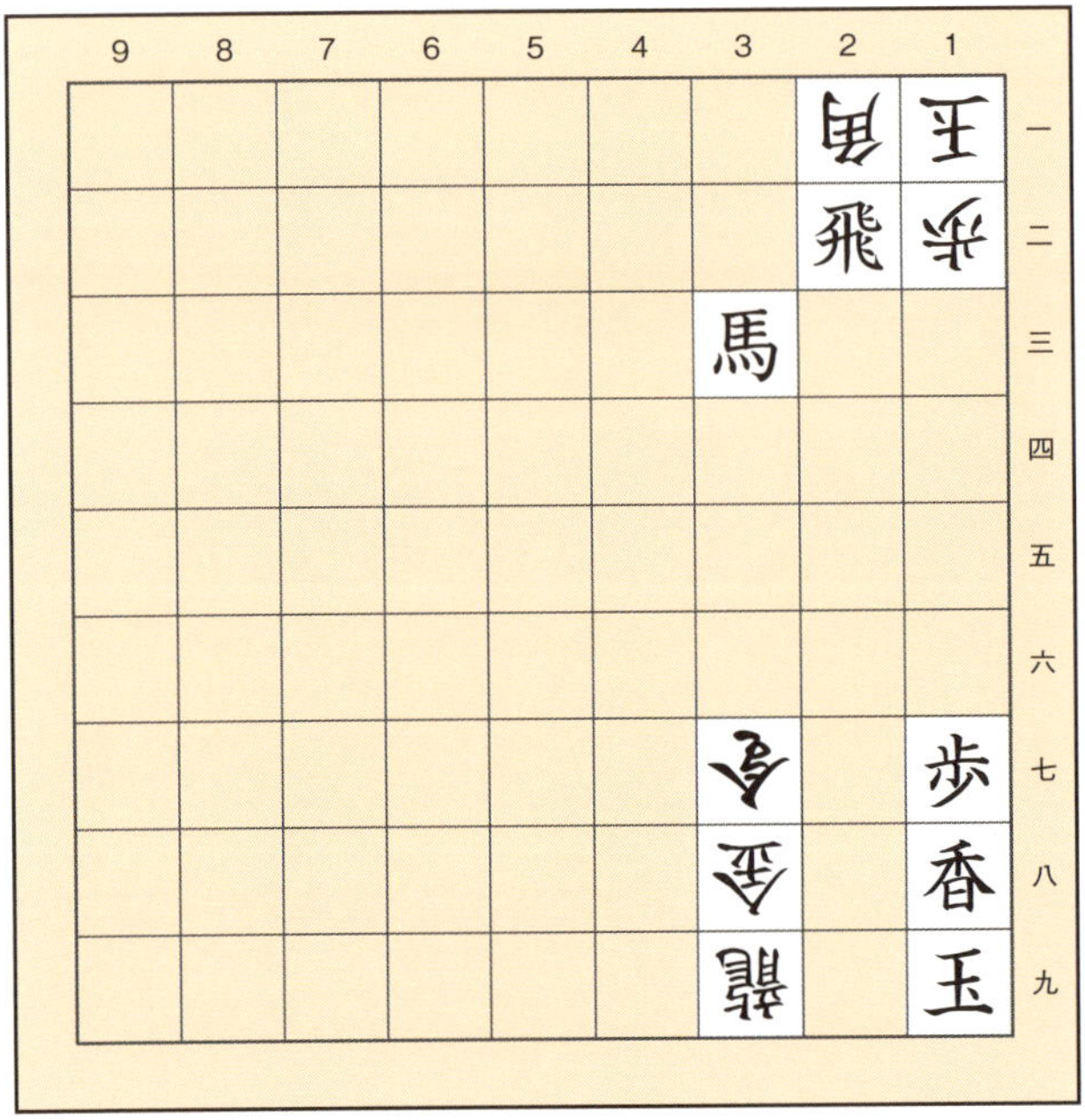

持《も》ち駒《ごま》

相手《あいて》の玉《ぎょく》だけでなく、自陣《じじん》の玉《ぎょく》も盤上《ばんじょう》にありますね。このように両方《りょうほう》の玉《ぎょく》があるもんだいを「双玉《そうぎょく》もんだい」といいます。そして今《いま》、相手《あいて》に王手《おうて》されています。こちらの負《ま》けでしょうか？　さあ、どうすれば相手《あいて》を詰《つ》ませることができるでしょう？

成《な》った駒《こま》のあらわし方《かた》・読《よ》み方《かた》

成銀（なりぎん） ➡成銀（なりぎん）　と金（ときん） ➡と（※）
成桂（なりけい） ➡成桂（なりけい）　龍王（りゅうおう） ➡龍（りゅう）
成香（なりきょう） ➡成香（なりきょう）　龍馬（りゅうめ） ➡馬（うま）

※この本《ほん》ではわかりやすくするために、「と金《きん》」と表記《ひょうき》しています。

こたえ 7 問目《もんめ》

☗2九《きゅう》飛《ひ》成《なり》まで
1手《いって》詰《づ》み（詰《つめ》上《あ》がり図《ず》）

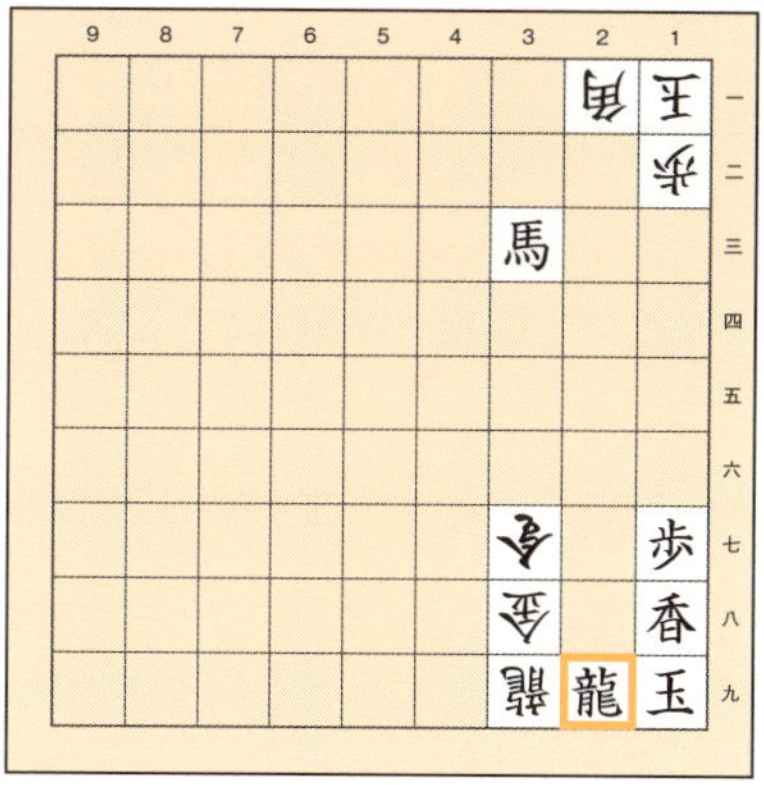

持《も》ち駒《ごま》

王手《おうて》されていますが、あきらめてはいけません。飛《ひ》を成《な》りながら自陣《じじん》の玉《ぎょく》を守《まも》ります。馬《うま》が利《き》いてくるので、今度《こんど》は相手《あいて》に王手《おうて》となります。合《あ》い駒《ごま》をしても、馬《うま》でとって詰《つ》みです（合《あ》い駒《ごま》を龍《りゅう》でとると玉《ぎょく》をとられてしまうので、きをつけて）。

よくあるまちがい

符号《ふごう》で「引《ひき》」や「寄《より》」という字《じ》を見《み》かけますが、どのような時《とき》にそれらの字《じ》であらわすのでしょうか。上《うえ》の図《ず》の局面《きょくめん》では飛《ひ》が引《ひ》いて成《な》っていますが、☗2九飛引成（にきゅうひひきなり）とはいいません。なぜでしょう？

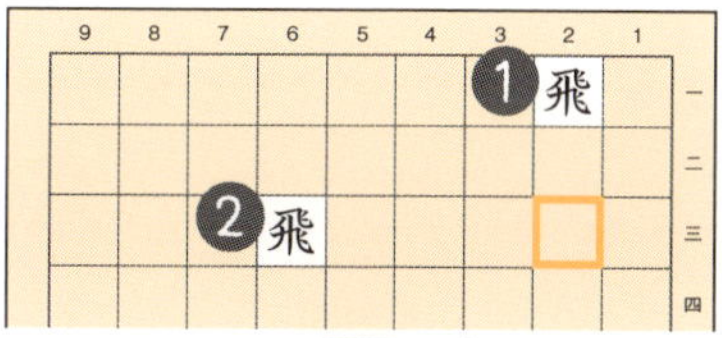

例《たと》えば図《ず》のように飛《ひ》が2枚盤上《まいばんじょう》にあり、2三《さん》の場所《ばしょ》（□の場所《ばしょ》）でどちらかが成《な》るとします。パターンは2つあります。

1

☗2三飛引成（にさんひひきなり）

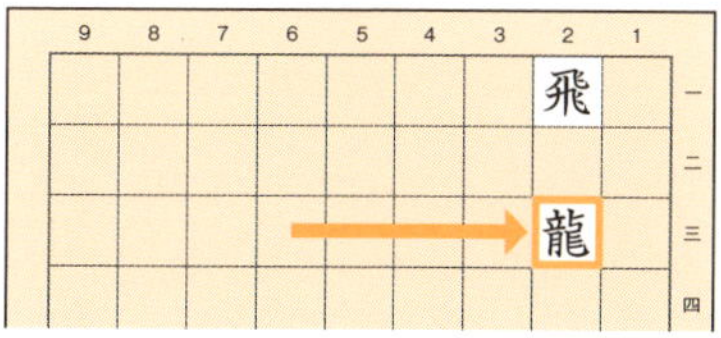

2

☗2三飛寄成（にさんひよりなり）

これらのように、おなじ駒《こま》があって、どの駒《こま》を動《うご》かしたのかをわかりやすく区別《くべつ》するために「引《ひき》」や「寄《より》」を入《い》れます。

むずかしさ ★★☆ 練習《れんしゅう》もんだい 8問目《もんめ》

符号《ふごう》をおぼえよう

相《あい》手《て》の角《かく》にきをつけて

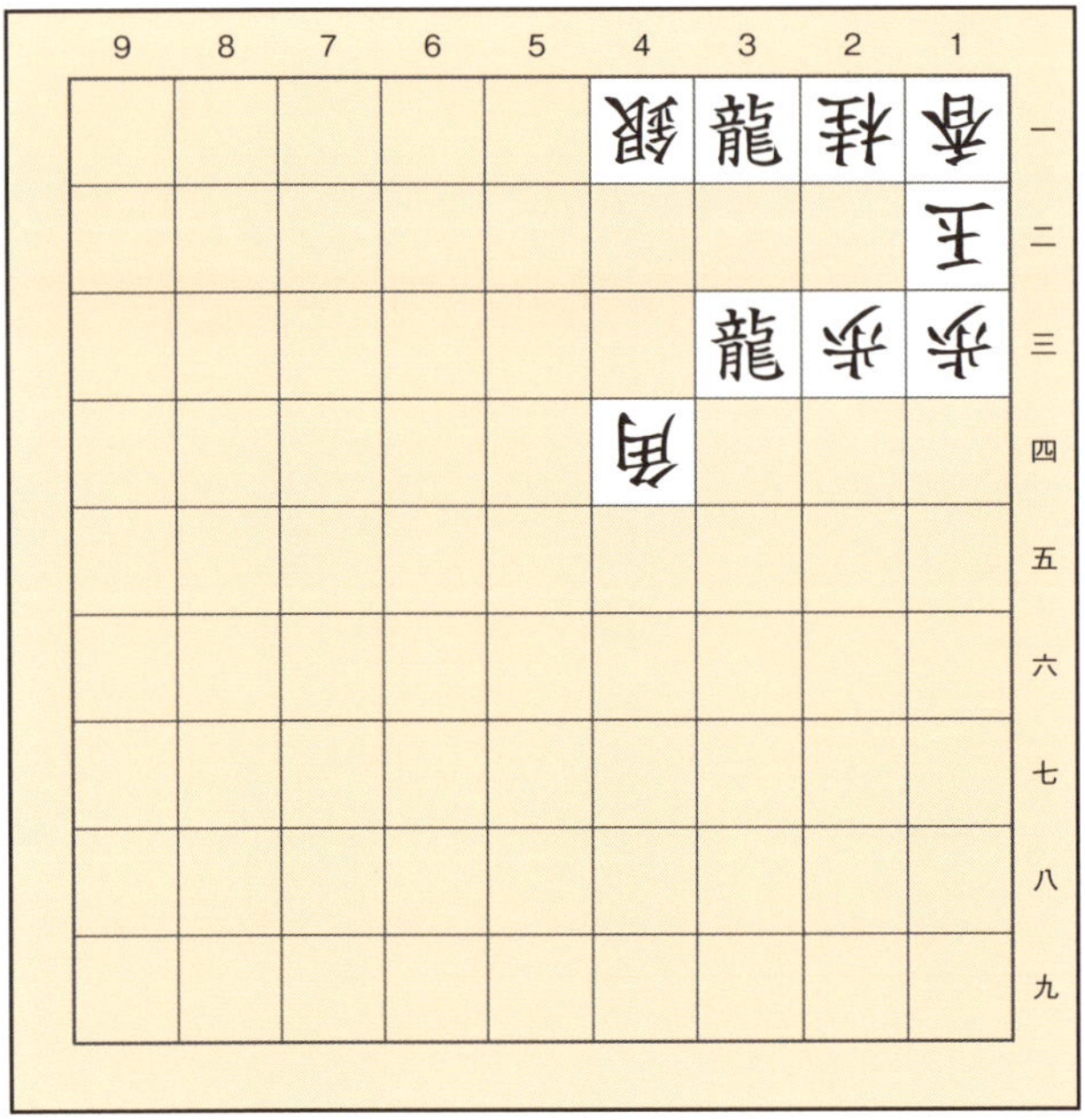

持《も》ち駒《ごま》

攻《せ》め方《かた》の龍《りゅう》2つが相手《あいて》の玉近《ぎょくちか》くにいます。盤上《ばんじょう》には攻《せ》め方《かた》の駒《こま》が、この龍《りゅう》2枚《まい》しかありません。どちらを動《うご》かしてもおなじ、と思《おも》うかもしれませんがおなじではないのです。相手《あいて》の駒《こま》をよく見《み》て利《き》きをかくにんしてから動《うご》かしましょう。

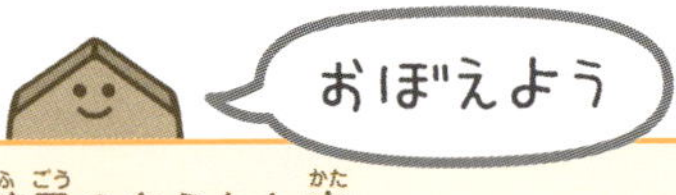

符号《ふごう》のあらわし方《かた》

駒《こま》が下《さ》がる時《とき》は「引（ひき）」　駒《こま》が上《うえ》に行《い》く時《とき》は「上（うえ）」

こたえ 8 問目《もんめ》

☗2二龍引《にりゅうひき》まで 1手詰《いってづ》み（詰上《つめあ》がり図《ず》）

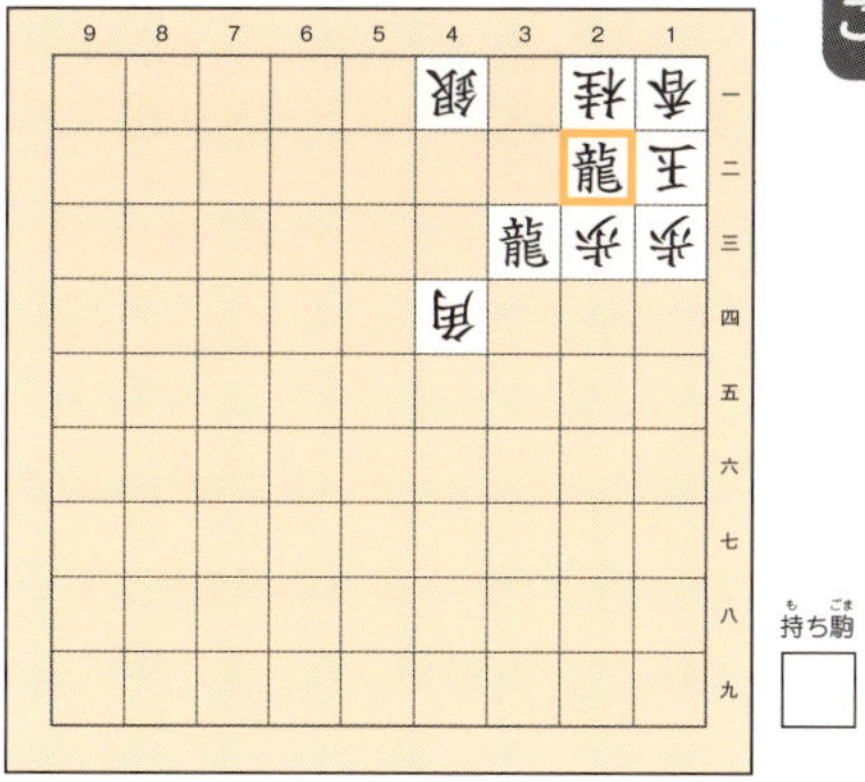

どちらの龍《りゅう》を動《うご》かしても良《よ》さそうですが、龍《りゅう》が入《はい》る形《かたち》だと、相《あい》手《て》の角《かく》にとられて失敗《しっぱい》です。龍《りゅう》が引《ひ》く形《かたち》は、とることができないので詰《つ》みです。

よくあるまちがい

❶

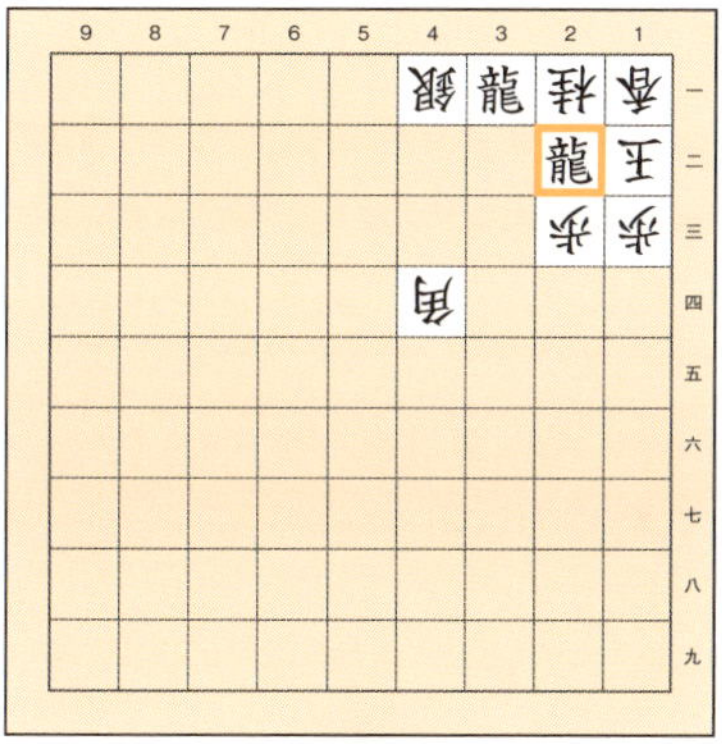

例《たと》えば図《ず》のように、3三《さん》にいる龍《りゅう》がなな め右前《みぎまえ》にすすんだとします。符号《ふごう》で表現《ひょうげん》すると「☗2二龍上（ににりゅううえ）」となります。しかしこれだと、詰《つ》みません。

❷

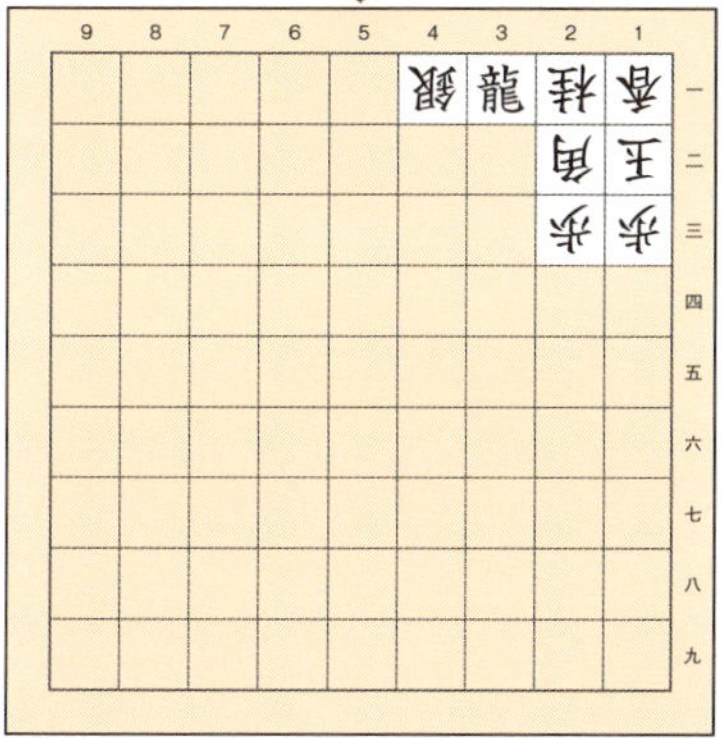

なぜなら、相手《あいて》が図《ず》のように、動《うご》いた龍《りゅう》を角《かく》でとりにくるからです。この後手側《ごてがわ》の動《うご》きを符号《ふごう》であらわすと「☖同角（どうかく）」となります。

いよいよ1手詰《いってづめ》にチャレンジです。もっと強《つよ》くなるための格言《かくげん》マンガを読《よ》んで友達《ともだち》に差《さ》をつけよう！

金将《きんしょう》

知《し》ってる？ 金将 のこと

金将《きんしょう》は玉《ぎょく》とおなじく、成《な》ることができない駒《こま》です。金《きん》は、「玉《ぎょく》の守《まも》りは金《きん》銀《ぎん》3枚《まい》」といわれるように、守《まも》りに使《つか》うと、とても強力《きょうりょく》な駒《こま》であり、さらに「金《きん》はとどめに残《のこ》せ」といわれるように、攻《せ》めにも強力《きょうりょく》な駒《こま》です。名前《なまえ》からも華々《はなばな》しく、強《つよ》そうなイメージですし、英語表記《えいごひょうき》も「gold」と、そのまま輝《かがや》かしい名前《なまえ》になっています。図《ず》のように、守《まも》りの金《きん》、攻《せ》めの金《きん》として使《つか》われます。

守《まも》りの金《きん》

詰《つ》まされそうな局面《きょくめん》で…

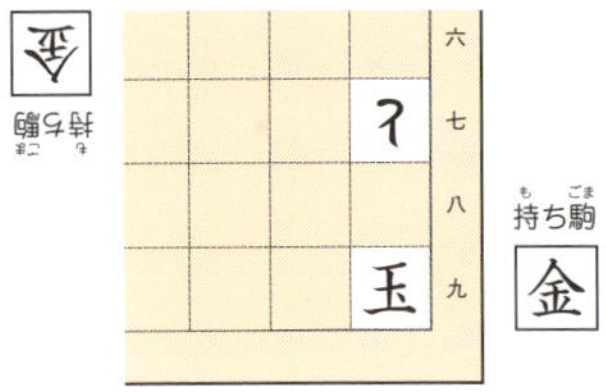

持《も》ち駒《ごま》の金《きん》で玉《ぎょく》を守《まも》る！

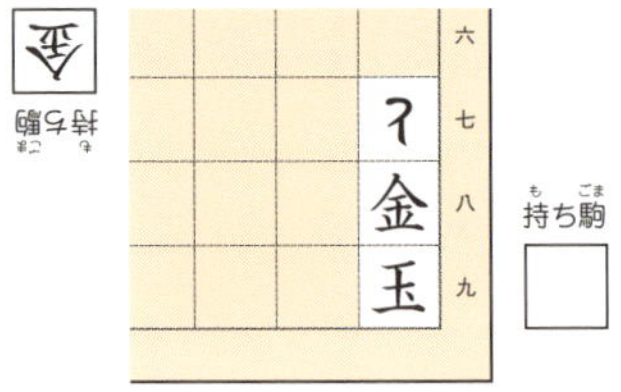

攻《せ》めの金《きん》

残《のこ》しておいた持《も》ち駒《ごま》の金《きん》で…

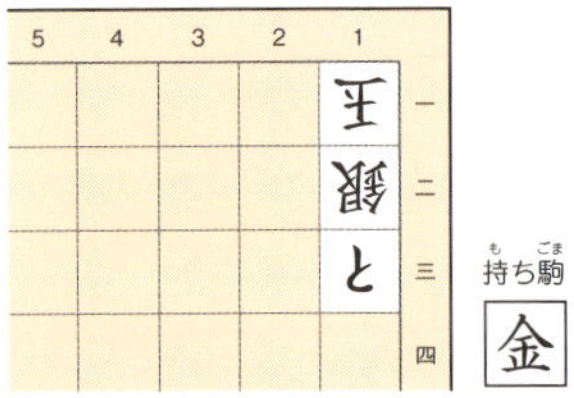

とどめ！

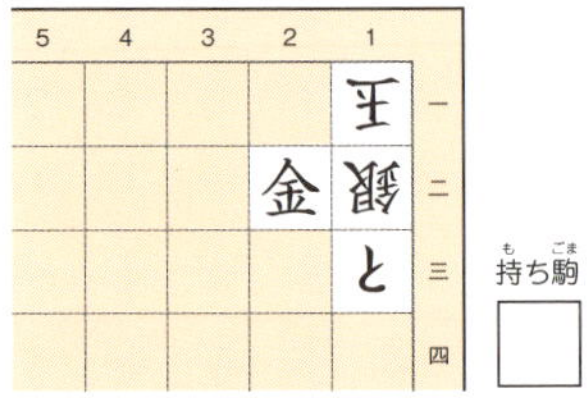

金《きん》を使《つか》った1手詰《いってづめ》

むずかしさ ★★☆

もんだい 1問目《もんめ》

打《う》ってもとられない場所《ばしょ》はどこでしょうか

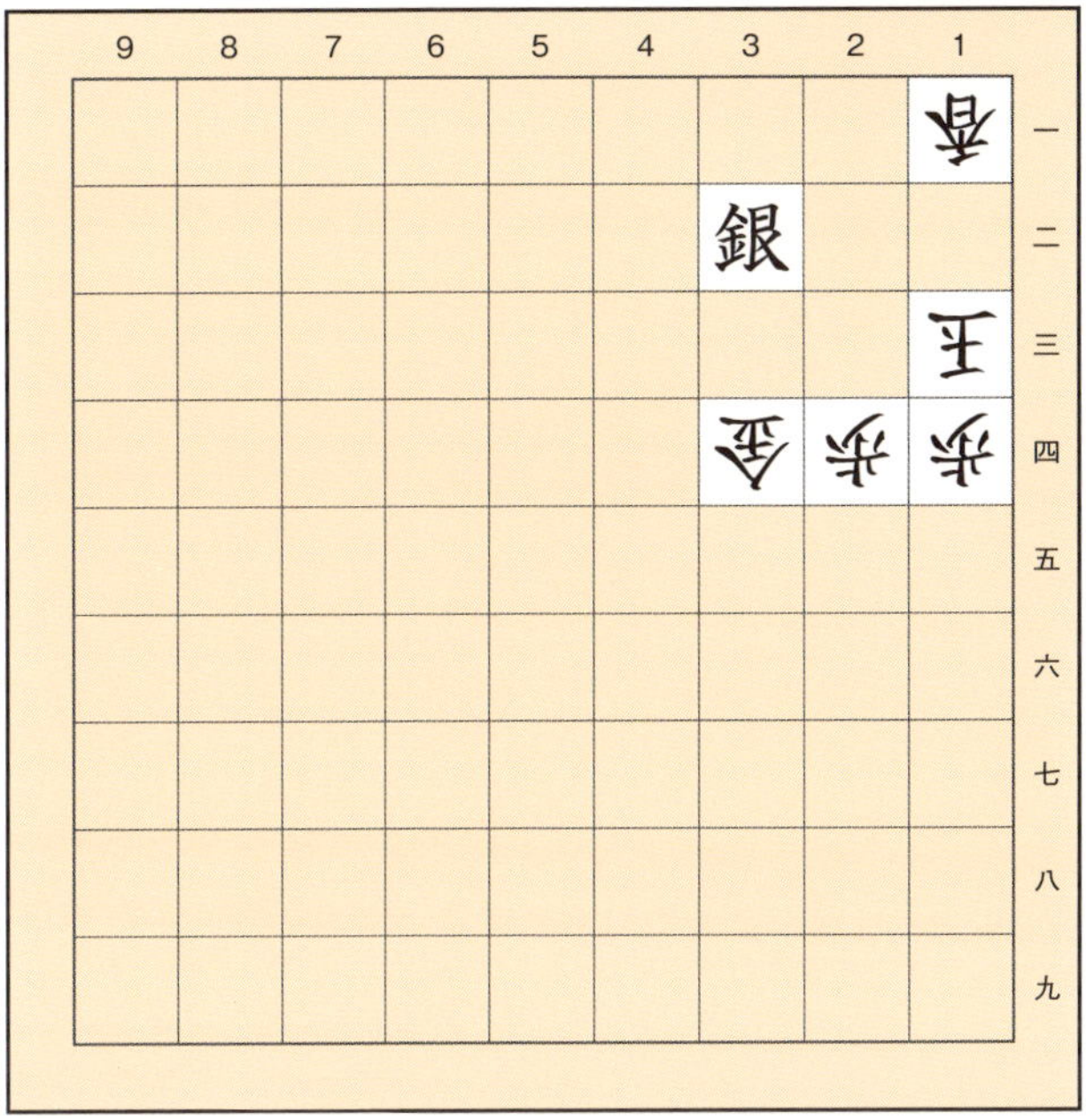

持ち駒《もごま》
金

金《きん》は詰《つ》ませる時《とき》にとても有効《ゆうこう》な駒《こま》です。「頭金《あたまきん》」「尻金《しりきん》」「腹金《はらきん》」「肩金《かたきん》」と、詰《つ》みの形《かたち》に名前《なまえ》がついていましたね。金《きん》を打《う》つ時《とき》に、自分《じぶん》の駒《こま》の応援《おうえん》がないと、とられてしまいます。まず、自分《じぶん》の駒《こま》がどこに利《き》いているか、しっかりかくにんしましょう。

こたえ 1問目《もんめ》

せつめい

□の場所《ばしょ》です！ 腹金《はらきん》の形《かたち》で詰《つ》みです

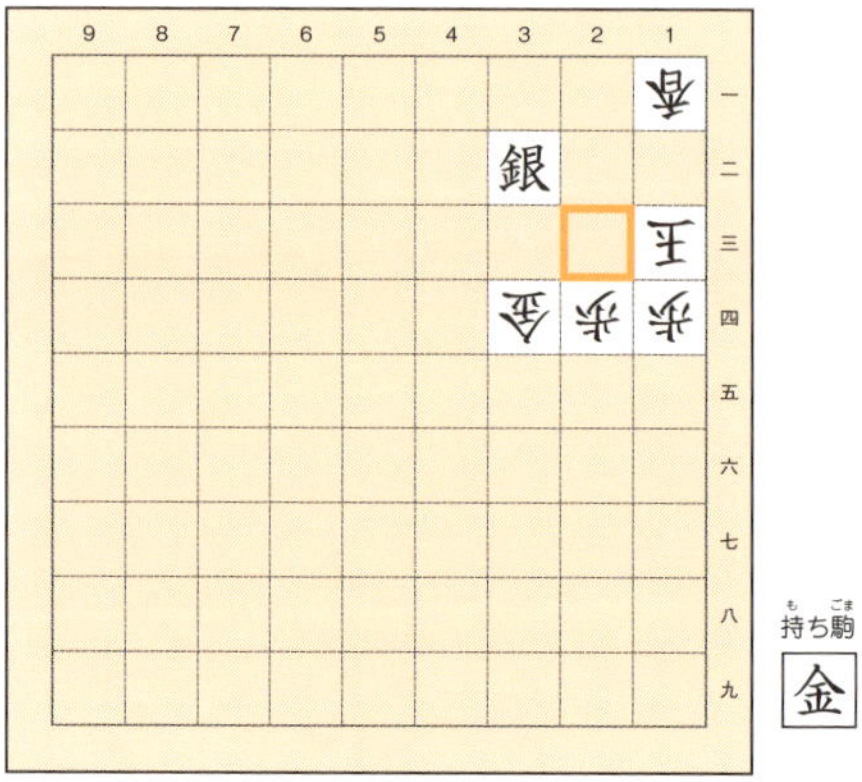

こたえを場所《ばしょ》であらわすと右《みぎ》の図《ず》のようになります。これを符号《ふごう》でいいかえると下《した》の図《ず》のようになります。

符号《ふごう》

▲2三金《さんきん》まで（詰上《つめあ》がり図《ず》）

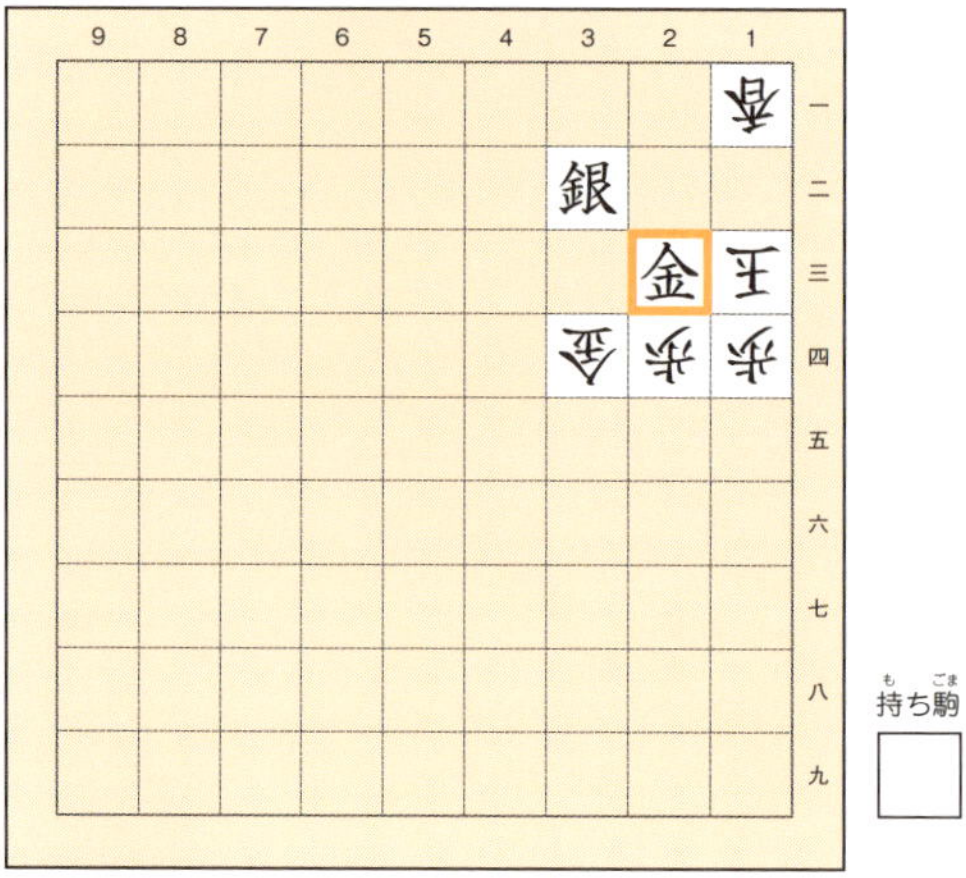

▲1二金《にきん》と打《う》ちたくなりますが、△同香《どうきょう》、もしくは△同玉《どうぎょく》ととられてしまいます。▲2三金《さんきん》と打《う》てば、3二《に》に銀《ぎん》がいるので△同《どう》玉《ぎょく》とれず詰《つ》みです。

もんだい 2問目《もんめ》

金《きん》を使《つか》った1手詰《いってづめ》

むずかしさ ★★☆

下《した》に打《う》つか横《よこ》に打《う》つか

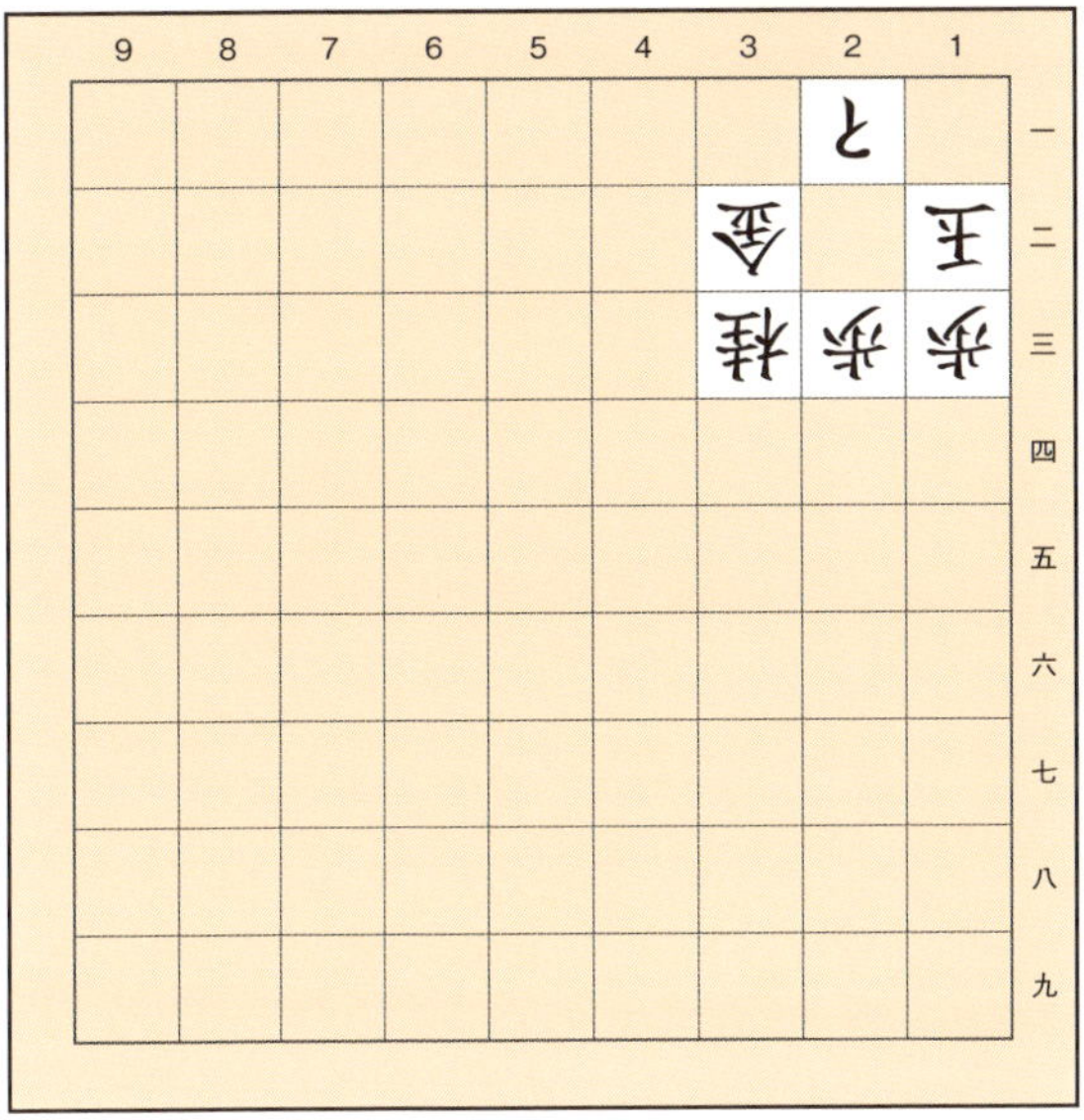

持《も》ち駒《ごま》

金

もんだい 3問目《もんめ》

金《きん》を使《つか》った1手詰《いってづめ》

むずかしさ ★★☆

自分《じぶん》の駒《こま》はどれかよく見《み》てみましょう

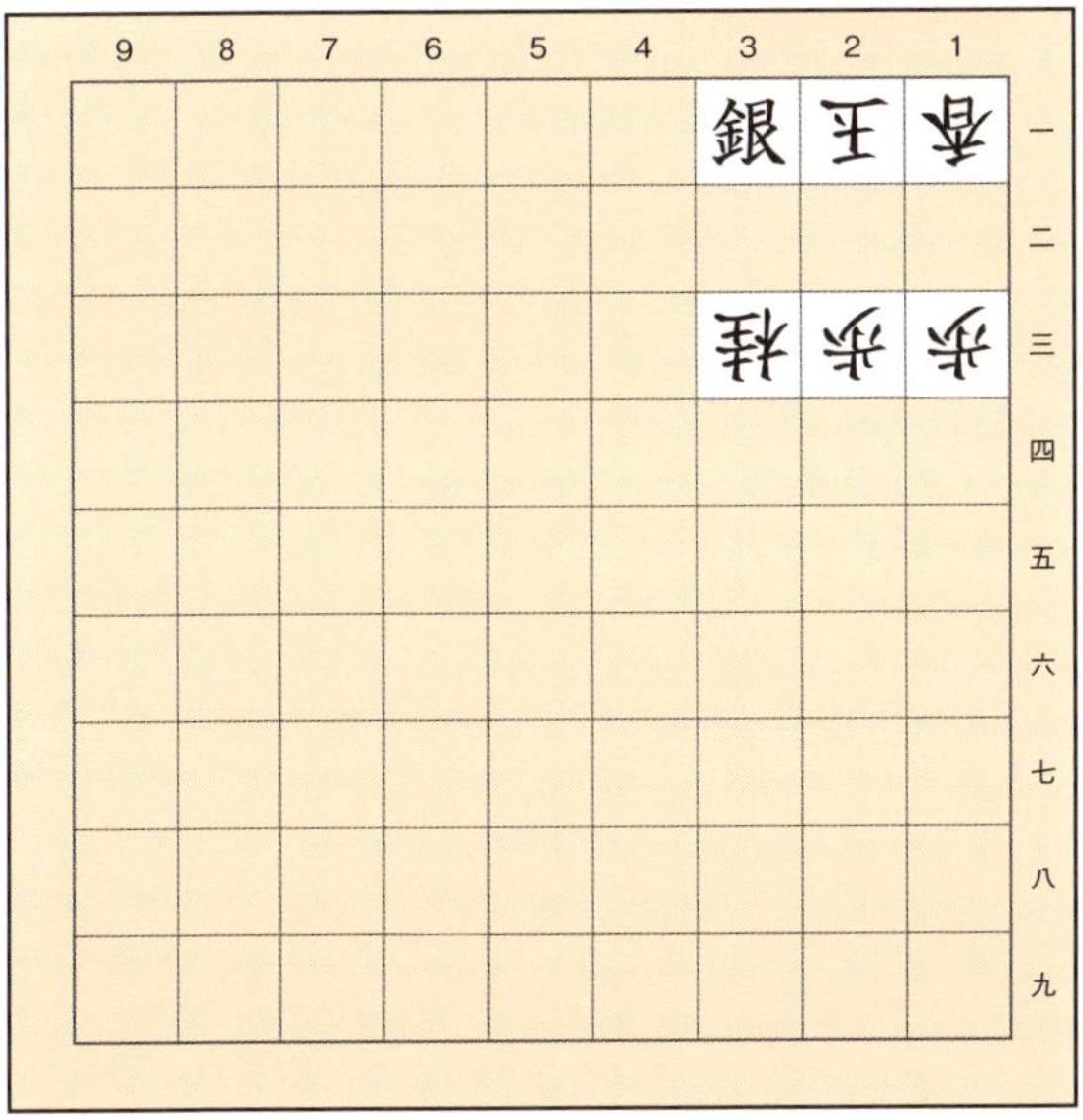

持《も》ち駒《ごま》

金

こたえ　2問目《もんめ》

☗1一《いち》金《きん》まで
（詰《つめ》上《あ》がり図《ず》）

持《も》ち駒《ごま》

☗2二《に》金《きん》と打《う》ちたくなりますが、☖同金《どうきん》ととられてしまいます。☗1一《いち》金《きん》と打《う》てば、2一《いち》にと金《きん》がいるので☖同玉《どうぎょく》とれず詰《つ》みです。

こたえ　3問目《もんめ》

☗2二《に》金《きん》まで
（詰《つめ》上《あ》がり図《ず》）

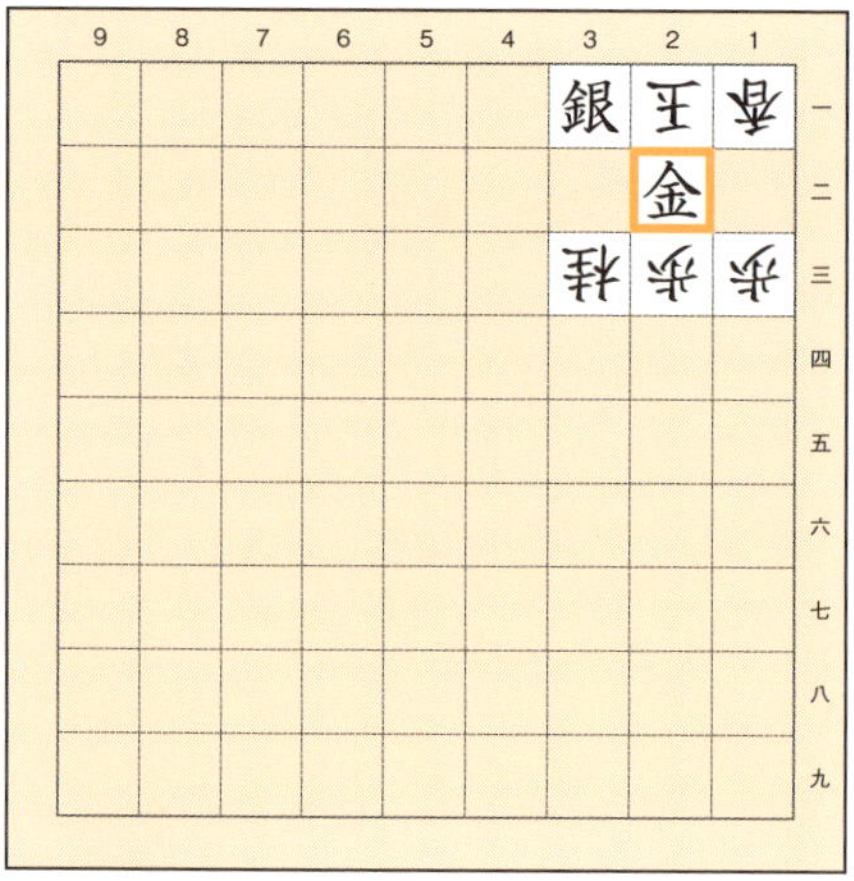

持《も》ち駒《ごま》

3一《いち》に銀《ぎん》がいるので、☗3二《に》金《きん》と打《う》ちたくなりますが、銀《ぎん》は後《うし》ろへ下《さ》がれないので、☖同玉《どうぎょく》ととられてしまいます。自分《じぶん》の駒《こま》がどこに利《き》いているのか、かくにんしてから打《う》ちましょう。

もんだい 4問目《もんめ》

むずかしさ ★★☆

金《きん》を使《つか》った1《いっ》手《て》詰《づめ》

飛《ひ》も金《きん》もとられそうですが…

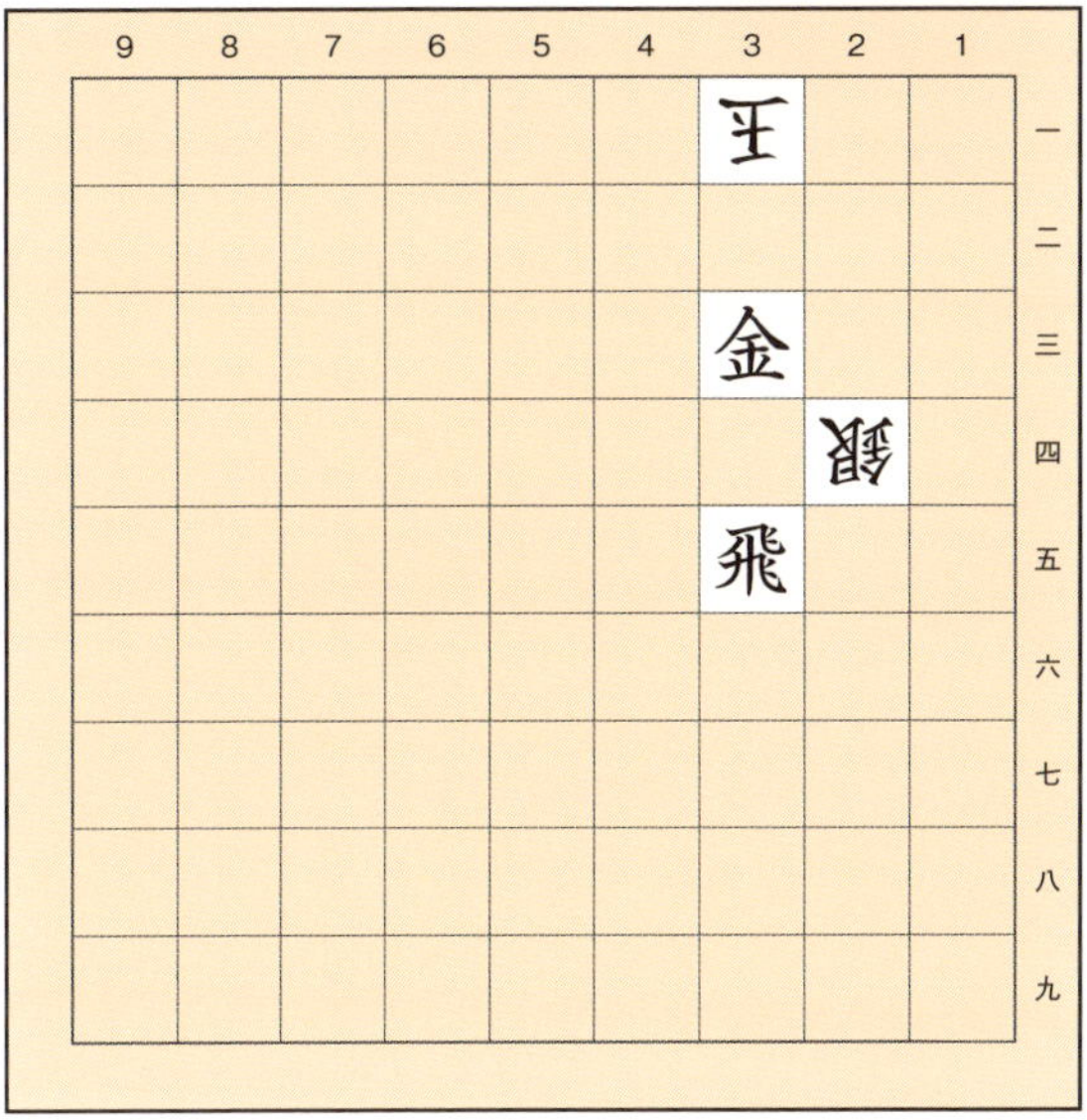

持《も》ち駒《ごま》

もんだい 5問目《もんめ》

むずかしさ ★★☆

金《きん》を使《つか》った1《いっ》手《て》詰《づめ》

盤上《ばんじょう》には角《かく》しかいませんが…

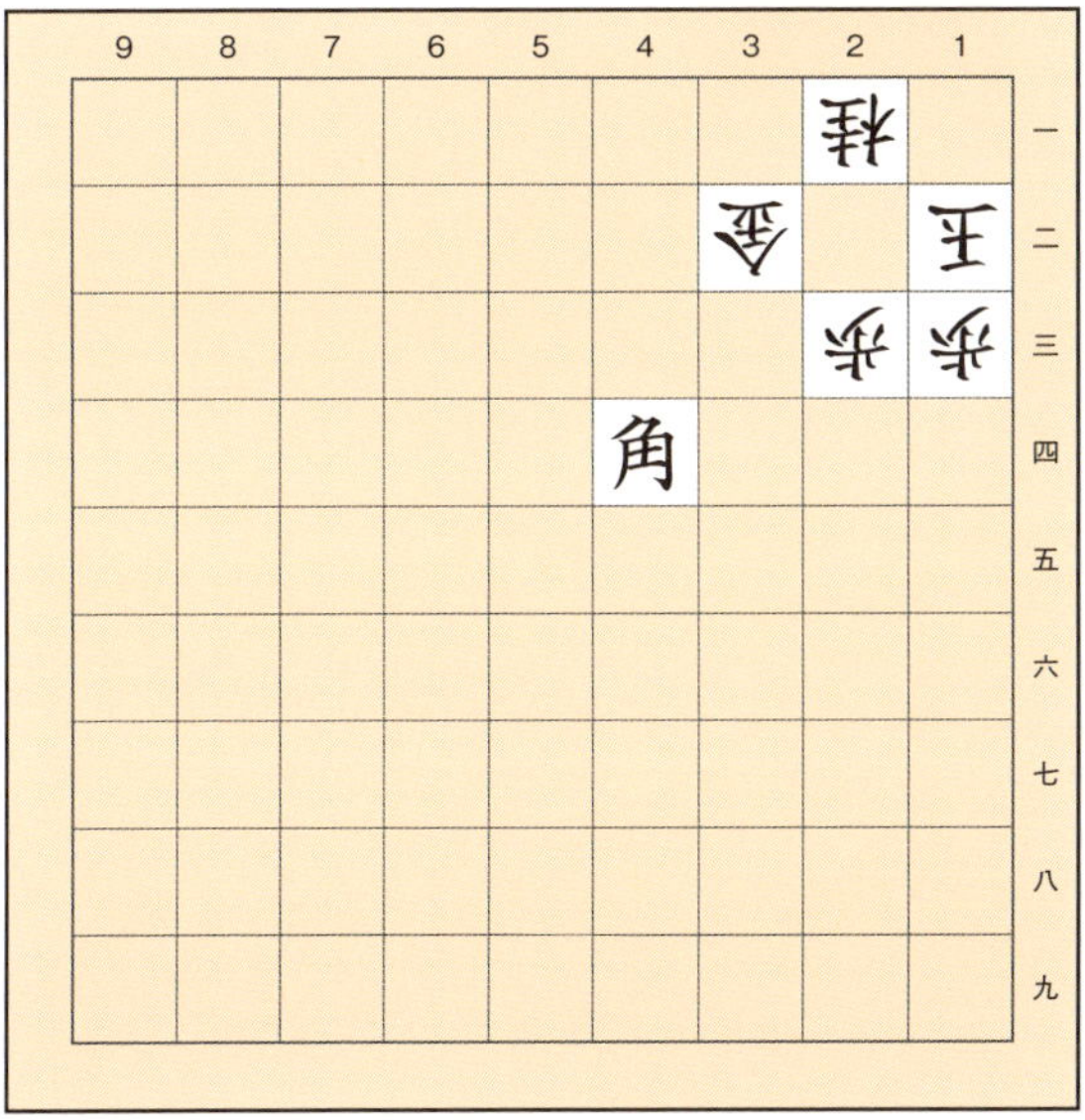

持《も》ち駒《ごま》 金

こたえ 4問目《もんめ》

☗3二金《にきん》まで
（詰上《つめあ》がり図《ず》）

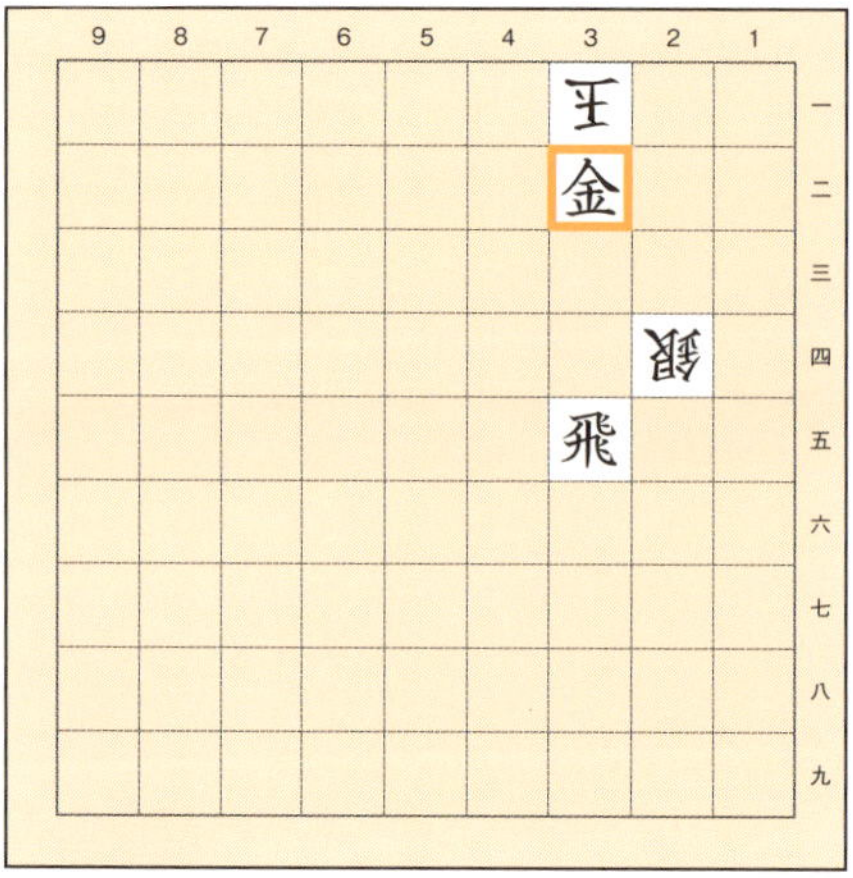

持ち駒《もごま》

☖3五銀《ごぎん》として飛《ひ》をとられてしまいそうな局《きょく》面《めん》ですが、☗3二金《にきん》として詰《つ》みます。大駒《おおごま》をとられそうな時《とき》は、おちついて盤面《ばんめん》を見《み》るようにしましょう。

こたえ 5問目《もんめ》

☗1一金《いちきん》まで
（詰上《つめあ》がり図《ず》）

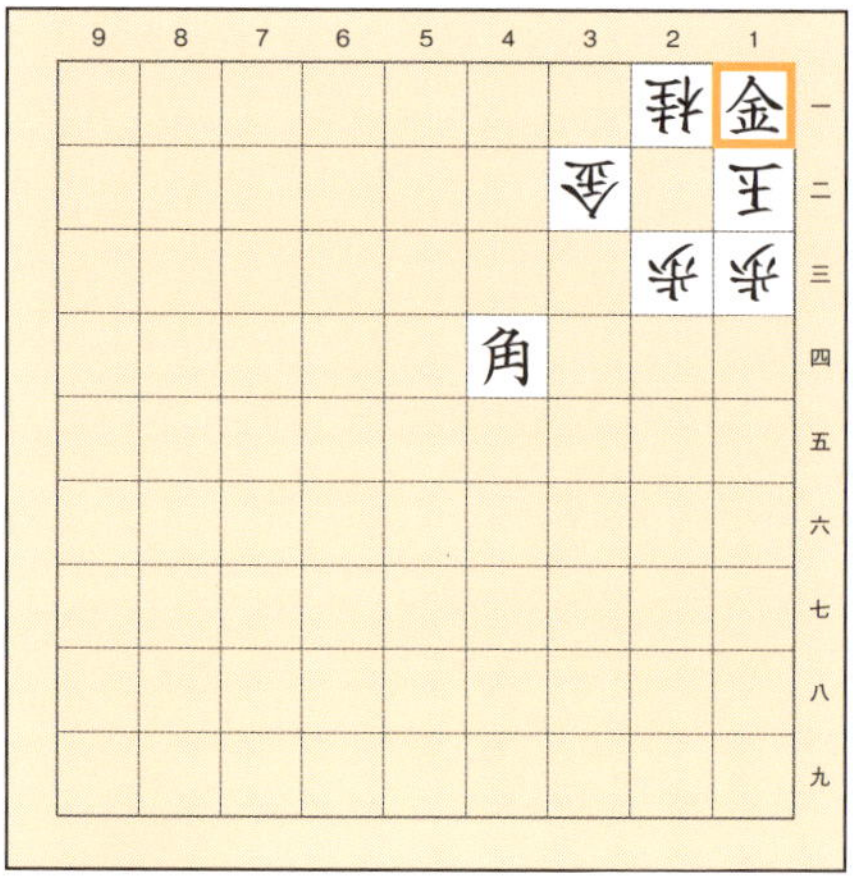

持ち駒《もごま》

☗2二金《にきん》としたくなりますが、☖同金《どうきん》ととられて失敗《しっぱい》です。4四《よん》の角《かく》が利《き》いているので、尻金《しりきん》の形《かたち》で詰《つ》みです。仲間《なかま》の場所《ばしょ》もよくかくにんして駒《こま》を打《う》つようにしましょう。

しょうぎ格言《かくげん》
金《きん》はななめに誘《さそ》え!!
金《きん》は守《まも》りが得意《とくい》。玉《ぎょく》の近《ちか》くで大《だい》かつやくします。
ささ。私《わたし》の後《うし》ろへ。
ありがとう。

自分《じぶん》の持《も》ち駒《ごま》
金《きん》がべったり玉《ぎょく》にくっついてるなぁ…
と金《きん》などこわくないわッ

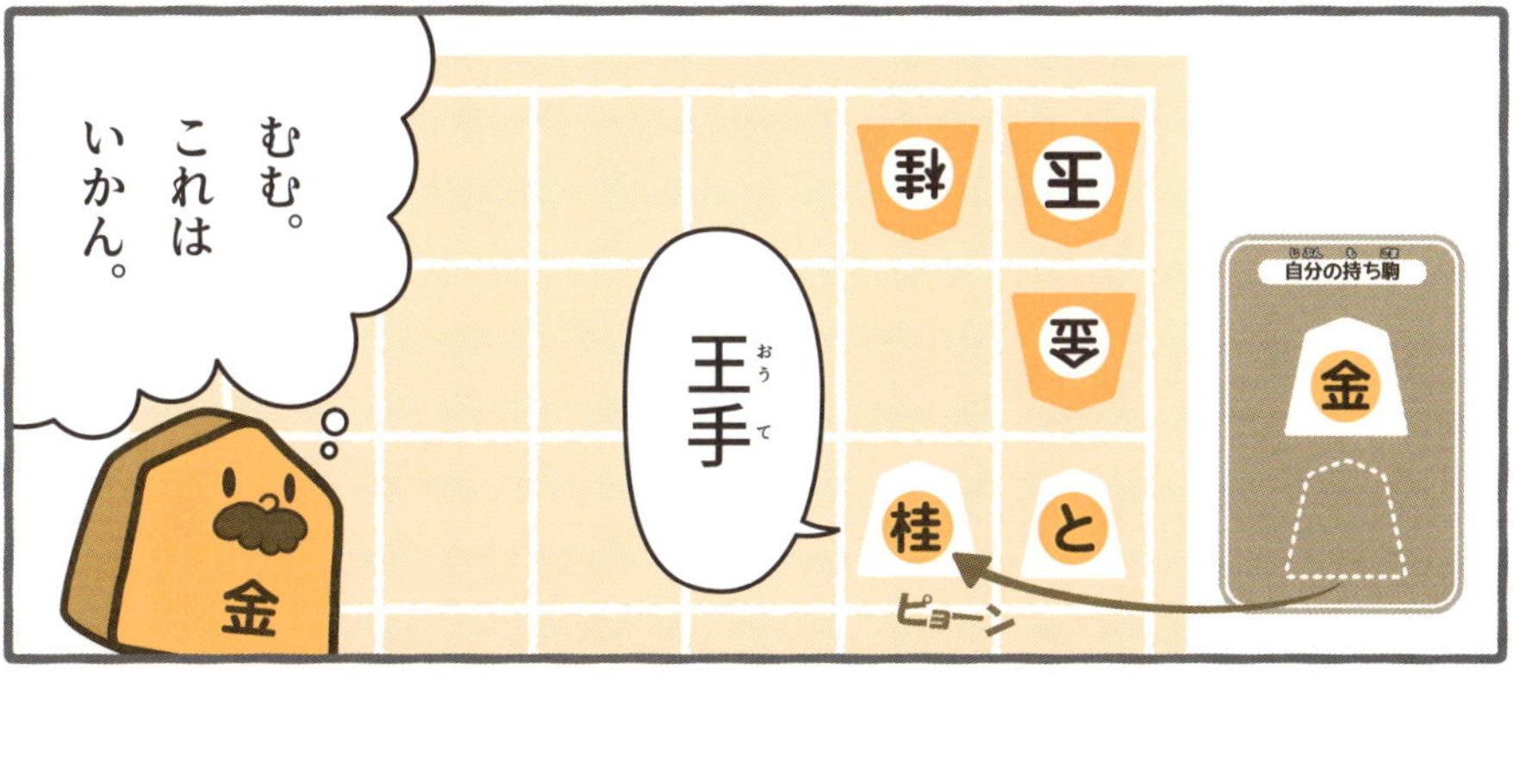
自分《じぶん》の持《も》ち駒《ごま》
王手《おうて》
ピョーン
むむ。これはいかん。

成敗《せいばい》してくれるッッ
ガッ
待《ま》って!!
金《きん》ッ!!
はッ
玉《ぎょく》の前《まえ》が…!!
ガラあき
あ…
ふふふ

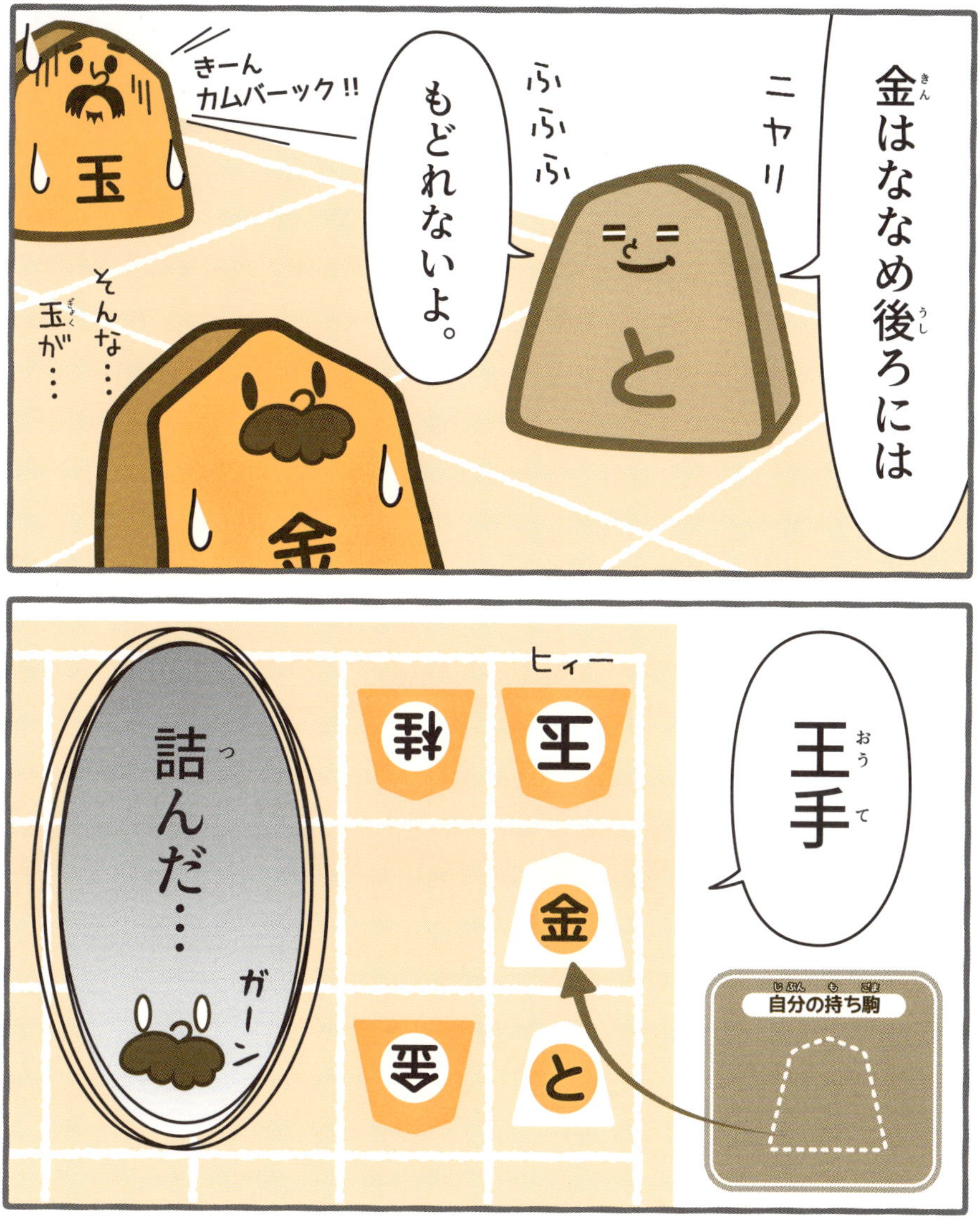

格言《かくげん》かいせつ

ななめ前《まえ》に誘《さそ》い出《だ》した金《きん》は
もとの場所《ばしょ》にもどれなくなるんだ!!

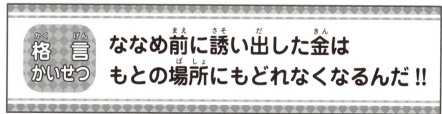

銀将《ぎんしょう》

知《し》ってる？のこと

みなさん、好《す》きな駒《こま》ってありますか？「龍《りゅう》」か「飛車《ひしゃ》」の2つが人気《にんき》が高《たか》い駒《こま》のようです。プロ棋士《きし》の方々《かたがた》に「好《す》きな駒《こま》は何《なん》ですか？」という質問《しつもん》をすると、さまざまなこたえが返《かえ》ってきます。中《なか》には「銀《ぎん》」とこたえるかたもいるそうです。今回《こんかい》は、この銀《ぎん》にまつわるお話《はなし》をさせていただきます。

伝説《でんせつ》の棋士《きし》　阪田三吉《さかたさんきち》氏《し》

明治《めいじ》から昭和初期《しょうわしょき》にかつやくされた伝説《でんせつ》の棋士《きし》、阪田三吉《さかたさんきち》氏《し》は「銀《ぎん》が泣《な》いている」という名言《めいげん》を残《のこ》しています。阪田《さかた》氏《し》が、相手《あいて》にとってもらおうと銀《ぎん》を動《うご》かしたのに、相手《あいて》が逆《ぎゃく》にそれを読《よ》んでとってくれない、そんな局面《きょくめん》があったそうです（結果《けっか》は阪田《さかた》三吉《さんきち》氏《し》の勝《か》ち）。これは、その時《とき》に生《う》まれた名言《めいげん》のようです。

しょうぎは、自分《じぶん》が指《さ》したい手《て》ばかり指《さ》せるわけではありません。交互《こうご》に指《さ》すゲームです。「こうしてほしい」と思《おも》いながら指《さ》しても、相手《あいて》は思《おも》うように指《さ》してくれないことが多《おお》いものです。いろいろな棋士《きし》のかたの名言《めいげん》も、とても良《よ》い勉強《べんきょう》になります。

大阪《おおさか》、堺市《さかいし》で生《う》まれた阪田三吉《さかたさんきち》氏《し》の功績《こうせき》をたたえて、通天閣《つうてんかく》の足元《あしもと》には王将碑《おうしょうひ》が建《た》てられており、その横《よこ》に、「銀《ぎん》が泣《な》いている」の名言《めいげん》を残《のこ》した対局《たいきょく》の投了図《とうりょうず》がオブジェとして設置《せっち》されているそうです。

勝負《しょうぶ》のパワースポットとしても人気《にんき》があるとのこと。ぜひ、一度《いちど》足《あし》を運《はこ》んでみてください。

むずかしさ ★★☆

もんだい 1問目《もんめ》

銀《ぎん》を使《つか》った1手詰《いってづめ》

金《きん》と銀《ぎん》のどちらを動《うご》かすでしょうか

持《も》ち駒《ごま》

銀《ぎん》は金《きん》とはちがい、ななめ後《うし》ろに下《さ》がれます。銀《ぎん》も、攻《せ》めにも守《まも》りにも使《つか》える駒《こま》です。「玉の腹《はら》から銀《ぎん》を打《う》て」という格言《かくげん》があります。直接《ちょくせつ》、王手《おうて》をするのではなく、銀《ぎん》は玉《ぎょく》の隣《となり》に打《う》ちこむと詰《つ》ませやすいということから、こういわれています。まさに、その局面《きょくめん》です。

こたえ 1問目《もんめ》

せつめい

□の場所《ばしょ》に銀成《ぎんなり》で詰《つ》みです

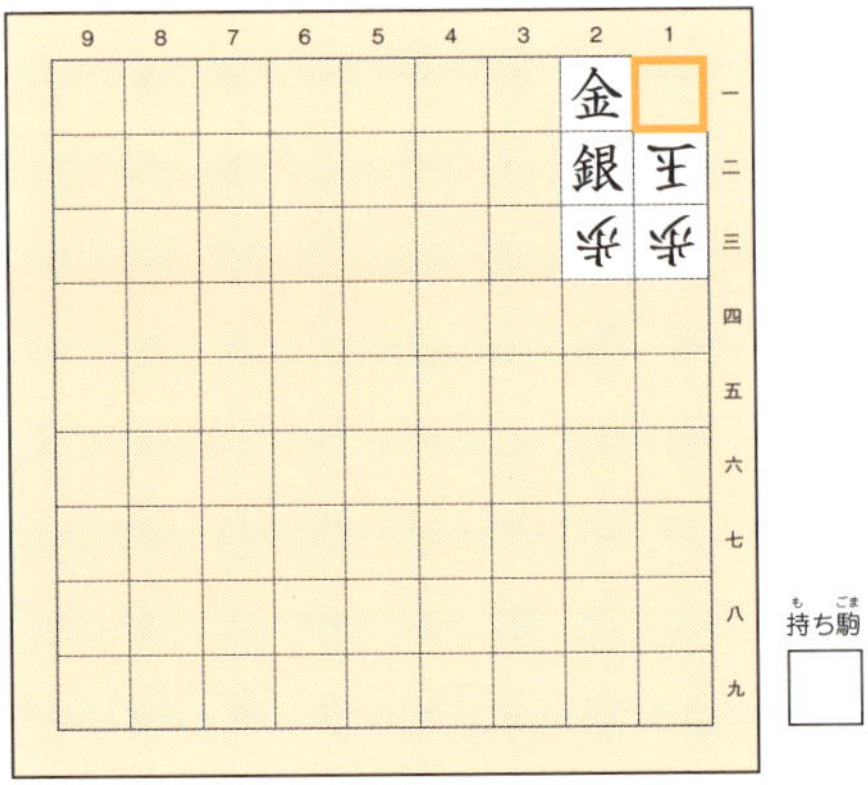

こたえを場所《ばしょ》であらわすと右《みぎ》の図《ず》のようになります。これを符号《ふごう》でいいかえると下《した》の図《ず》のようになります。

符号《ふごう》

☗1一銀成《いちぎんなり》まで（詰上《つめあ》がり図《ず》）

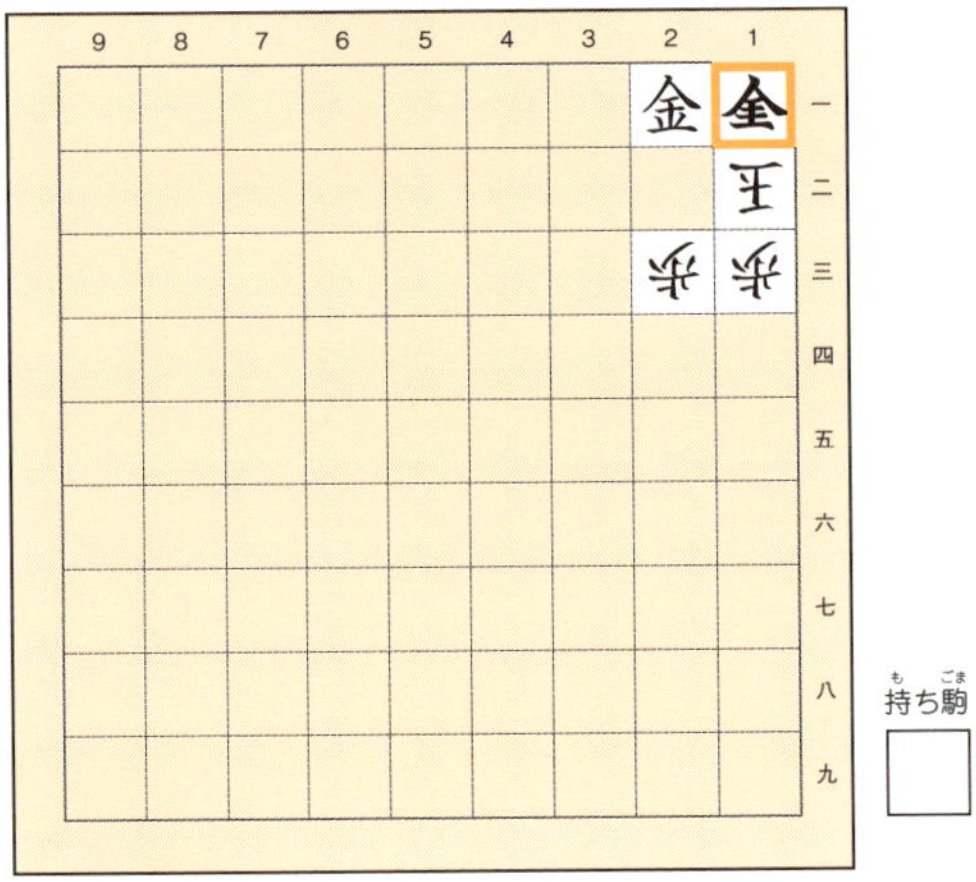

☗1一金《いちきん》としたくなりますが、☖2二玉《にぎょく》と銀《ぎん》をとられて逃《に》げられてしまいます。ここは☗1一銀成《いちぎんなり》とすることで、相手《あいて》はとることも逃《に》げることもできず詰《つ》みです。

もんだい 2問目《もんめ》

むずかしさ ★★☆

銀《きん》を使《つか》った1手詰《いってづめ》

飛《ひ》と協力《きょうりょく》して

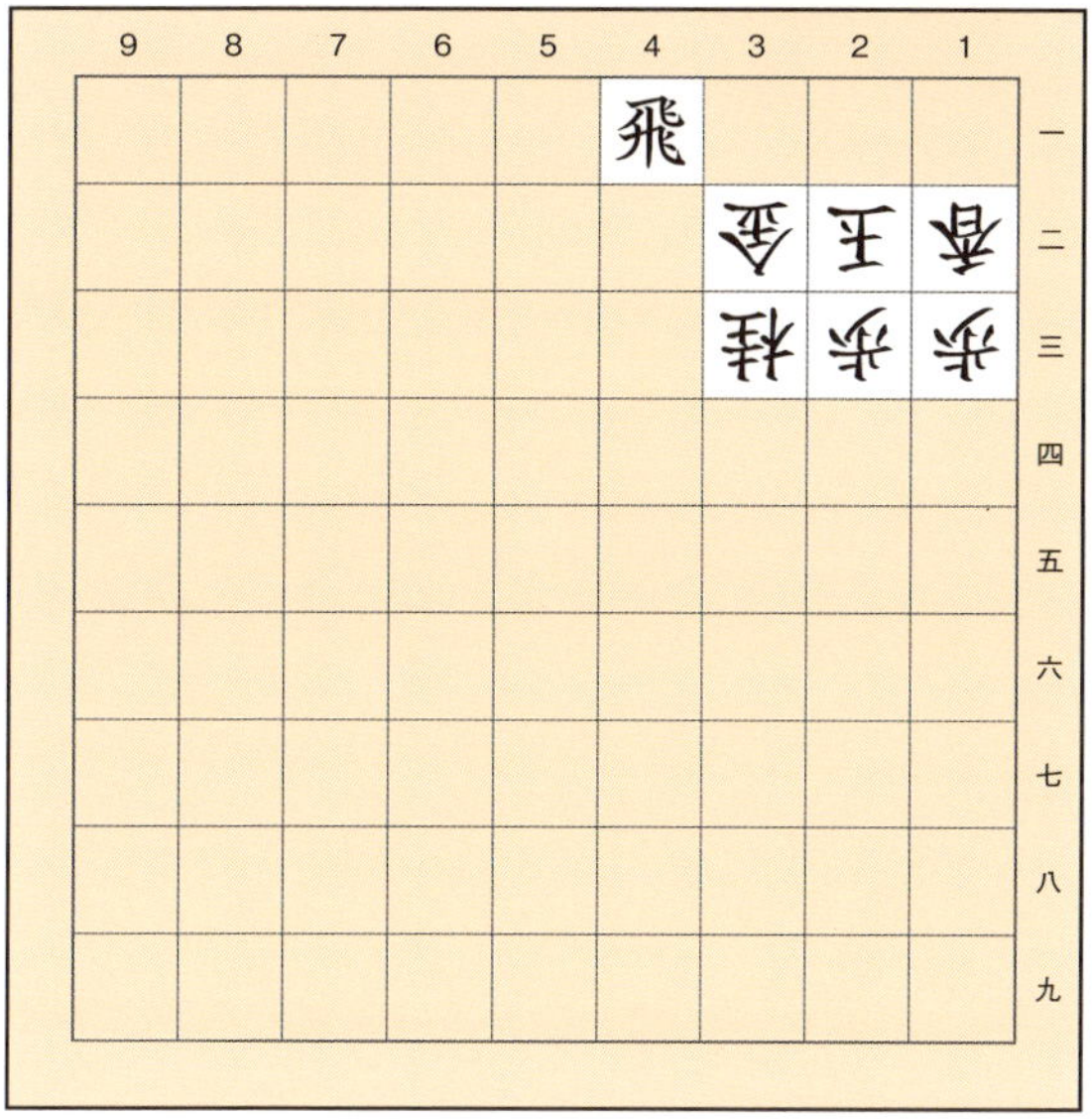

持《も》ち駒《ごま》

銀

もんだい 3問目《もんめ》

むずかしさ ★★☆

銀《きん》を使《つか》った1手詰《いってづめ》

銀《ぎん》をどこに動《うご》かせばいいでしょうか

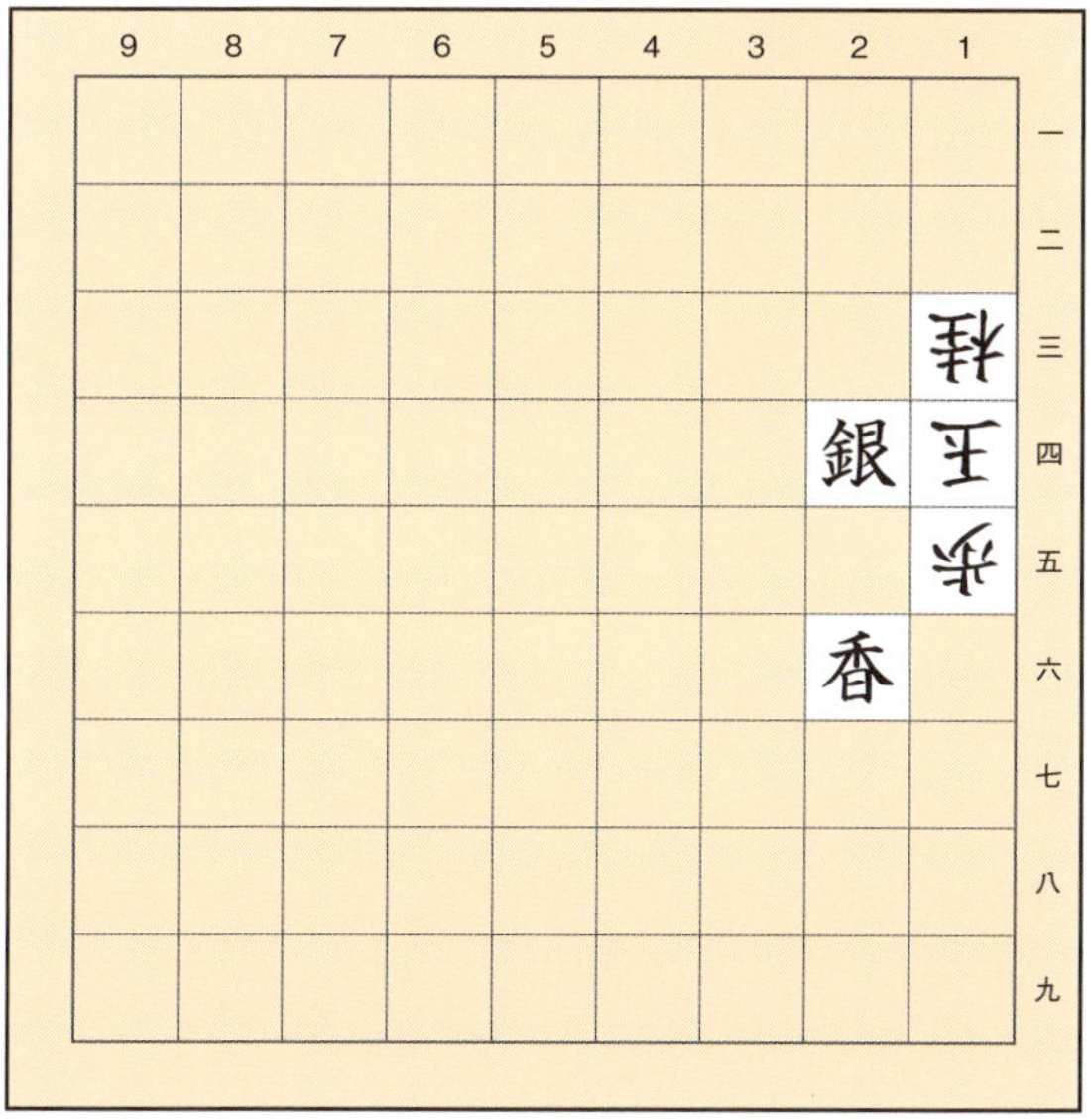

持《も》ち駒《ごま》

こたえ　2問《もん》目《め》

☗1一《いち》銀《ぎん》まで
（詰《つめ》上《あ》がり図《ず》）

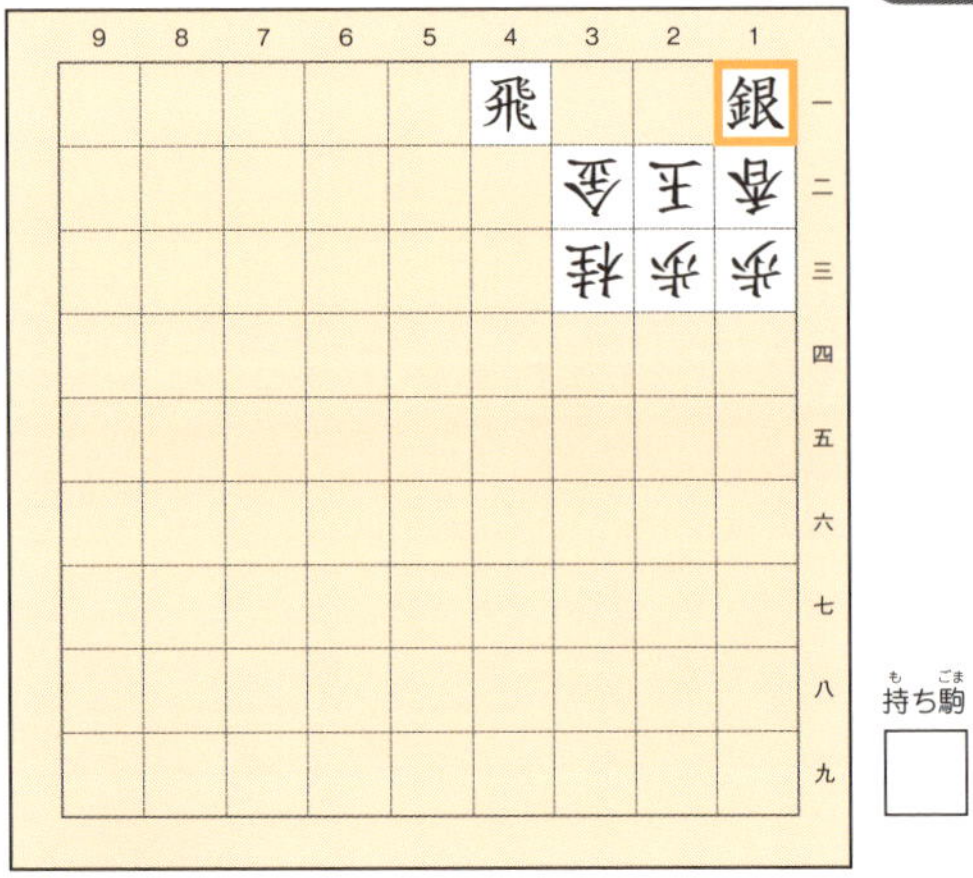

☗3一銀《いちぎん》としたくなりますが、☖同金《どうきん》ととられて詰《つ》みません。飛《ひ》の利《き》きを止《と》めない場所《ばしょ》の1一《いち》に、銀《ぎん》を打《う》つのがせいかいです。

こたえ　3問《もん》目《め》

☗2三《さん》銀《ぎん》不成《ならず》まで
（詰《つめ》上《あ》がり図《ず》）

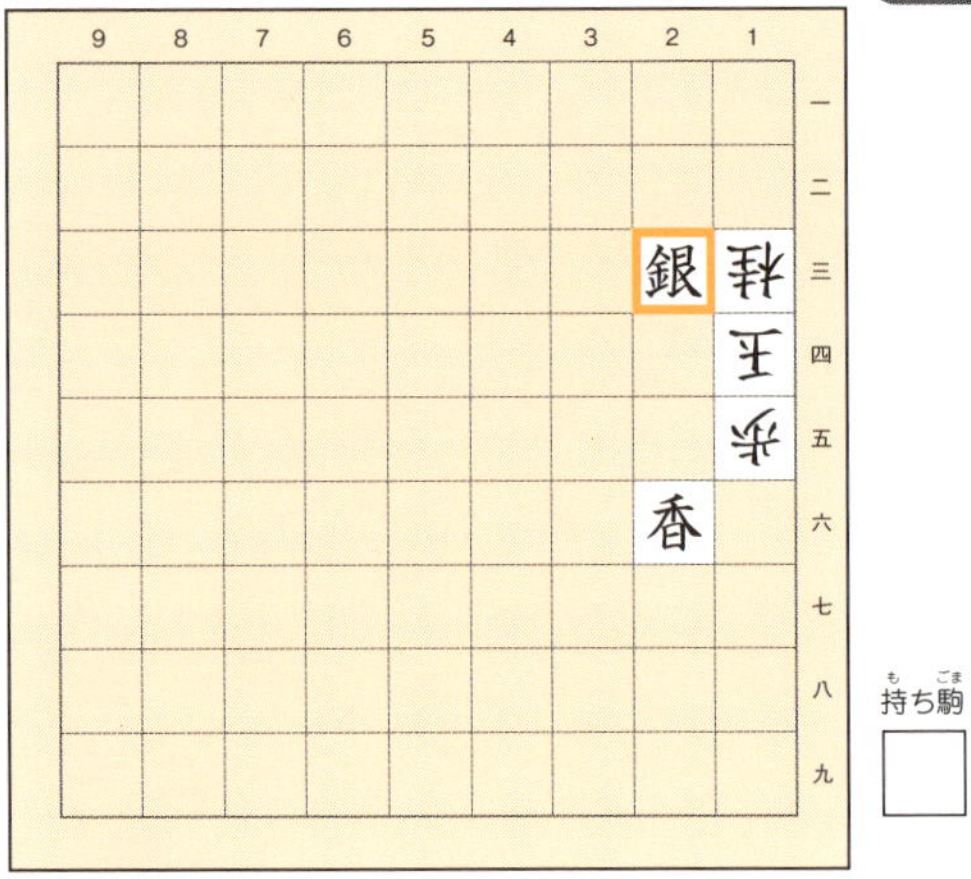

☗2三《さん》銀成《ぎんなり》としたくなりますが、成銀《なりぎん》はななめ後《うし》ろには動《うご》けないので、王手《おうて》ができず詰《つ》みません。ここは、2六《ろく》の香《きょう》の利《き》きをいかして、銀不成《ぎんならず》として王手《おうて》して詰《つ》みです。

もんだい 4問目《もんめ》

むずかしさ ★★☆

銀《ぎん》を使《つか》った1手詰《いってづめ》

成《な》るか成《な》らないか

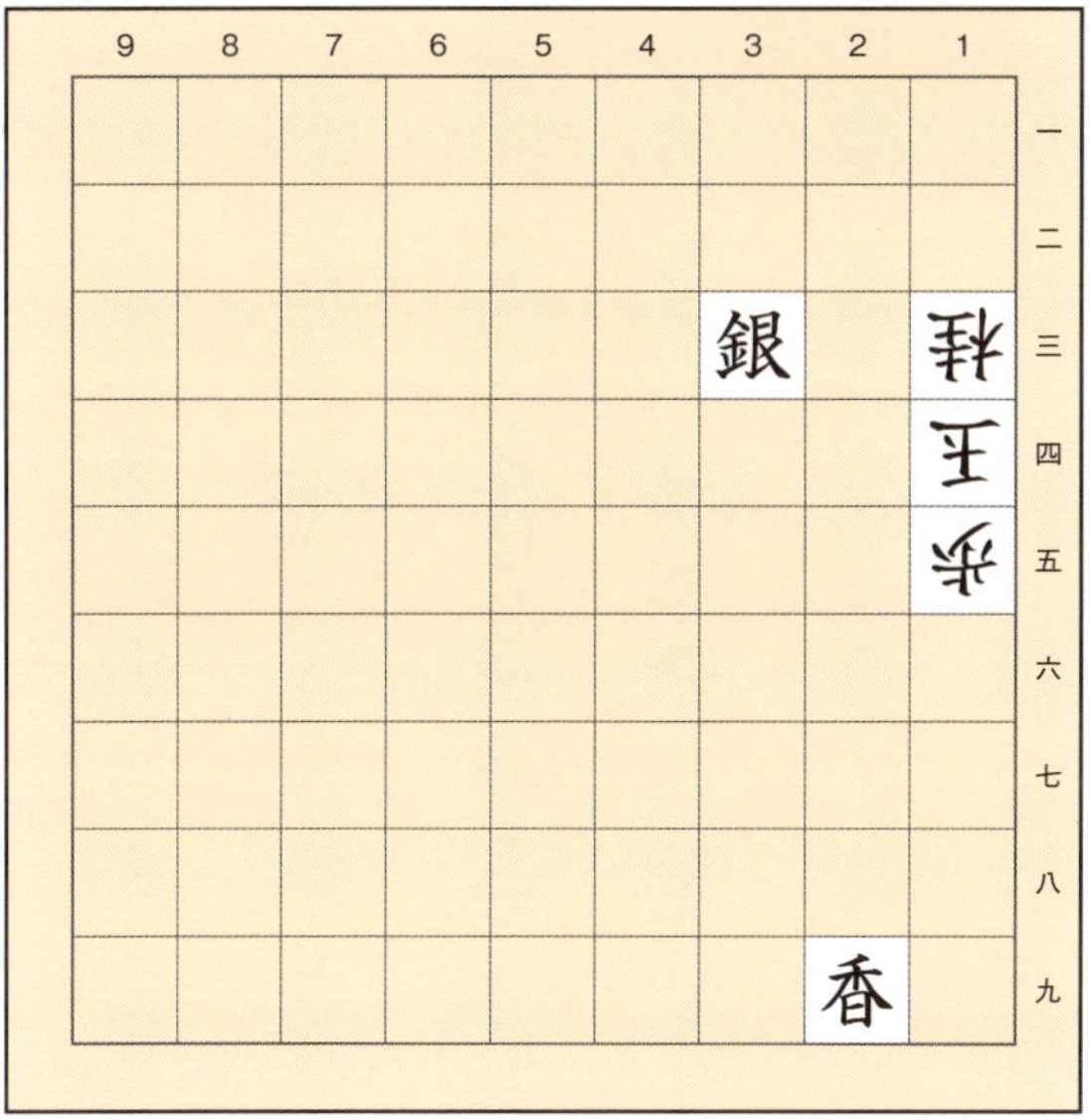

持《も》ち駒《ごま》

もんだい 5問目《もんめ》

むずかしさ ★★☆

銀《ぎん》を使《つか》った1手詰《いってづめ》

銀《ぎん》がとられそうですが

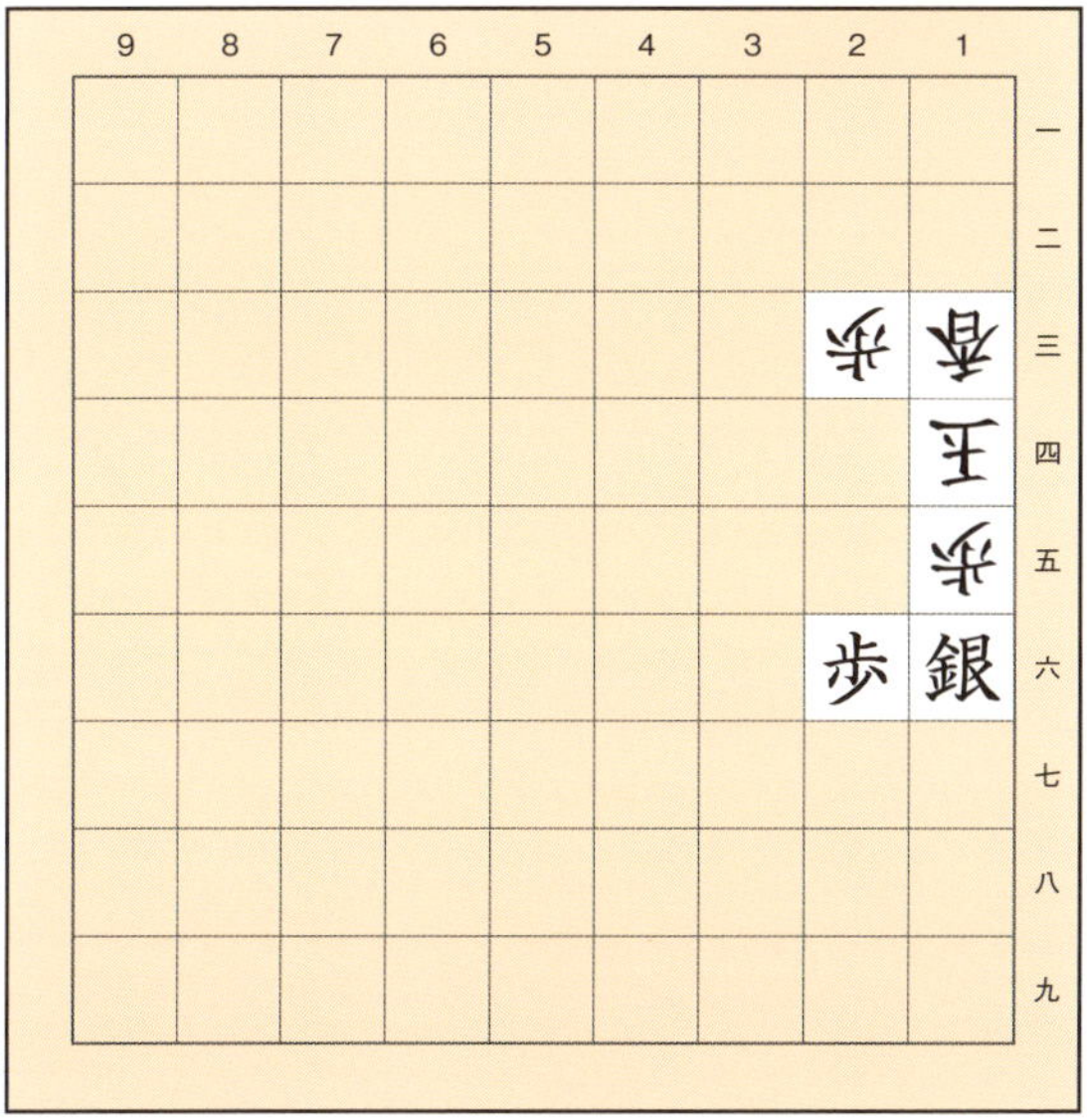

持《も》ち駒《ごま》

こたえ　4問目《もんめ》

☗2四《よん》銀成《ぎんなり》まで
（詰上《つめあ》がり図《ず》）

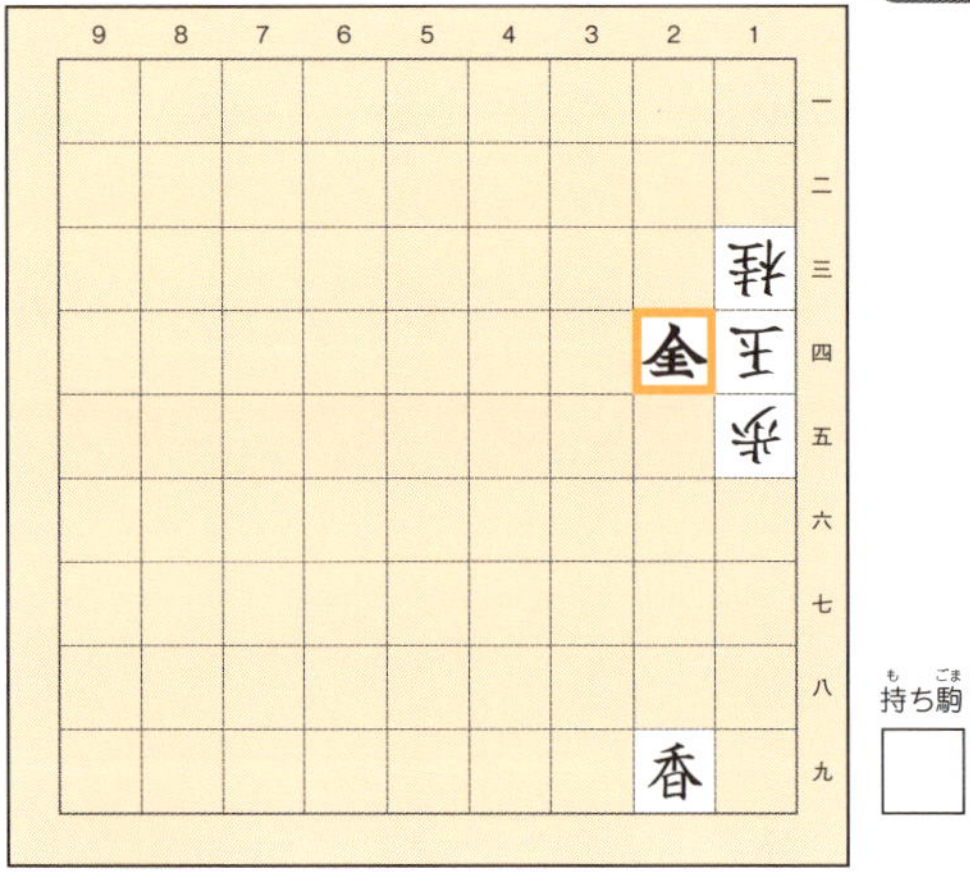

つい、敵陣《てきじん》に入《はい》って成《な》り駒《ごま》を作《つく》りたくなり、☗2三香成《さんきょうなり》などと指《さ》してしまう場合《ばあい》があるかもしれませんが、それだと王手《おうて》ではありません。香《きょう》の利《き》きを利用《りよう》して、敵陣《てきじん》にいる3三《さん》の銀《ぎん》を動《うご》かし、銀成《ぎんなり》として詰《つ》みです。

こたえ　5問目《もんめ》

☗2五《ご》銀《ぎん》まで
（詰上《つめあ》がり図《ず》）

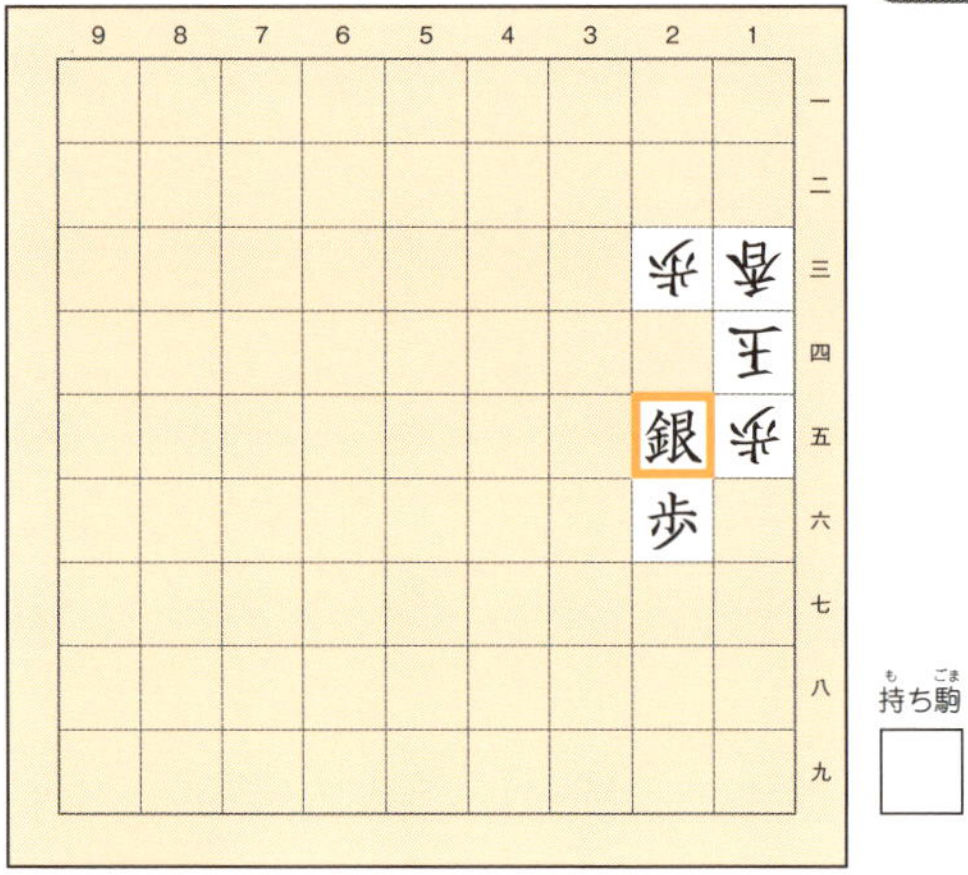

歩《ふ》と銀《ぎん》だけでは足《た》りない気《き》がしますが、歩《ふ》がしっかりと守《まも》ってくれます。とられそうな銀《ぎん》を2五《ご》に動《うご》かして詰《つ》みです。安《やす》い駒《こま》の歩《ふ》ですが、歩《ふ》がかつやくするからこそ、勝《か》てる局面《きょくめん》も多《おお》いのです。

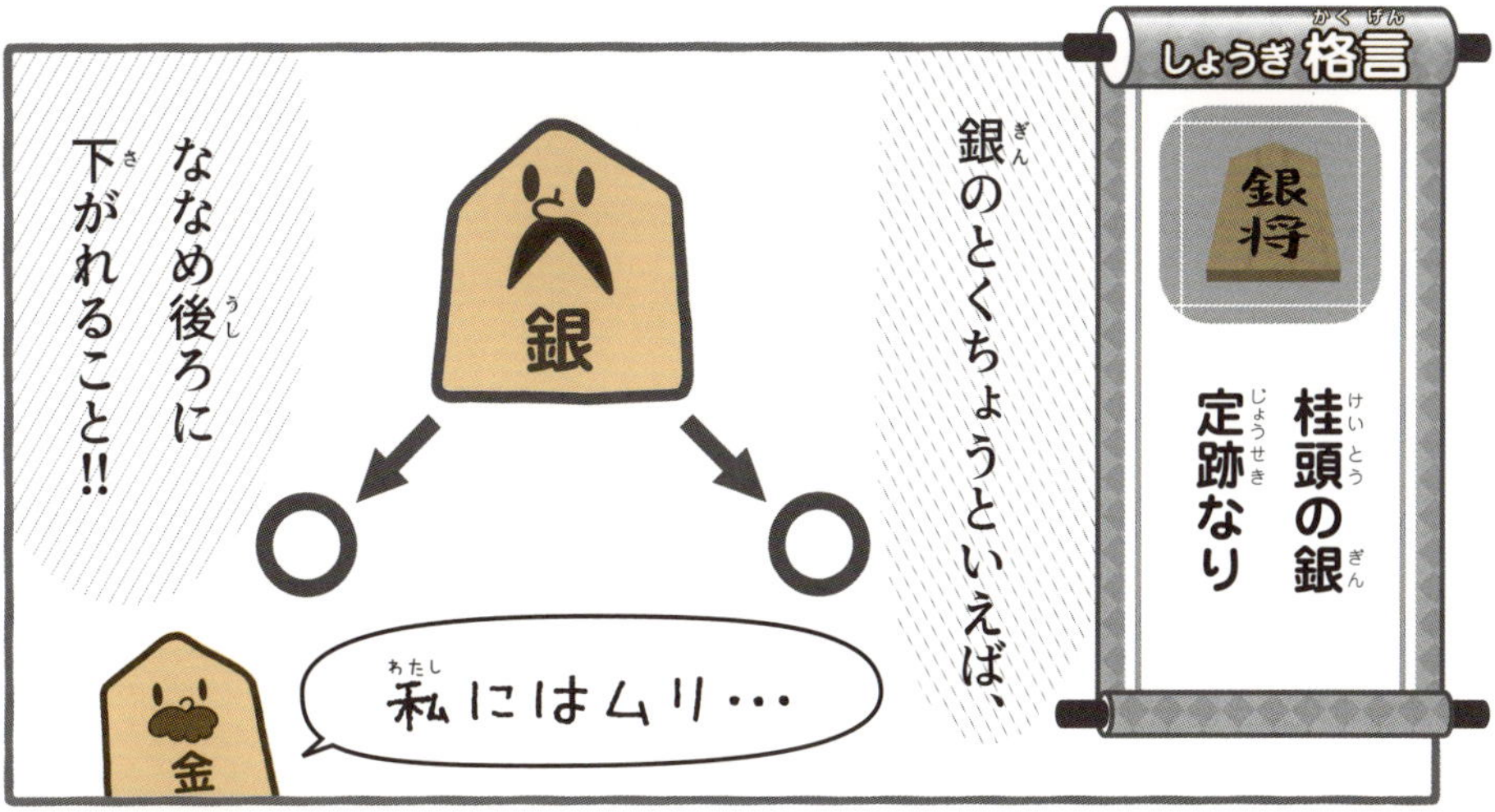
しょうぎ格言《かくげん》
銀将
桂頭《けいとう》の銀《ぎん》
定跡《じょうせき》なり
銀《ぎん》のとくちょうといえば、
ななめ後《うし》ろに
下《さ》がれること!!
私《わたし》にはムリ…

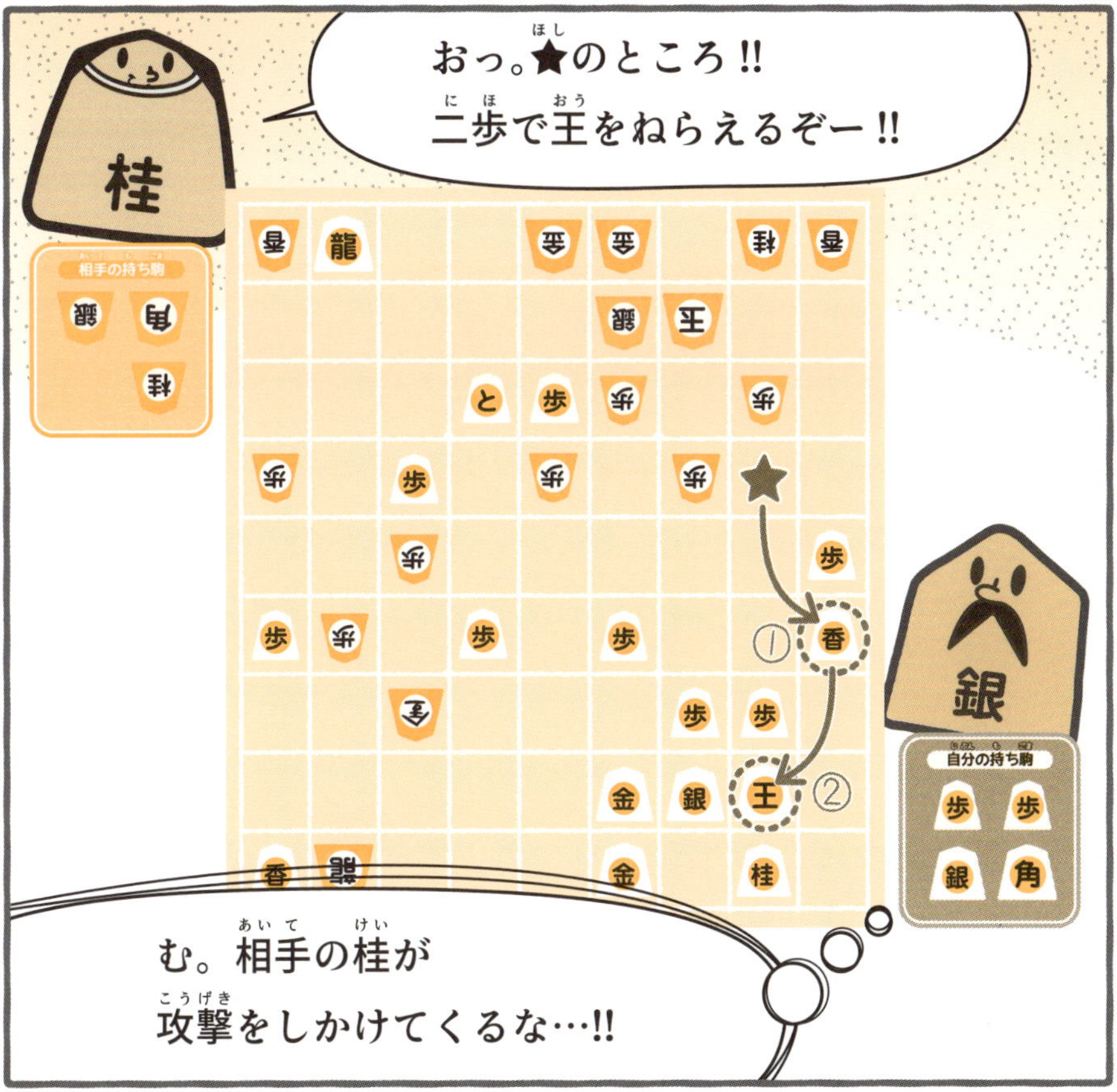
おっ。★《ほし》のところ!!
二歩《にほ》で王《おう》をねらえるぞー!!
相手の持ち駒
自分の持ち駒
む。相手《あいて》の桂《けい》が
攻撃《こうげき》をしかけてくるな…!!

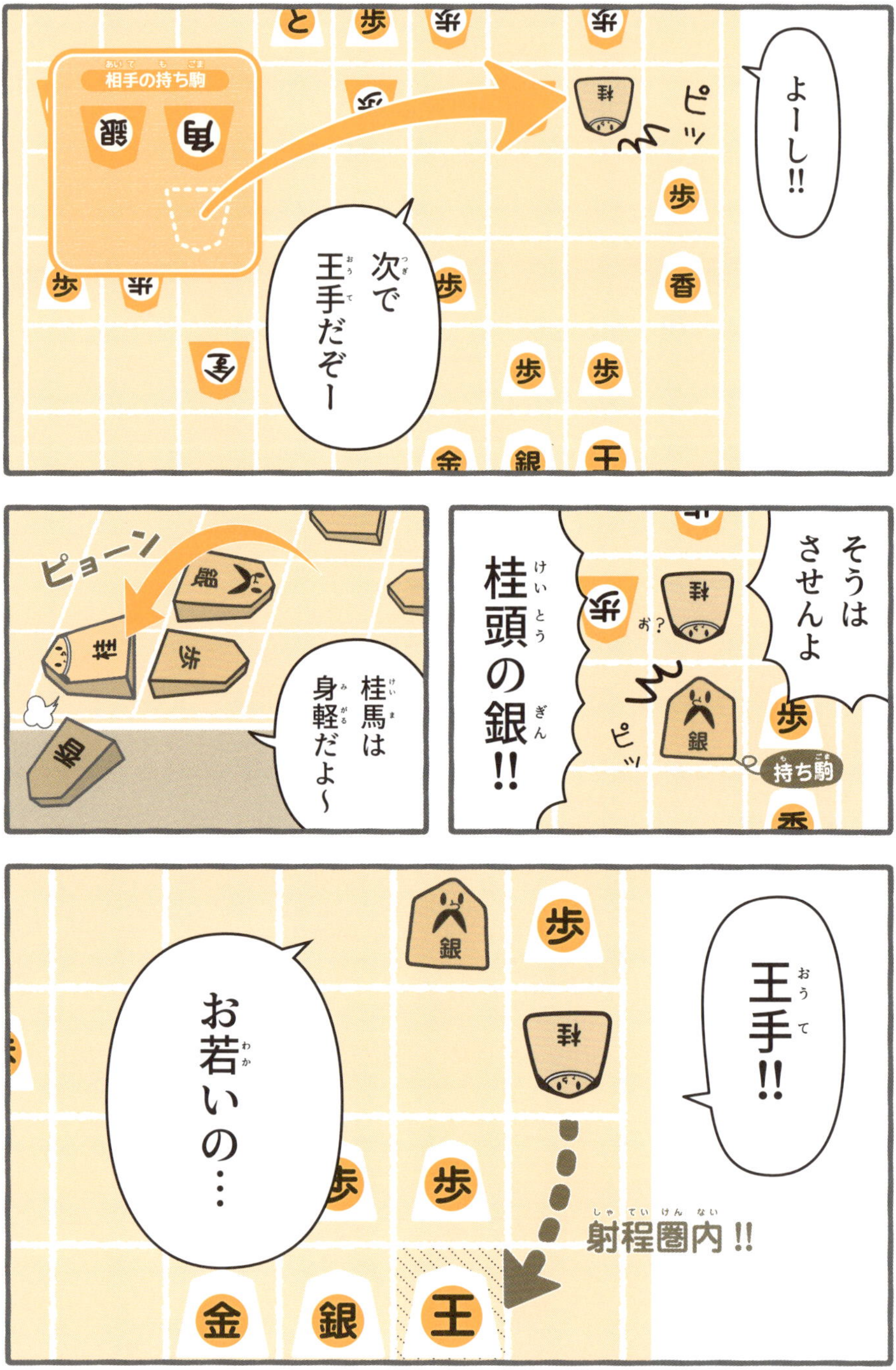
よーし!!
ピッ
相手《あいて》の持《も》ち駒《ごま》
次《つぎ》で王手《おうて》だぞー
そうはさせんよ
桂頭《けいとう》の銀《ぎん》!!
お?
ピッ
持《も》ち駒《ごま》
ピョーン
桂馬《けいま》は身軽《みがる》だよ~
王手《おうて》!!
射程圏内《しゃていけんない》!!
お若《わか》いの…

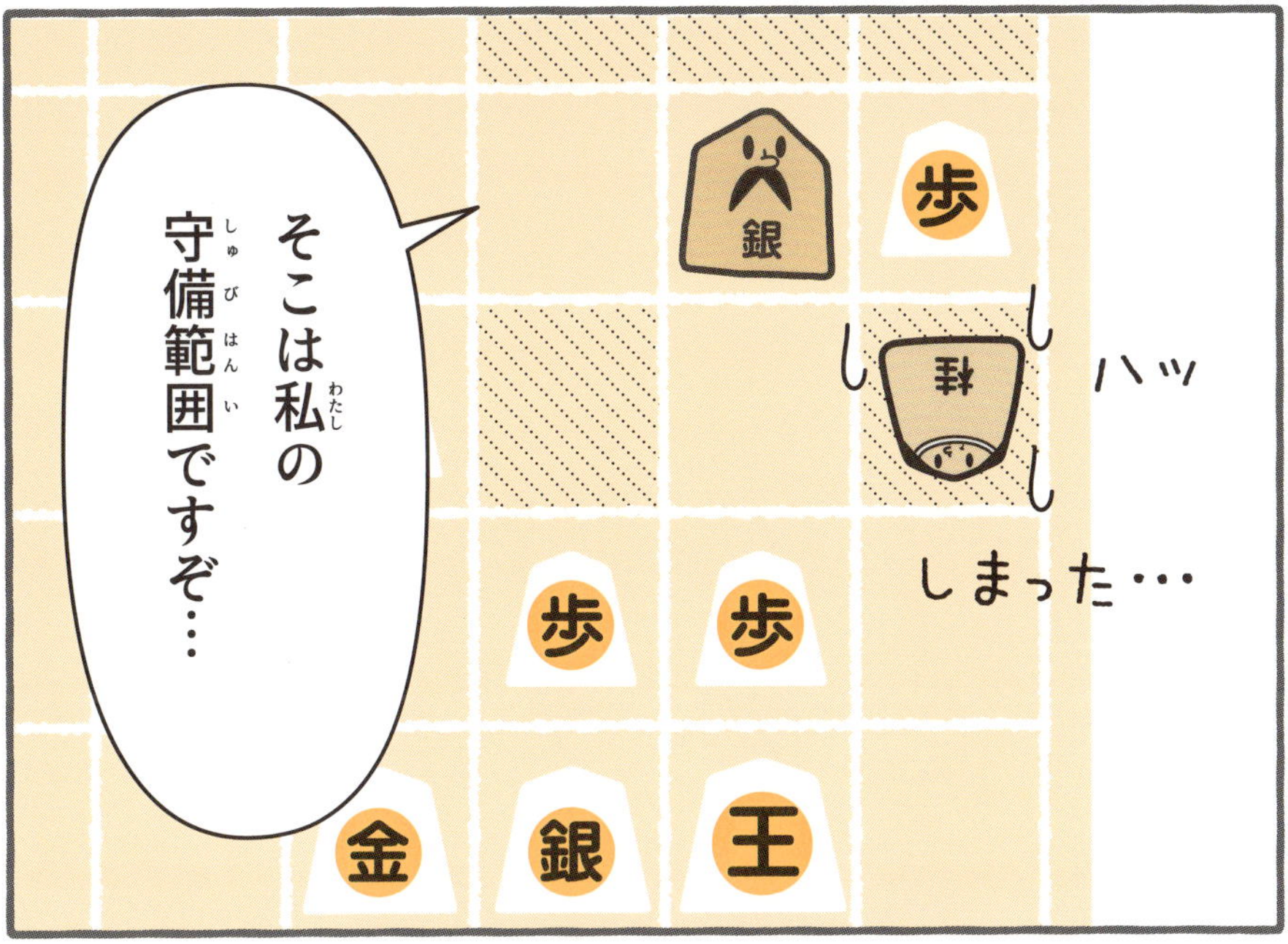

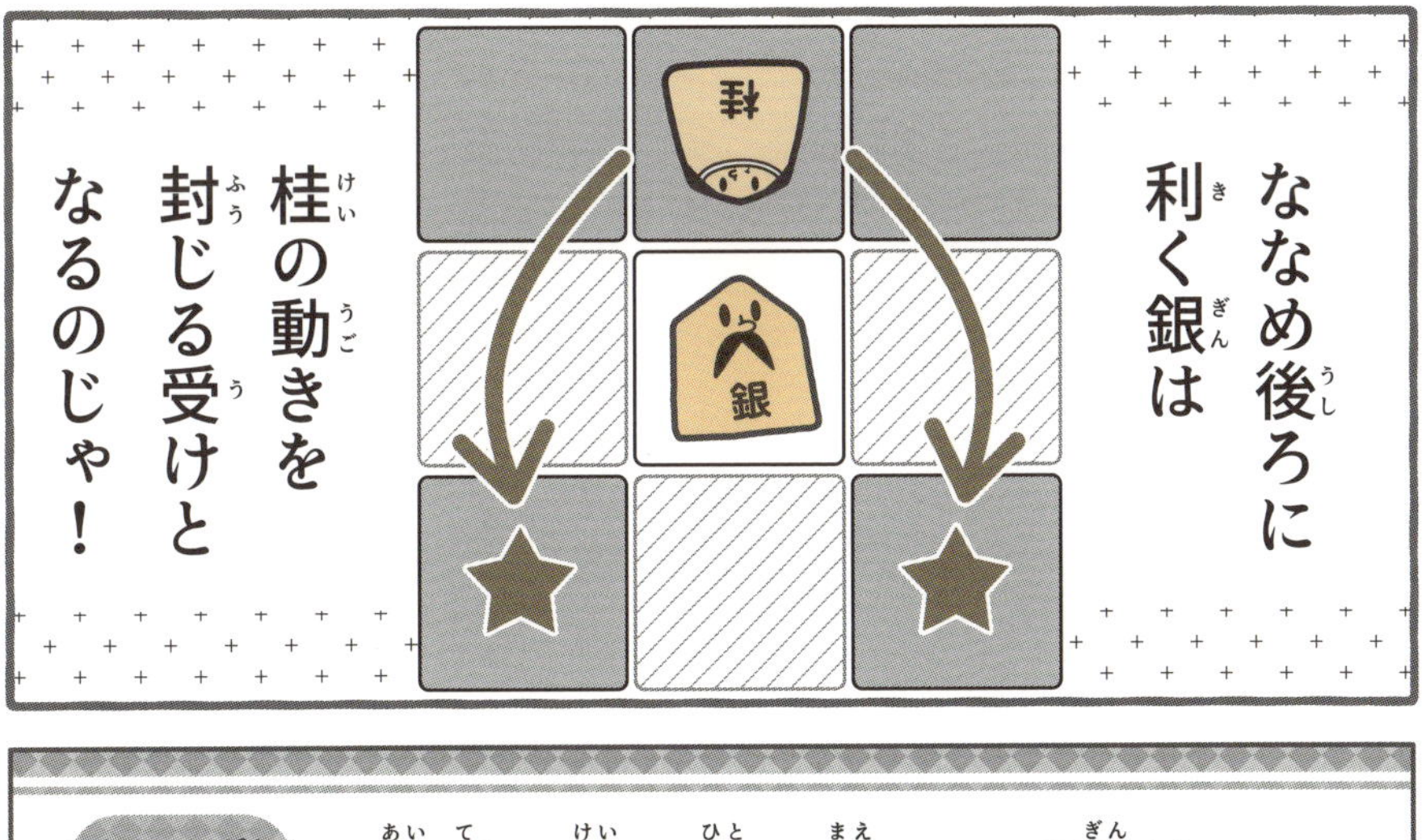

格言《かくげん》かいせつ

相手《あいて》の桂《けい》の一《ひと》つ前《まえ》にいる銀《ぎん》は、桂《けい》の動《うご》きを制限《せいげん》できるんだよ。

桂馬《けいま》

知《し》ってる？桂馬のこと

「歩頭《ふとう》の桂《けい》」について

図《ず》のような局面《きょくめん》で、持《も》ち駒《ごま》に桂《けい》がある時《とき》、３四《よん》の場所《ばしょ》に桂《けい》を打《う》ちます。

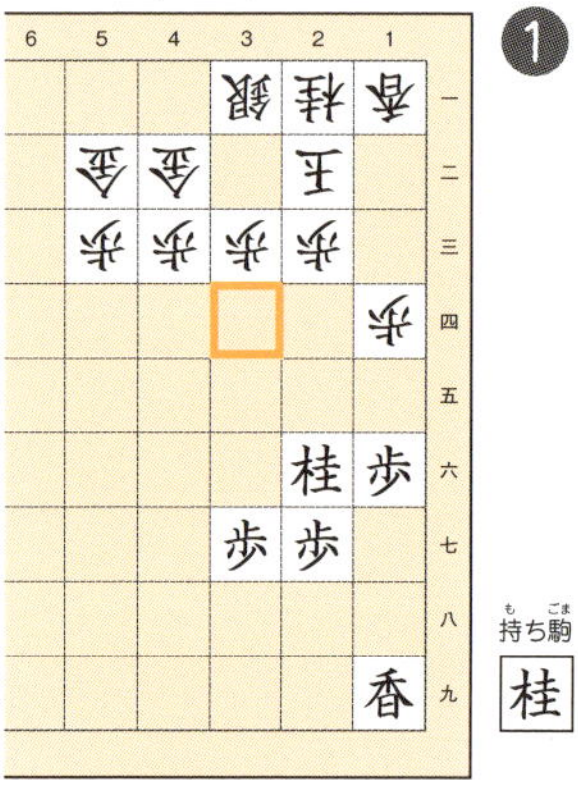

タダでとられるようですが…

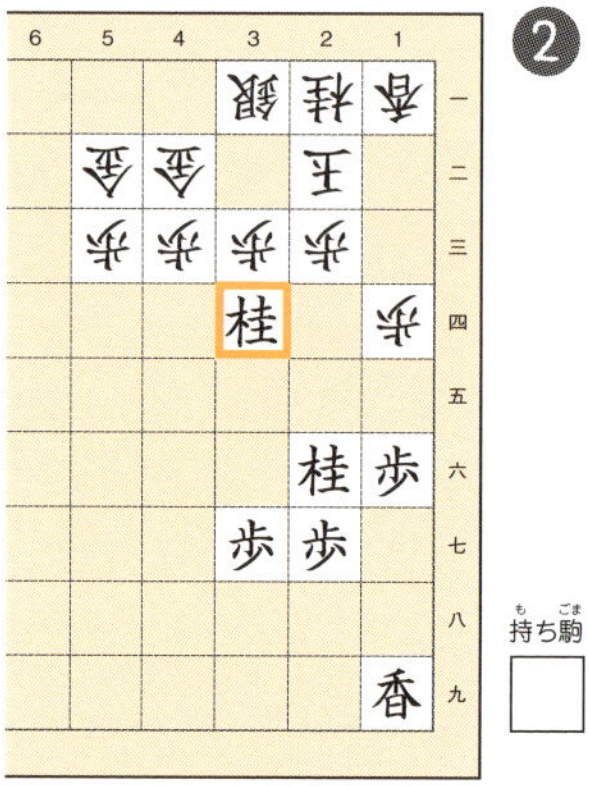

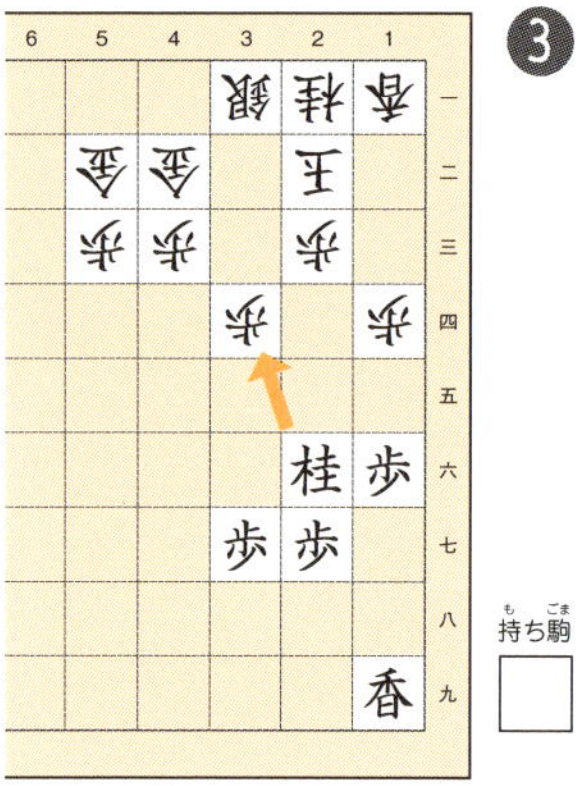

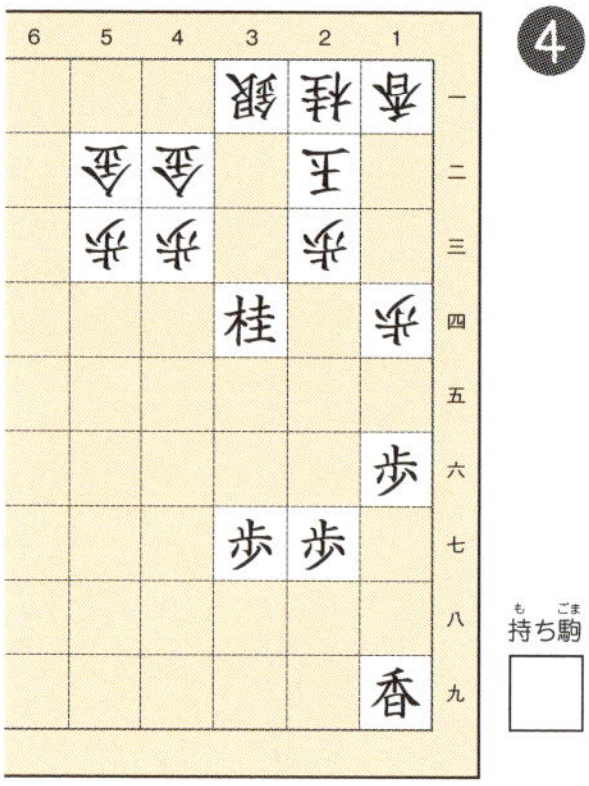

盤上《ばんじょう》にいた桂《けい》がとんで「王手金《おうてきん》とり」と、「ふんどしの桂《けい》」が見事《みごと》に決《き》まりました。歩《ふ》でタダとられてしまっているように見《み》えますが、作《さく》戦《せん》だったのです。この「歩頭《ふとう》の桂《けい》」はよくあらわれます。桂《けい》を持《も》ち駒《ごま》にしたら、よく局面《きょくめん》を見《み》てみましょう。発見《はっけん》して使《つか》えるようになると良《よ》いですね。

むずかしさ ★★☆

もんだい 1問目《もんめ》

桂《けい》を使《つか》った1手詰《いってづめ》

どいてあげることも大事《だいじ》です

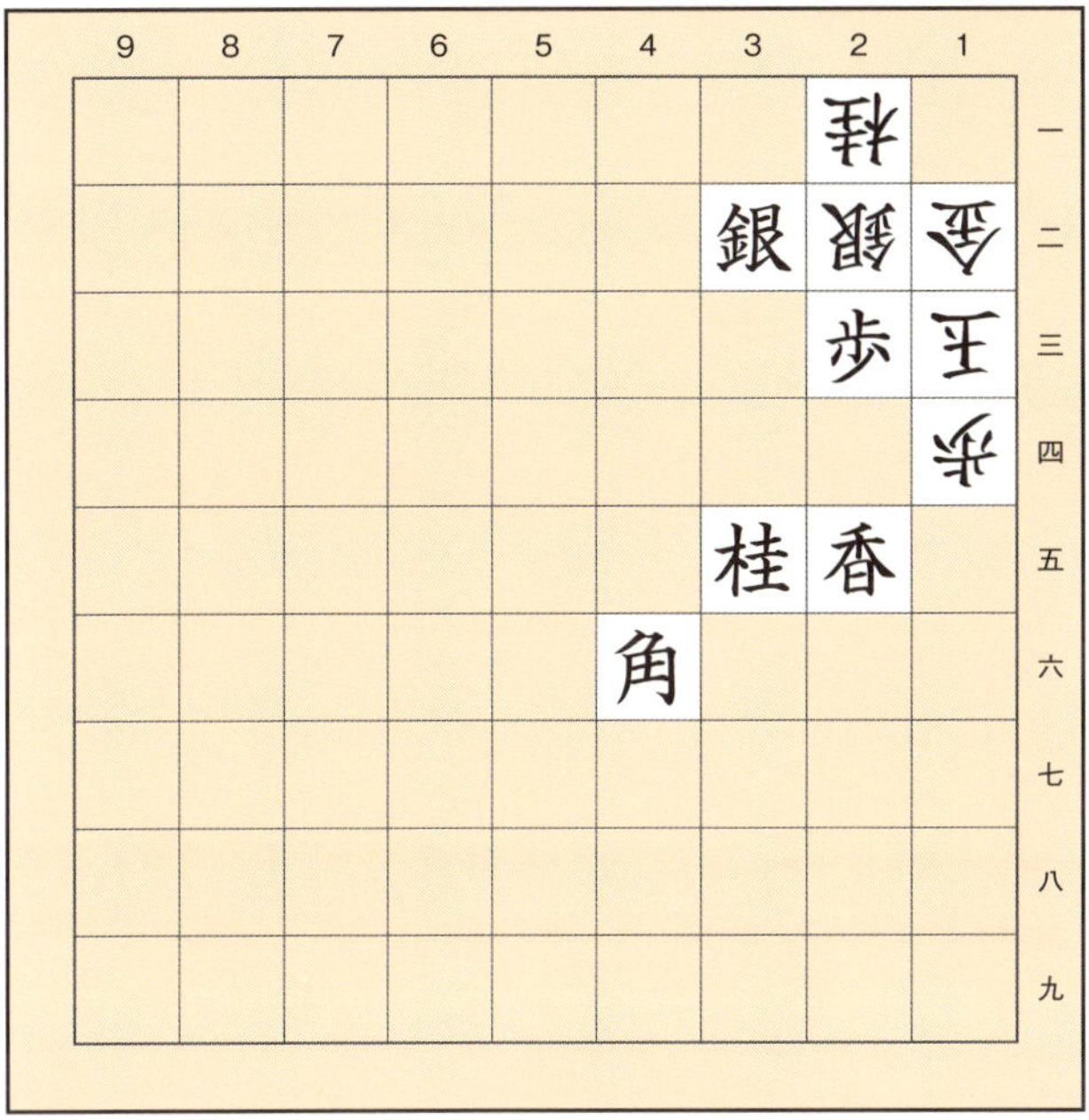

持《も》ち駒《ごま》

攻《せ》め方《かた》、玉方《ぎょくかた》、共《とも》に駒《こま》が多《おお》くならんでいますね。まずは、自分《じぶん》の駒《こま》の場所《ばしょ》をかくにんしましょう。そして、どの駒《こま》を動《うご》かしたら「王手」になるか見《み》てみましょう。「王手《おうて》」をしたくても、自分《じぶん》の駒《こま》がジャマをしていることもあるのです。

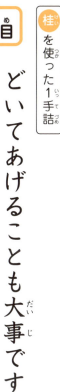

こたえ 1問目《もんめ》

せつめい

□の場所《ばしょ》に不成《ならず》（成《な》りでも大丈夫《だいじょうぶ》です）で移動《いどう》して詰《つ》みです

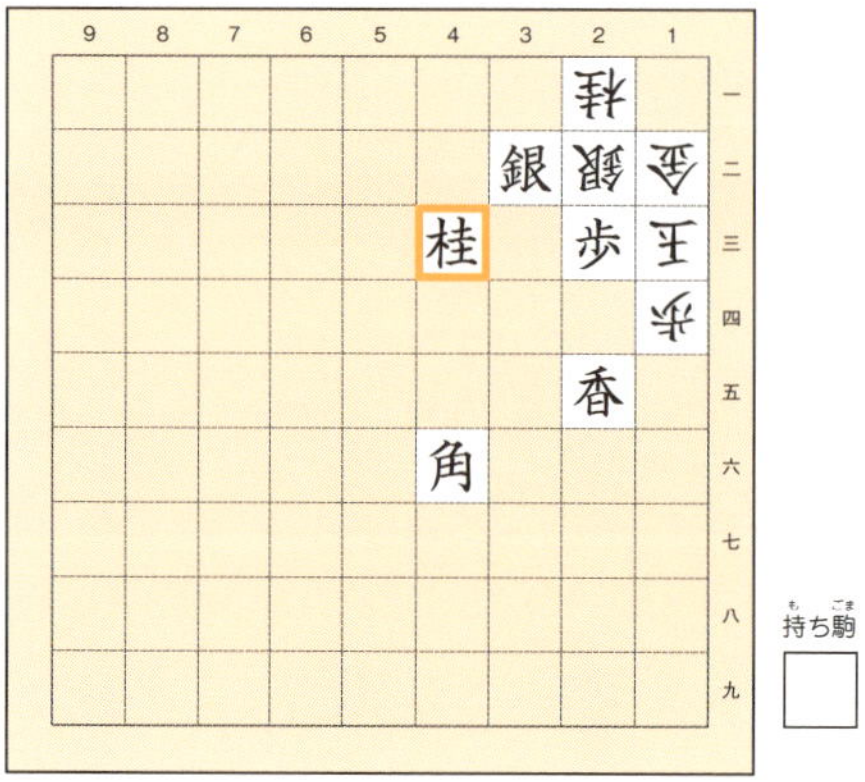

こたえを場所《ばしょ》であらわすと右《みぎ》の図《ず》のようになります。これを符号《ふごう》でいいかえると下《した》の図《ず》のようになります。

符号《ふごう》

4三桂不成《さんけいならず》（もしくは桂成《けいなり》）まで
（詰上《つめあ》がり図《ず》）

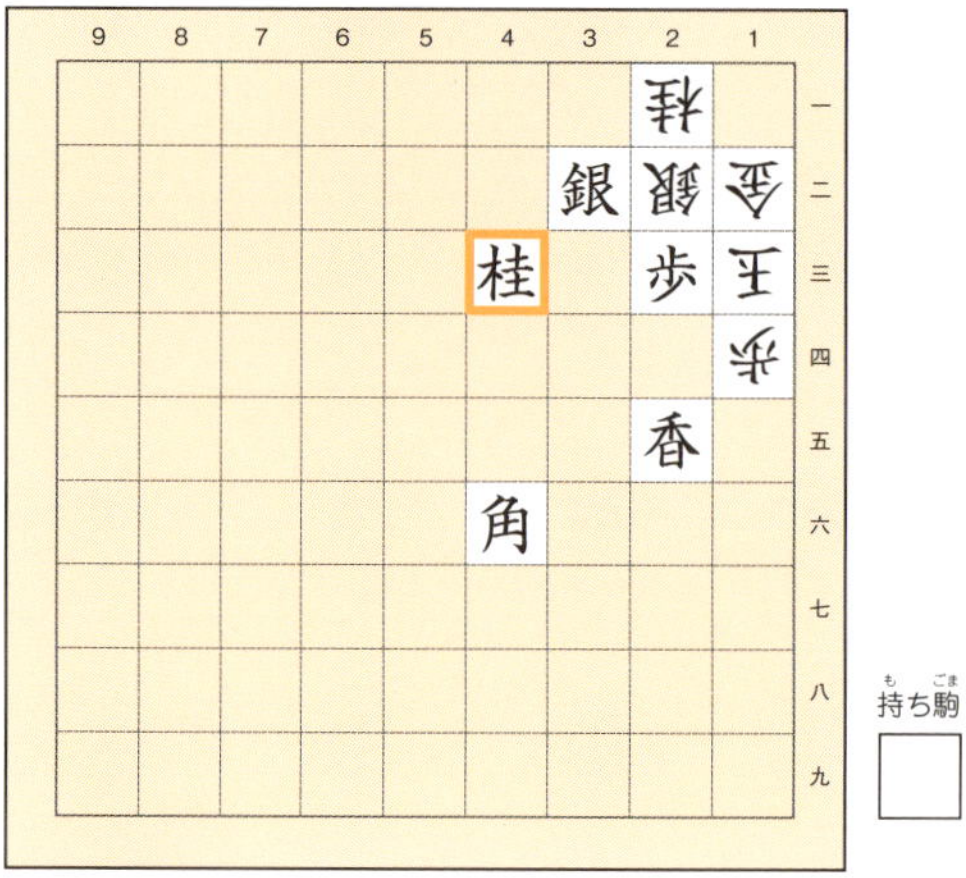

たくさんの駒《こま》が盤上《ばんじょう》にあるので、せいかいの場《ば》所《しょ》を発見《はっけん》しにくいかと思《おも》います。角《かく》が玉《ぎょく》をにらんでいるところに注目《ちゅうもく》できたかた、上達《じょうたつ》したしょうこではないでしょうか。自分《じぶん》の駒《こま》がジャマになっているので、それを動《うご》かして詰《つ》みです。

もんだい 2問目《もんめ》

桂《けい》を使《つか》った1手詰《いってづめ》

むずかしさ★★☆

味方《みかた》は飛《ひ》しかいませんが…

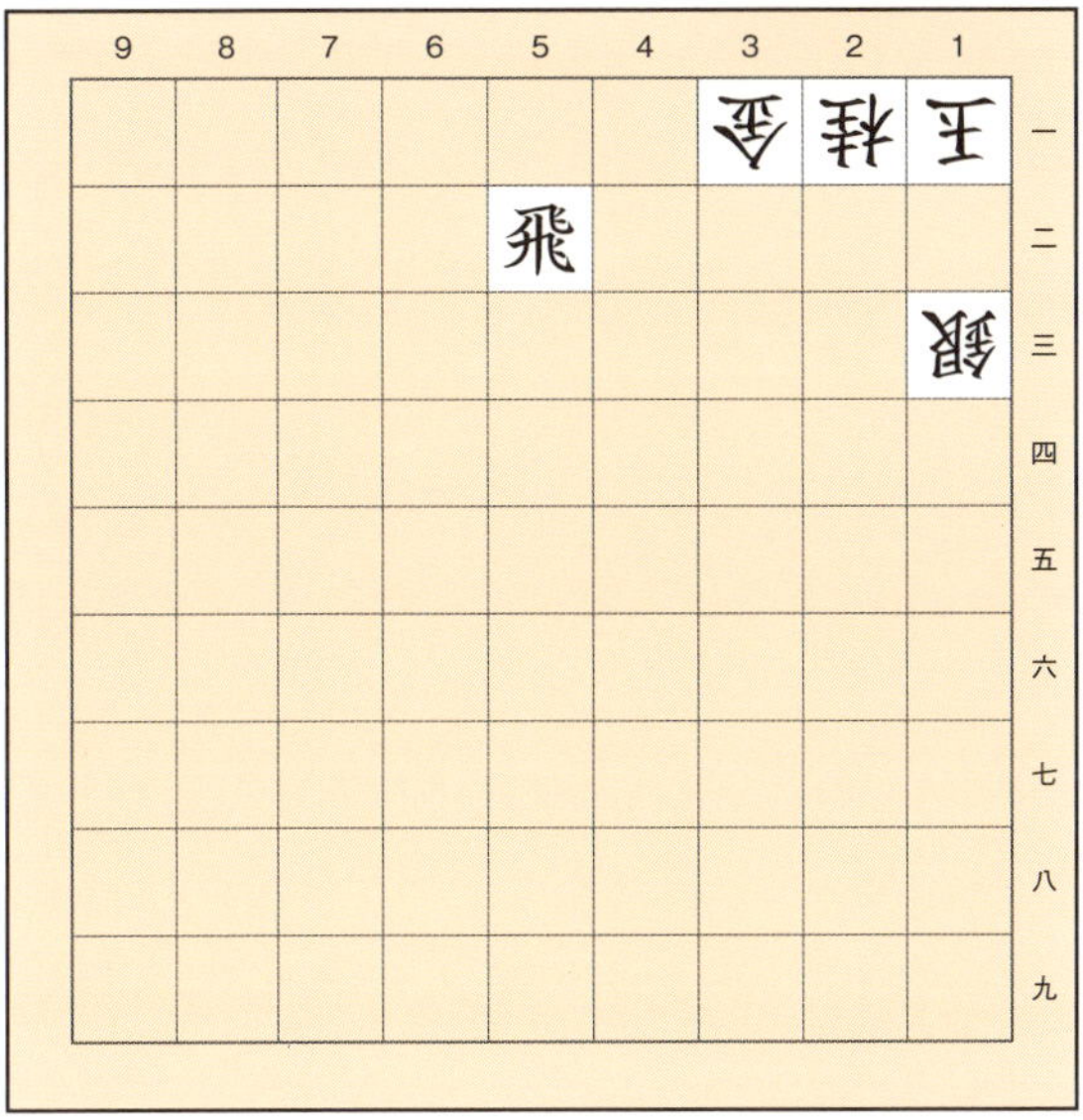

持《も》ち駒《ごま》 桂

もんだい 3問目《もんめ》

桂《けい》を使《つか》った1手詰《いってづめ》

むずかしさ★★☆

馬《うま》も、と金《きん》もとられそうですが…

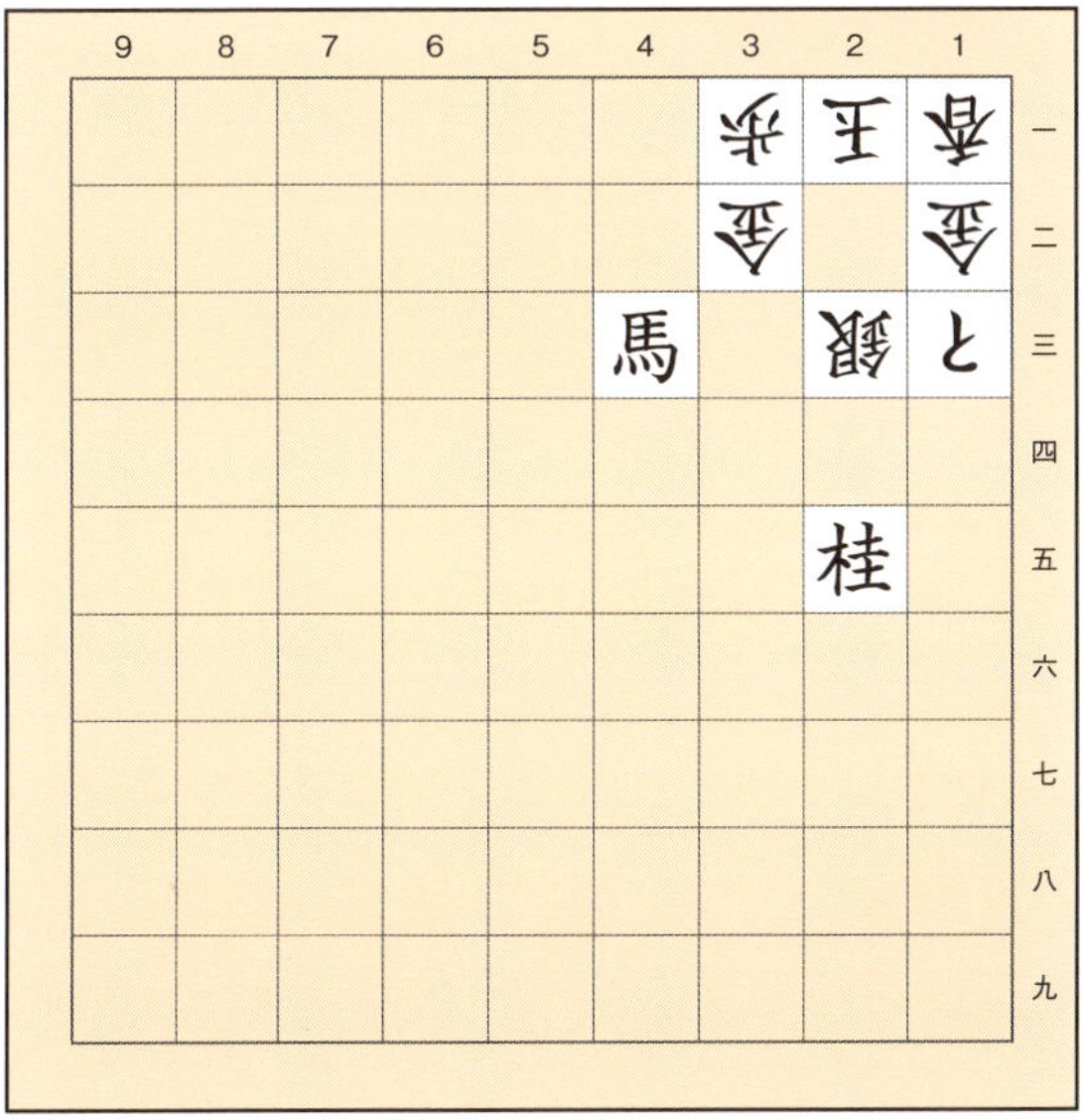

持《も》ち駒《ごま》

こたえ　2問目《もんめ》

☗2三《さん》桂《けい》不成《ならず》まで
（詰《つめ》上《あ》がり図《ず》）

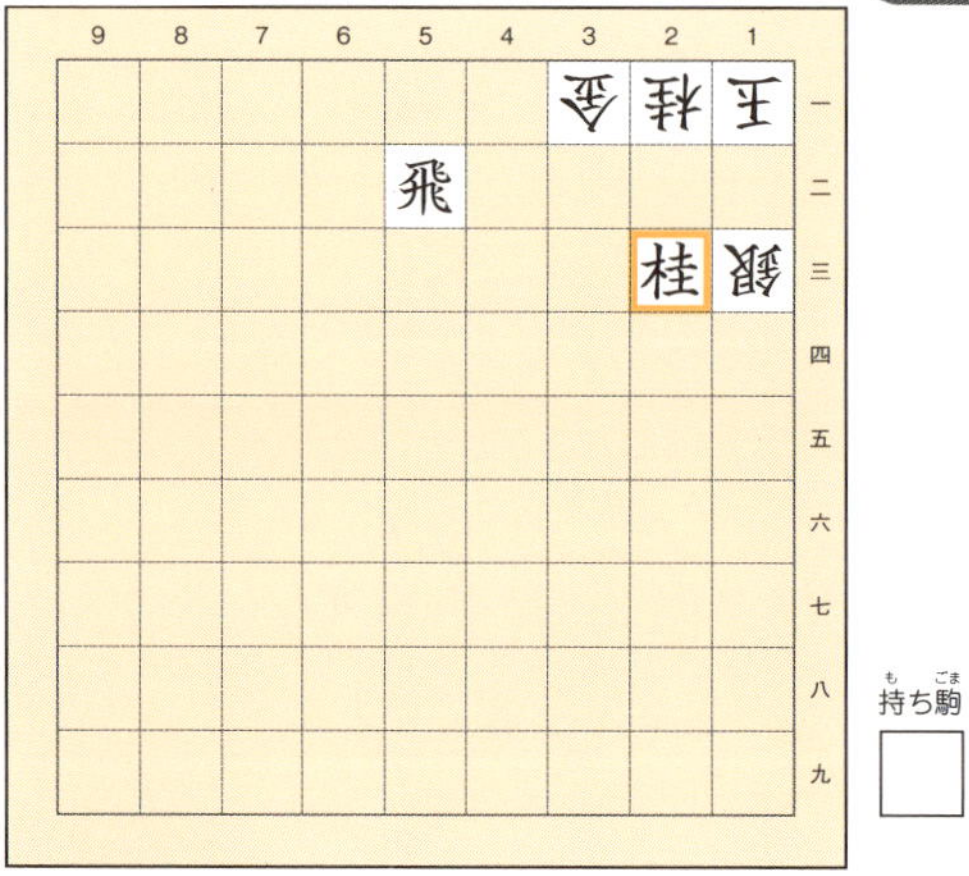

5二《に》にいる飛《ひ》をいかして☗1二《に》飛成《ひなり》としたくなりますが、☖同玉《どうぎょく》ととられて詰《つ》みません。龍《りゅう》は強《つよ》い駒《こま》ですが、守《まも》りがなければとられてしまいます。飛《ひ》の横利《よこき》きをいかして、持《も》ち駒《ごま》の桂《けい》を打《う》って詰《つ》みです。

こたえ　3問目《もんめ》

☗3三《さん》桂《けい》不成《ならず》まで
（詰《つめ》上《あ》がり図《ず》）

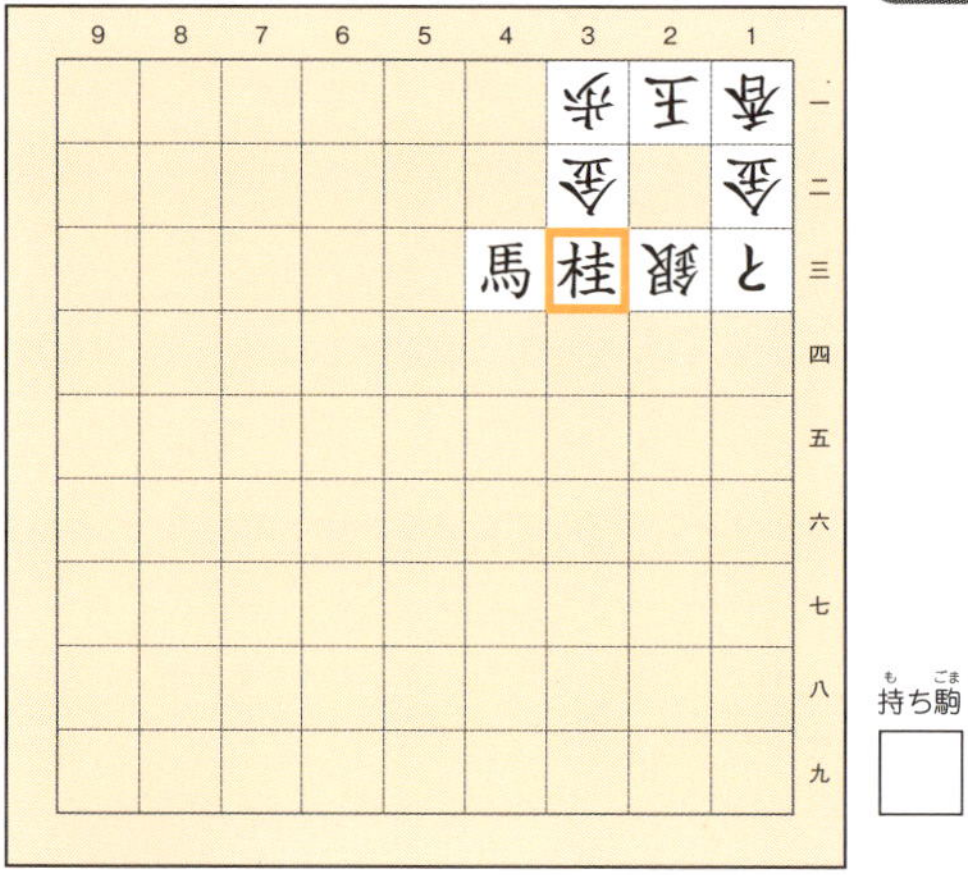

攻《せ》め駒《こま》の馬《うま》、と金《きん》の両方《りょうほう》がとられてしまいそうな局面《きょくめん》です。☗1二《に》と金《きん》とした場合《ばあい》は、☖同銀《どうぎん》ととられて詰《つ》みません。ここは☗3三《さん》桂《けい》不成《ならず》とします。4三《さん》にいる馬《うま》の利《き》きがあるので、☖同金《どうきん》ととれず詰《つ》みです。

もんだい 4問目《もんめ》

むずかしさ ★★☆

桂《けい》を使《つか》った1手詰《いってづめ》

桂《けい》だけで詰《つ》ませましょう

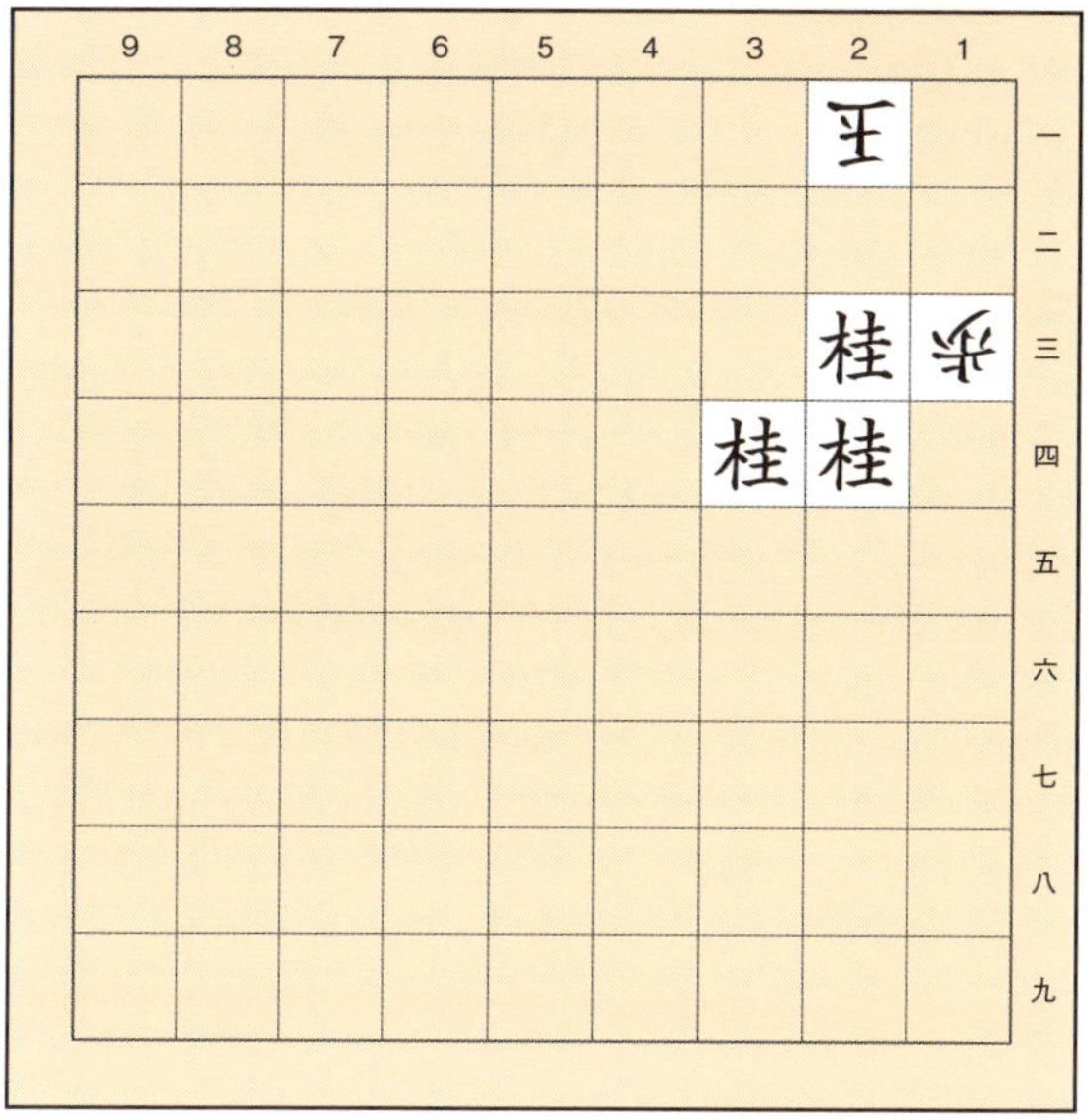

持《も》ち駒《ごま》

桂

もんだい 5問目《もんめ》

むずかしさ ★★☆

桂《けい》を使《つか》った1手詰《いってづめ》

成《な》るか成《な》らないか…

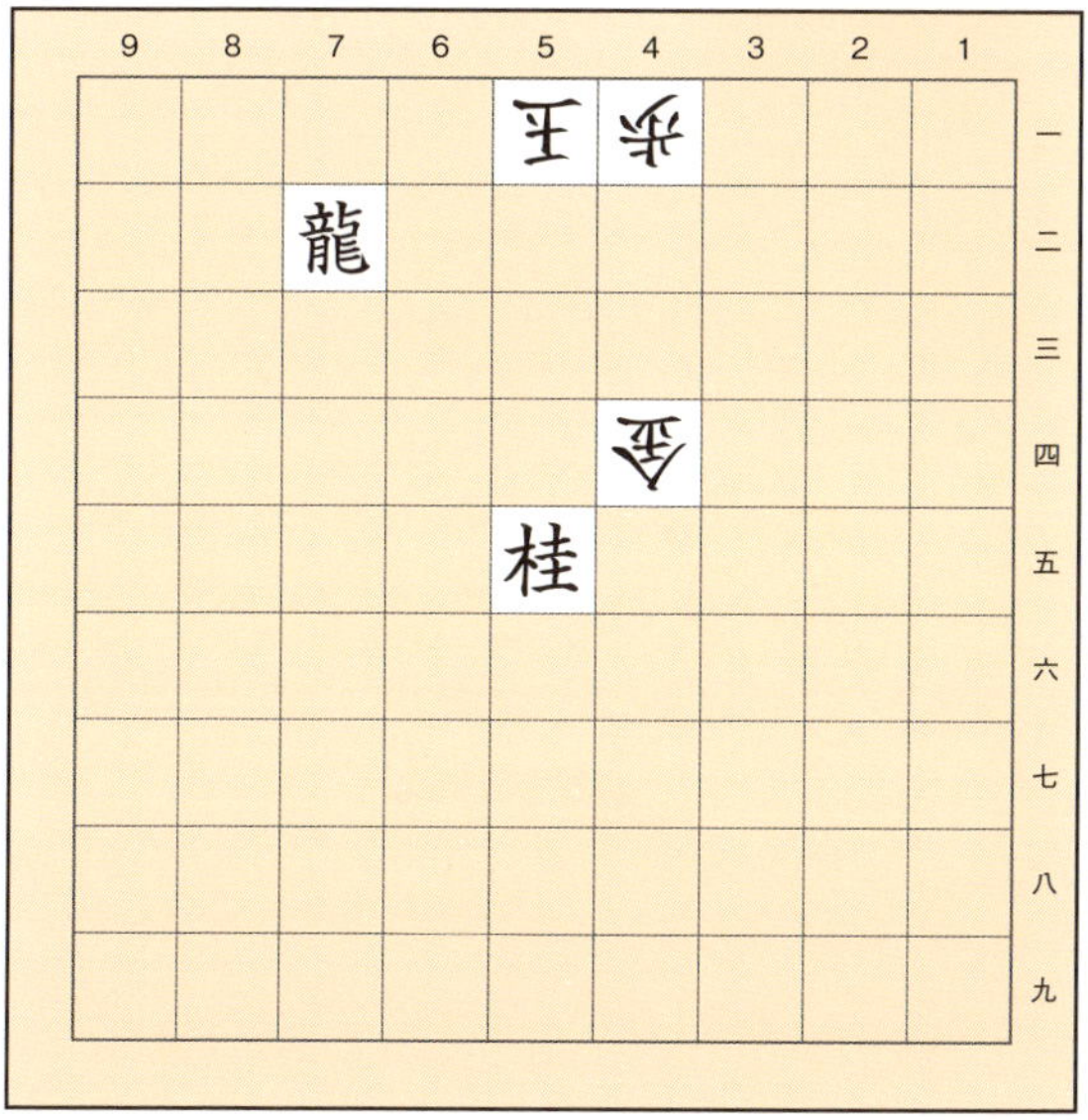

持《も》ち駒《ごま》

こたえ 4問目《もんめ》

▲3三《さん》桂《けい》まで
（詰《つめ》上《あ》がり図《ず》）

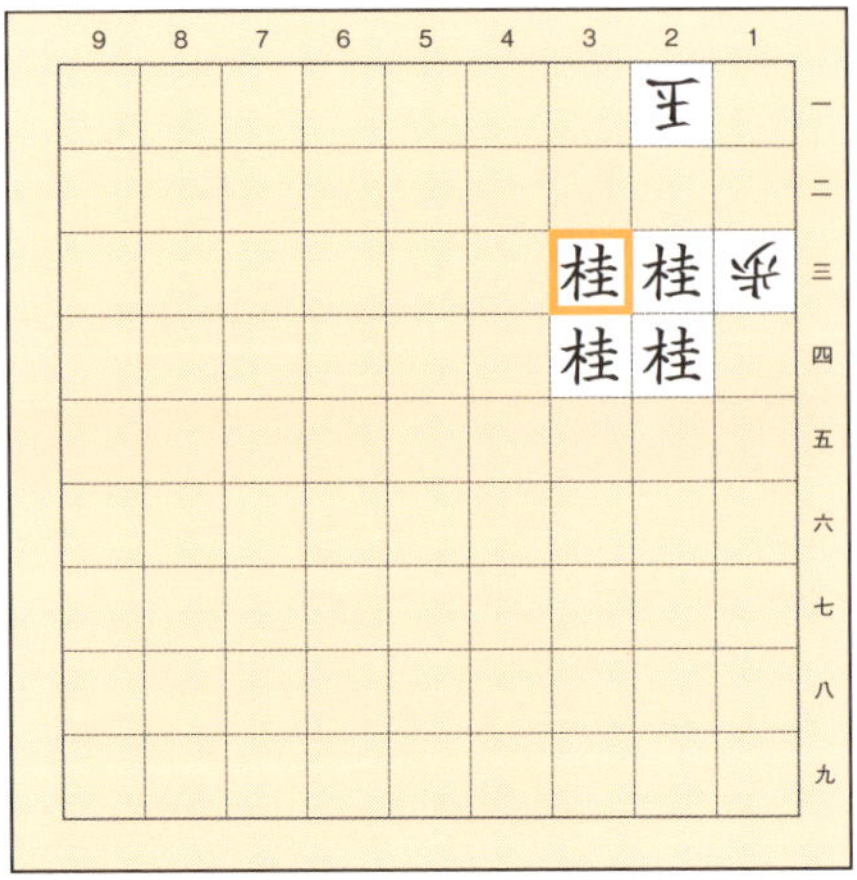

持《も》ち駒《ごま》

桂《けい》しかないこの局面《きょくめん》では、どこに自分《じぶん》の駒《こま》が利《き》いているか、わかりにくいと思《おも》いますが、「三《さん》桂《けい》あって詰《つ》まぬことなし」という格言《かくげん》があるように、桂馬《けいま》の利《き》きをよくかくにんしましょう。▲2二《に》桂成《けいなり》などと成《な》り駒《ごま》を作《つく》って王手《おうて》としたくなりますが、せいかいは、▲3三《さん》桂《けい》と打《う》って詰《つ》みです。

こたえ 5問目《もんめ》

▲6三《さん》桂《けい》不成《ならず》まで
（詰《つめ》上《あ》がり図《ず》）

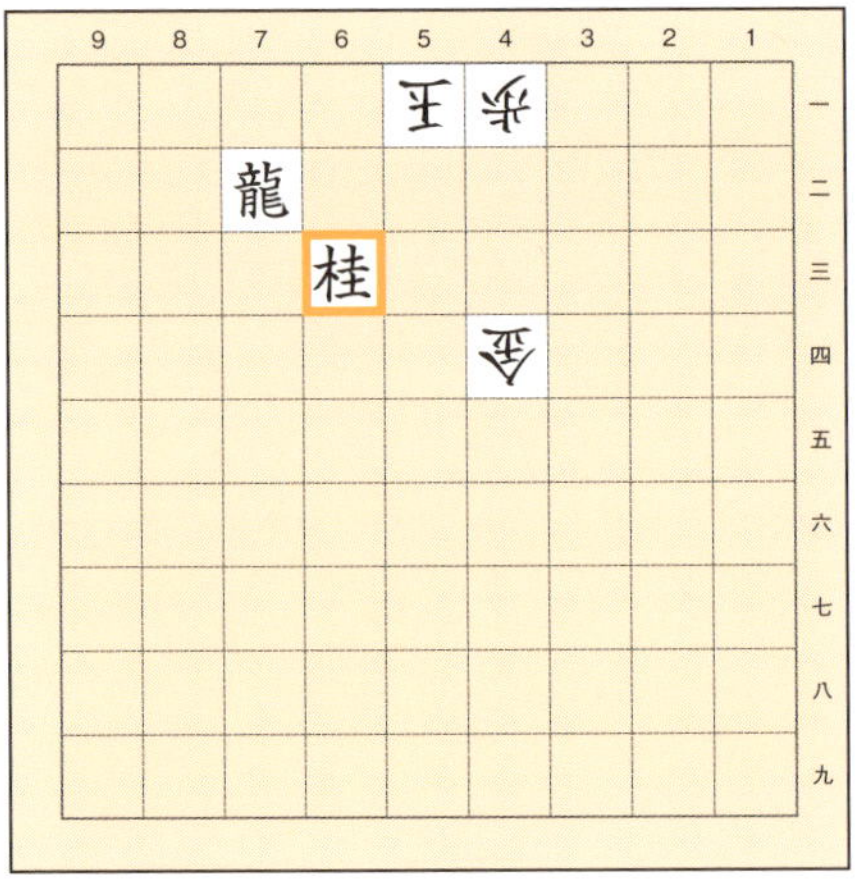

持《も》ち駒《ごま》

金《きん》のにらみがあるのをわすれて、▲4三《さん》桂《けい》不成《ならず》とすると、△同金《どうきん》ととられてしまいます。また、▲6三《さん》桂成《けいなり》とすると、桂《けい》は金《きん》の動《うご》きになってしまうので王手《おうて》になりません。相手《あいて》の玉《ぎょく》は、7二《に》にいる龍《りゅう》が利《き》いているので逃《に》げることができません。

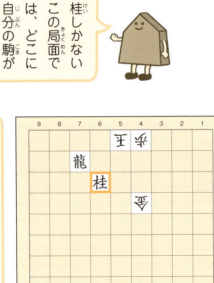

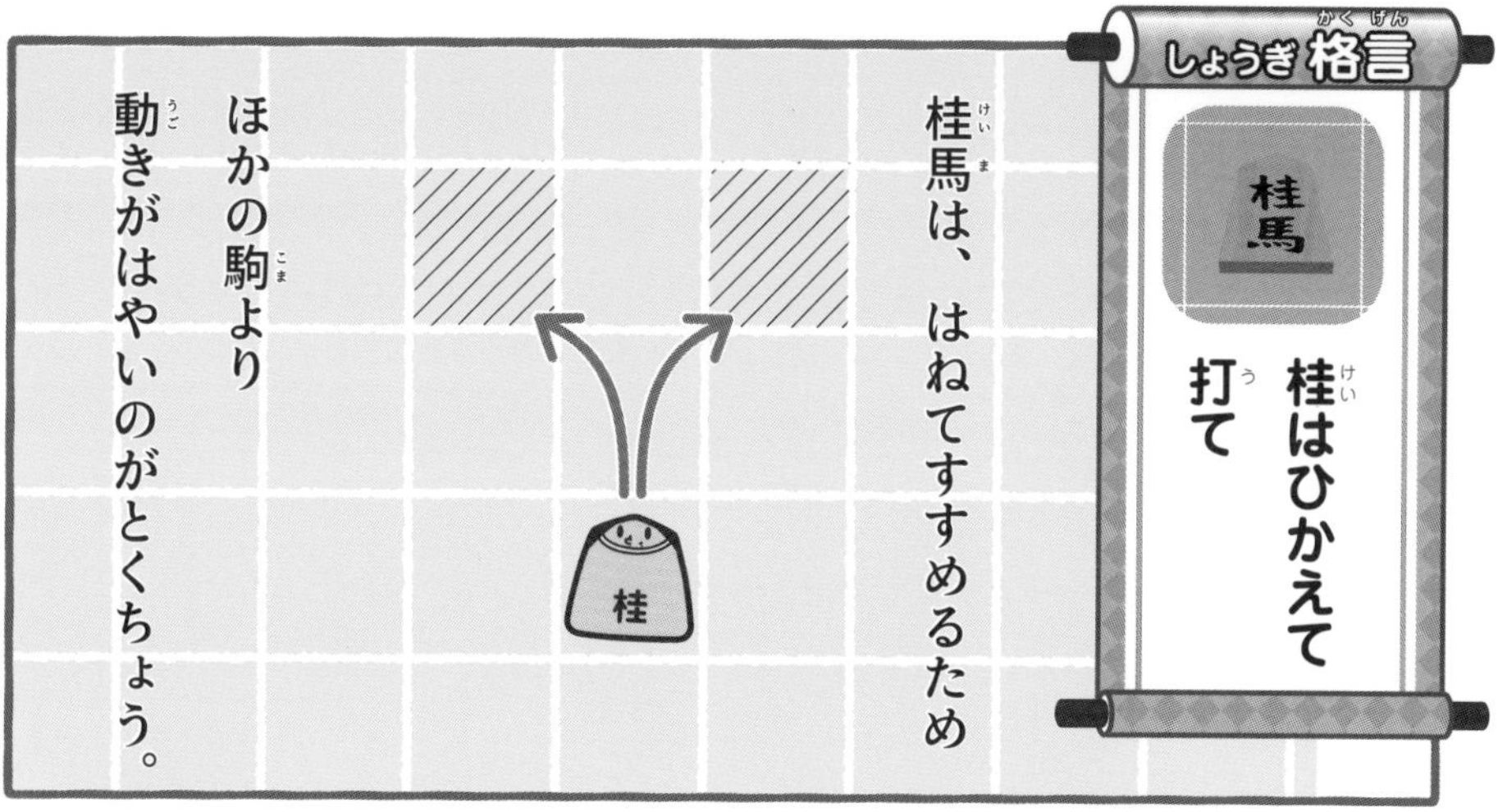
しょうぎ格言《かくげん》
桂馬
桂《けい》はひかえて
打《う》て
桂馬《けいま》は、はねてすすめるため
ほかの駒《こま》より
動《うご》きがはやいのがとくちょう。
桂

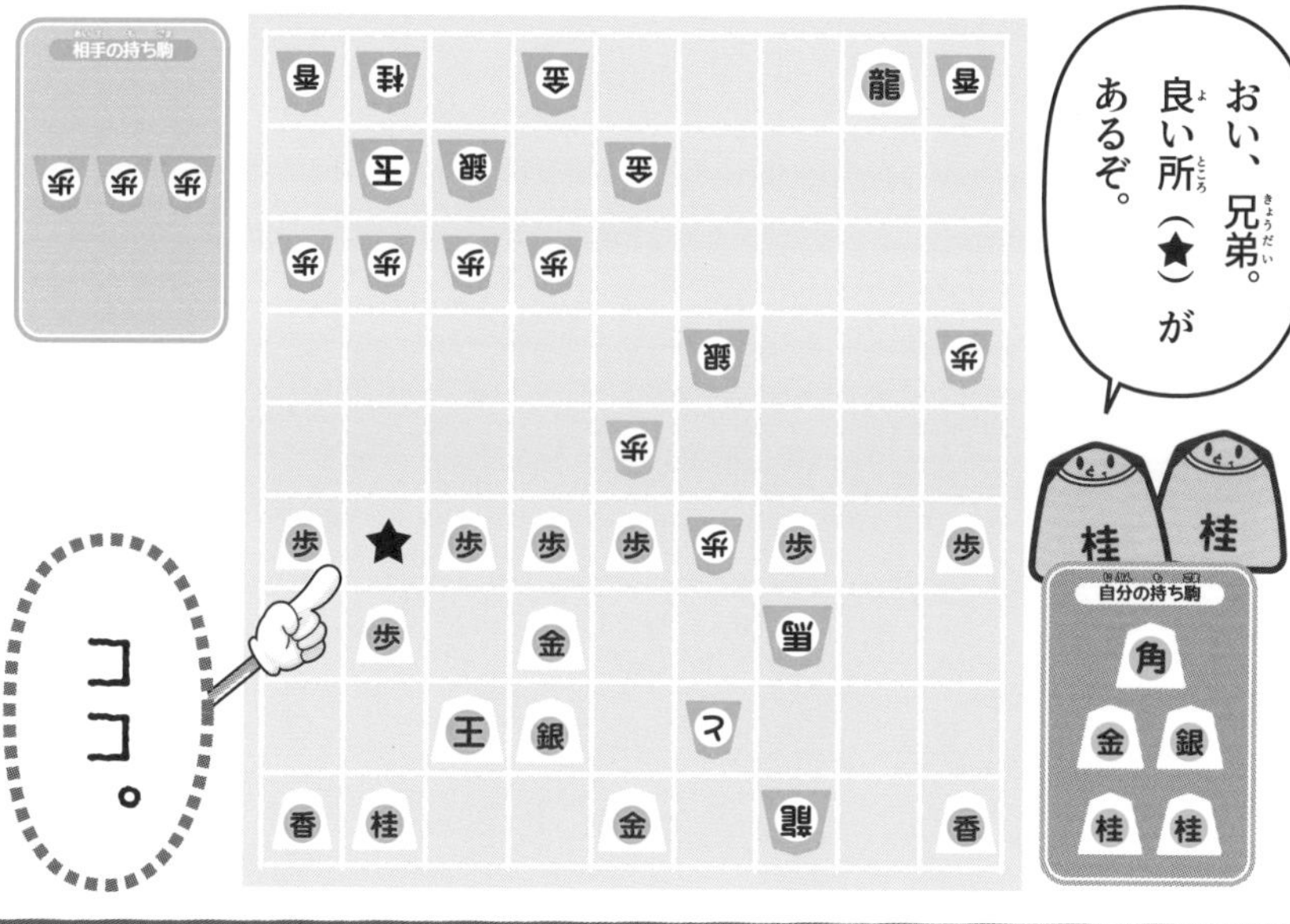
おい、兄弟《きょうだい》。
良《よ》い所《ところ》（★）が
あるぞ。
ココ。
相手の持ち駒
自分の持ち駒

ようし、
ここだ。
持ち駒《もちごま》
ちょこんっ

そんな遠《とお》くに桂《けい》？
プププ
イミないじゃーん
守《まも》りがあまいよー！
金《きん》とったー!!
ハイヨ
持ち駒
ひかえて打《う》った桂《けい》をあまく見《み》ているな…！
おーい兄弟《きょうだい》！
ヘヘーン
王手《おうて》
持《も》ち駒《こま》
ペチッ
今度《こんど》は近《ちか》くにきたっ

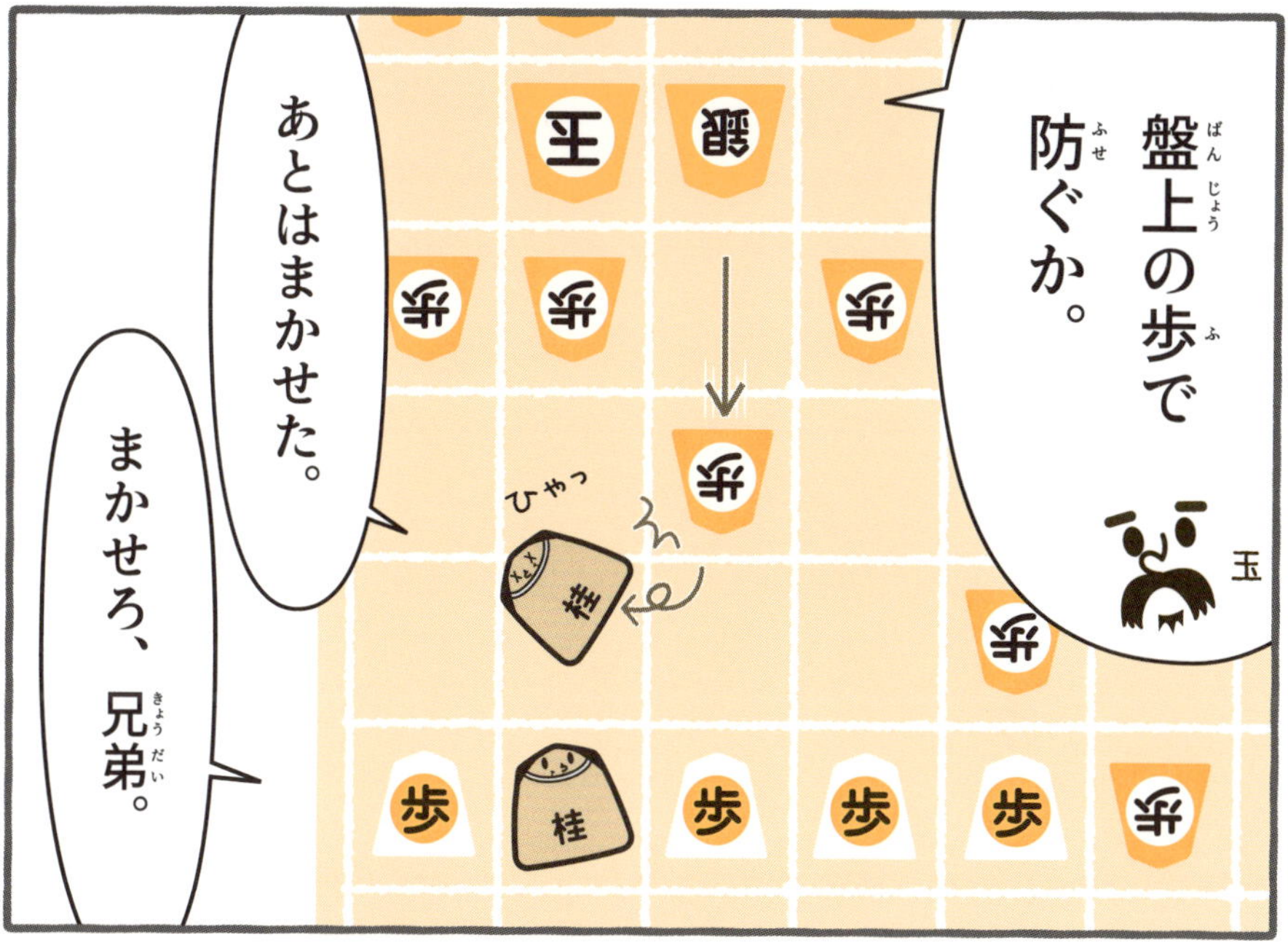

格言《かくげん》かいせつ

桂《けい》は一《ひと》つ手前《てまえ》の場所《ばしょ》に打《う》つことでとられる危険《きけん》をさけて、攻《せ》めに使《つか》うことができるぞ。

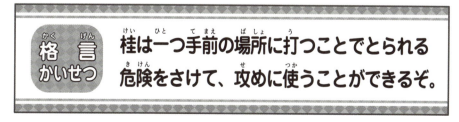

香車《きょうしゃ》

知《し》ってる？香車のこと

「田楽刺《でんがくざ》し」について

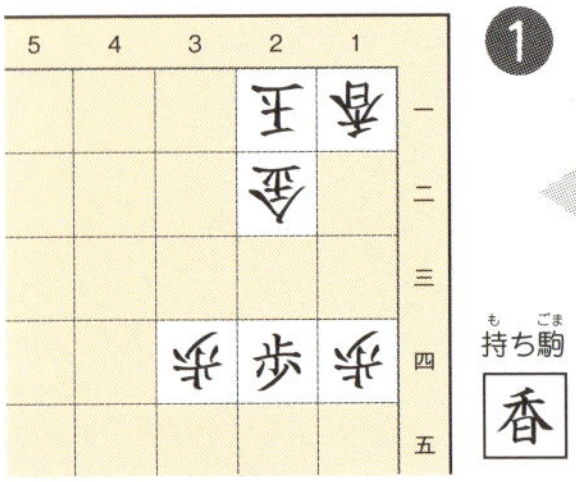

❶ 図《ず》のように、相手《あいて》の金《きん》と玉《ぎょく》が縦《たて》にならんでいて、持《も》ち駒《ごま》に香《きょう》がある時《とき》は、チャンス到来《とうらい》です。

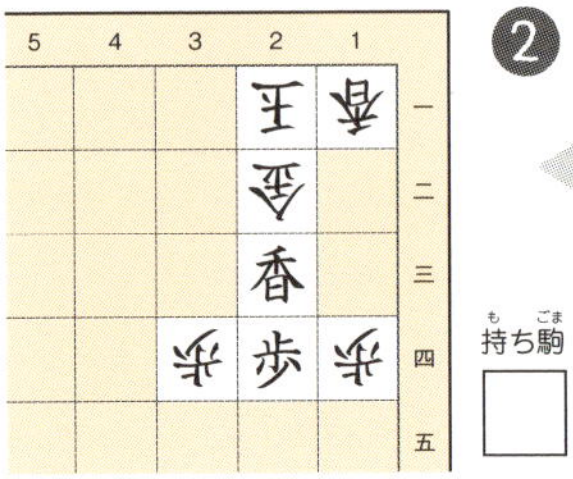

❷ ☗2三香《さんきょう》と打《う》ちこみます。この形《かたち》を「田楽刺《でんがくざ》し」といいます。

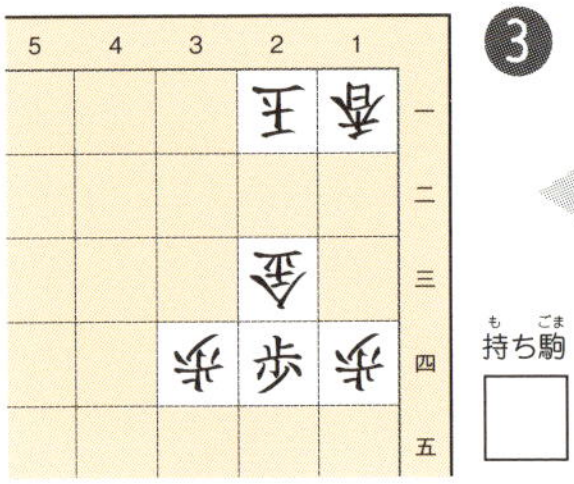

❸ 香《きょう》が利《き》いているので、金《きん》が逃《に》げることができません。☖同金《どうきん》ととると、

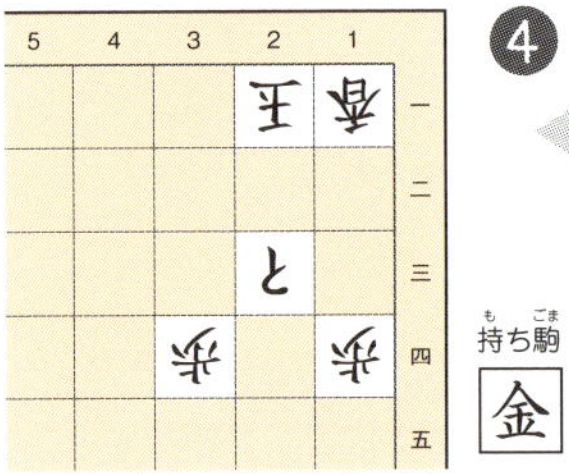

❹ ☗同歩成《どうふなり》と、金《きん》と香車《きょうしゃ》の交換《こうかん》で得《とく》しました。

このように、持《も》ち駒《ごま》に香《きょう》がある時《とき》は、相手《あいて》の駒《こま》の場所《ばしょ》をよく見《み》て、「田楽刺《でんがくざ》し」ができる場所《ばしょ》を見逃《みのが》さないようにすると良《よ》いですね。

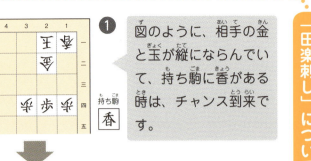

むずかしさ ★★☆

もんだい 1問目《もんめ》

香《きょう》を使《つか》った1手詰《いってづめ》

下段《げだん》から打《う》てといいますが…

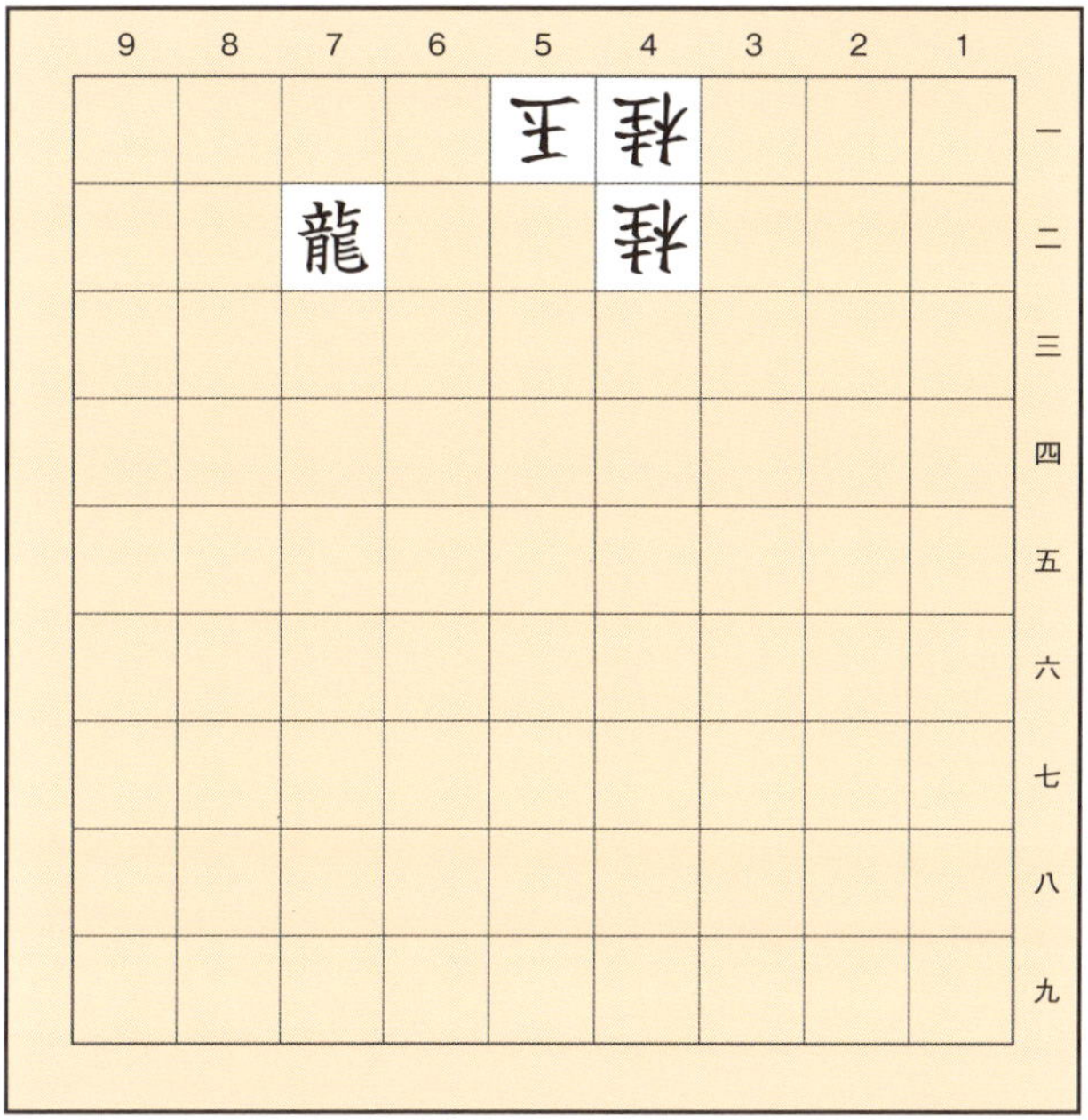

持ち駒《もちごま》

香

「下段《げだん》の香《きょう》に力《ちから》あり」という格言《かくげん》がありましたね。香《きょう》の利《き》きをいかすには下段《げだん》が良《よ》いのですが、いつもそうだとはかぎりません。詰《つめ》しょうぎでは、玉《ぎょく》方《かた》の持《も》ち駒《ごま》は「残《のこ》り全部《ぜんぶ》」です。いつでも合《あ》い駒《ごま》ができることを忘《わす》れずに。

せつめい

□の場所《ばしょ》です
頭香《あたまきょう》の形《かたち》で詰《つ》みです

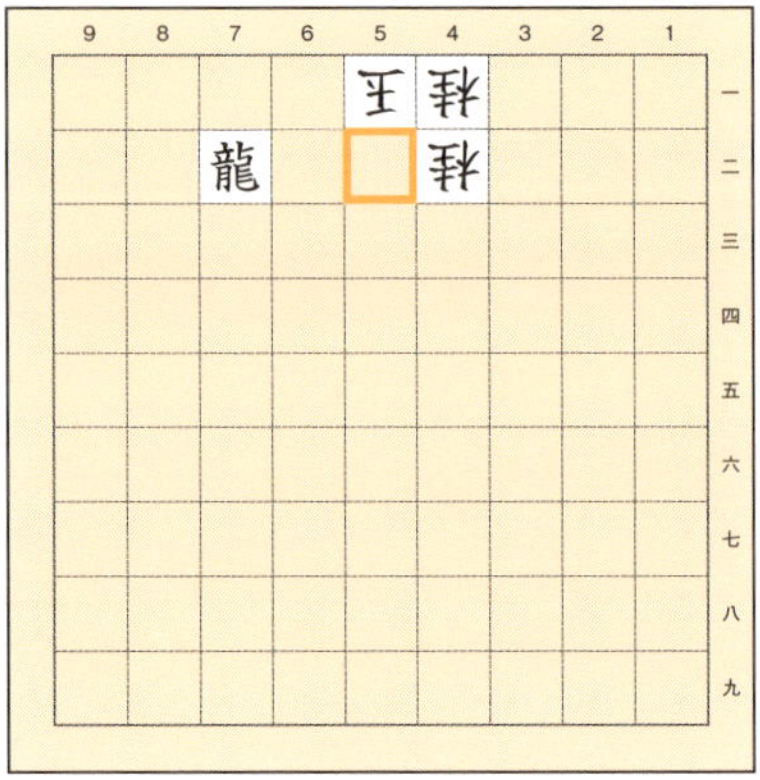

持《も》ち駒《ごま》 香

こたえを場所《ばしょ》であらわすと右《みぎ》の図《ず》のようになります。これを符号《ふごう》でいいかえると下《した》の図《ず》のようになります。

符号《ふごう》

▲5二《に》香《きょう》まで
（詰上《つめあ》がり図《ず》）

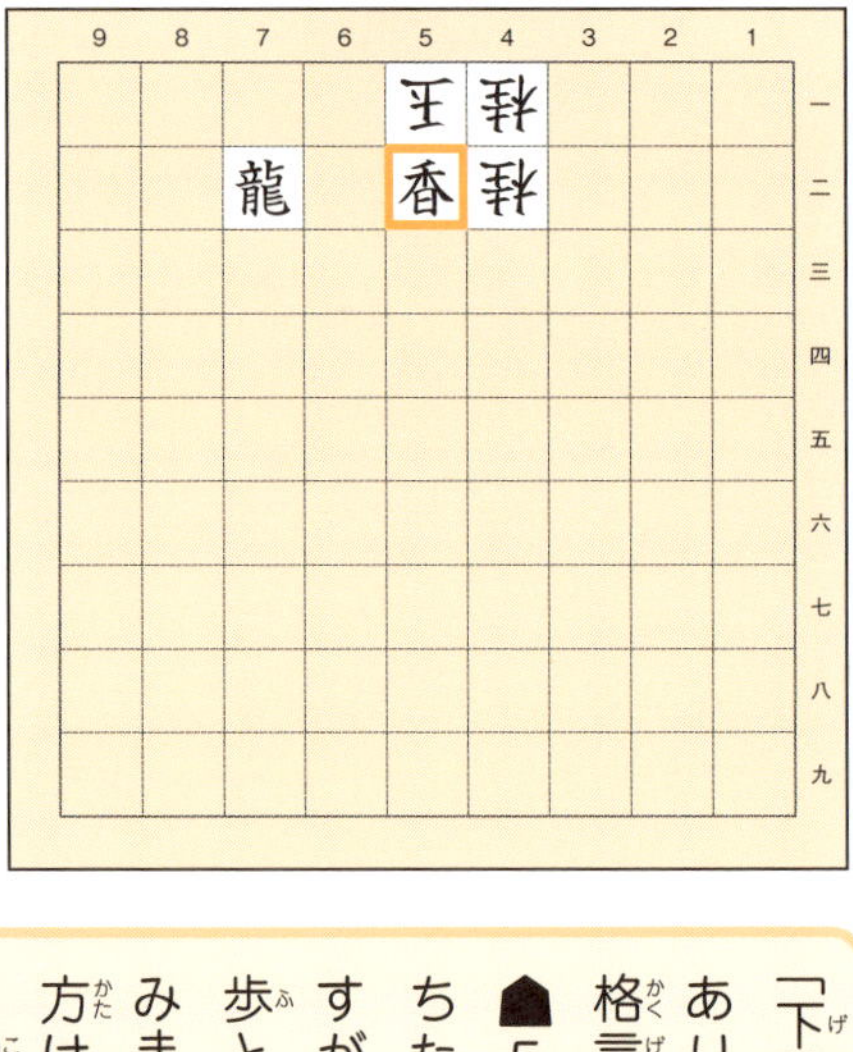

持《も》ち駒《ごま》

「下段《げだん》の香《きょう》に力《ちから》あり」という格言《かくげん》の通《とお》りに▲5九香《きょう》と打《う》ちたくなりますが、△5三《さん》歩《ふ》とされて詰《つ》みません（「玉《ぎょく》方《かた》は盤上《ばんじょう》にある駒《こま》以外《いがい》の残《のこ》りの駒《こま》を、持《も》ち駒《ごま》として使《つか》っているとかんがえるのが基本《きほん》」なので、ここで盤上《ばんじょう》にない歩《ふ》が出《で》てくるのは、玉方《ぎょくかた》の持《も》ち駒《ごま》を合《あ》い駒《ごま》として指《さ》したということになります）。今回《こんかい》の場合《ばあい》は下段《げだん》から打《う》たず、龍《りゅう》の利《き》きをいかして直接《ちょくせつ》相手《あいて》の玉《ぎょく》の頭《あたま》に打《う》ちます。

もんだい 2問目《もんめ》

むずかしさ ★★☆

香《きょう》を使《つか》った1手詰《いってづめ》

両王手《りょうおうて》をねらいましょう

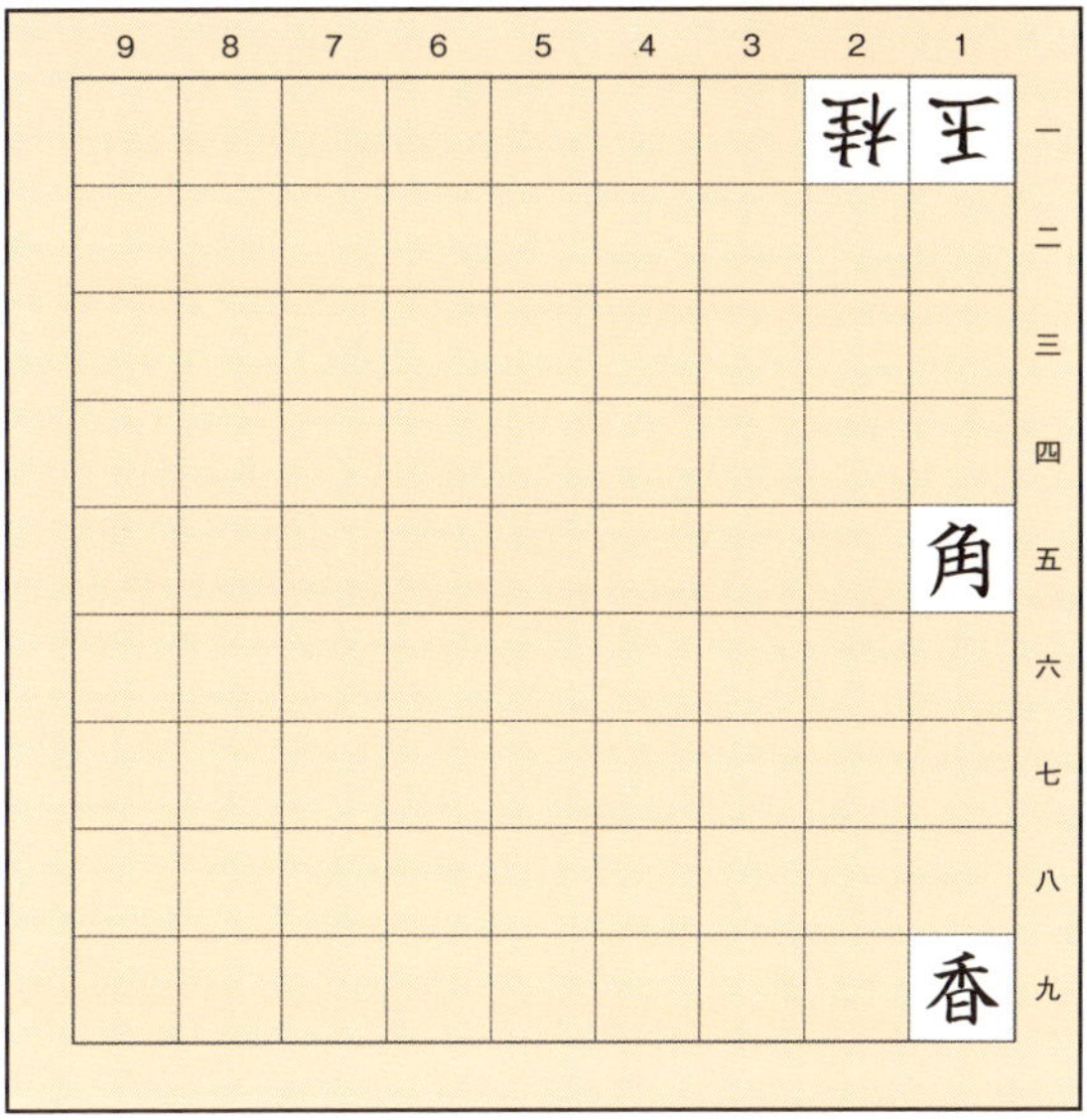

持《も》ち駒《ごま》

もんだい 3問目《もんめ》

むずかしさ ★★☆

香《きょう》を使《つか》った1手詰《いってづめ》

大駒《おおごま》を動《うご》かしたくなりますが…

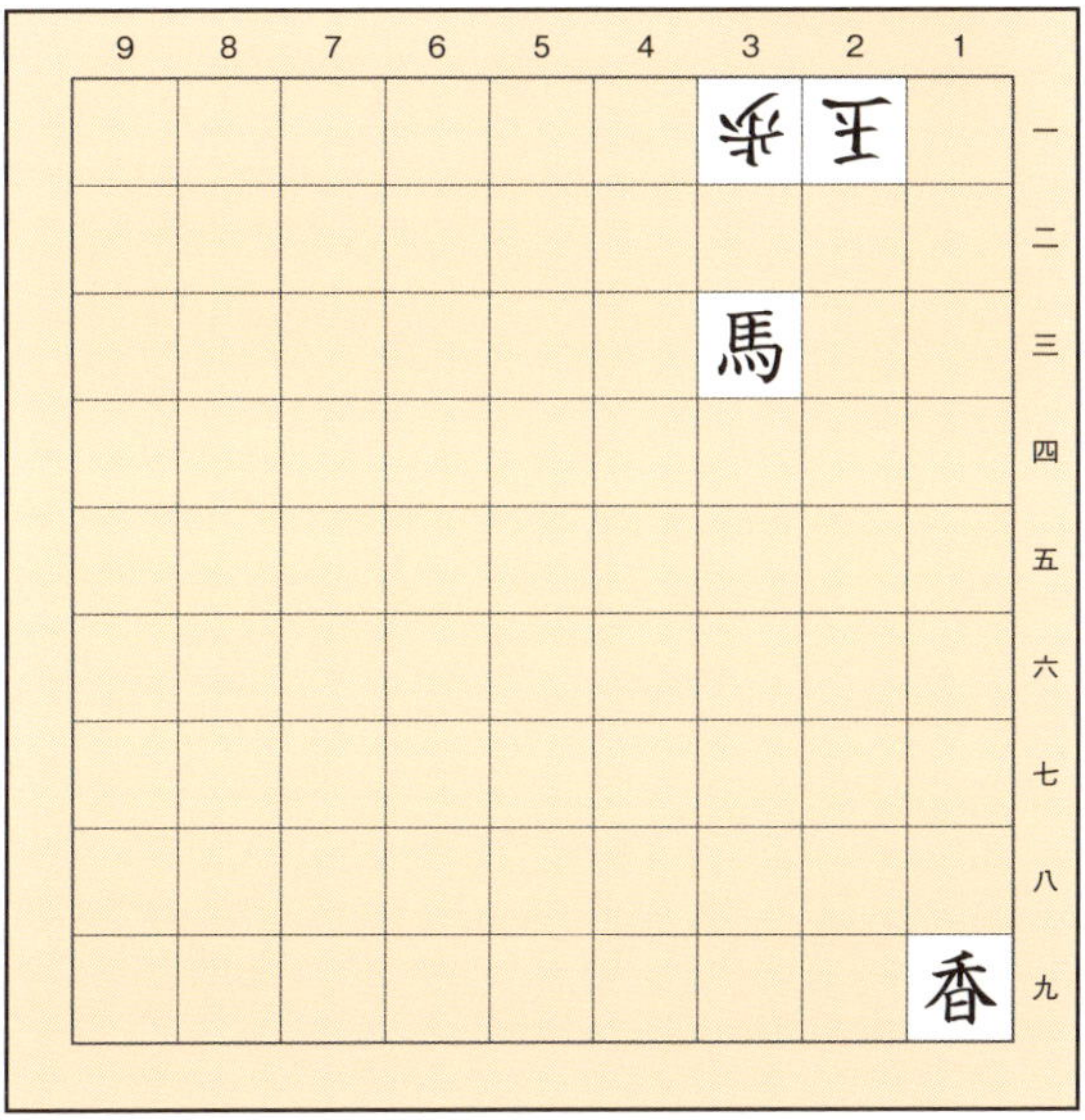

持《も》ち駒《ごま》

こたえ 2問目《もんめ》

☗3三角成《さんかくなり》（または不成《ならず》）まで（詰《つめ》上《あ》がり図《ず》）

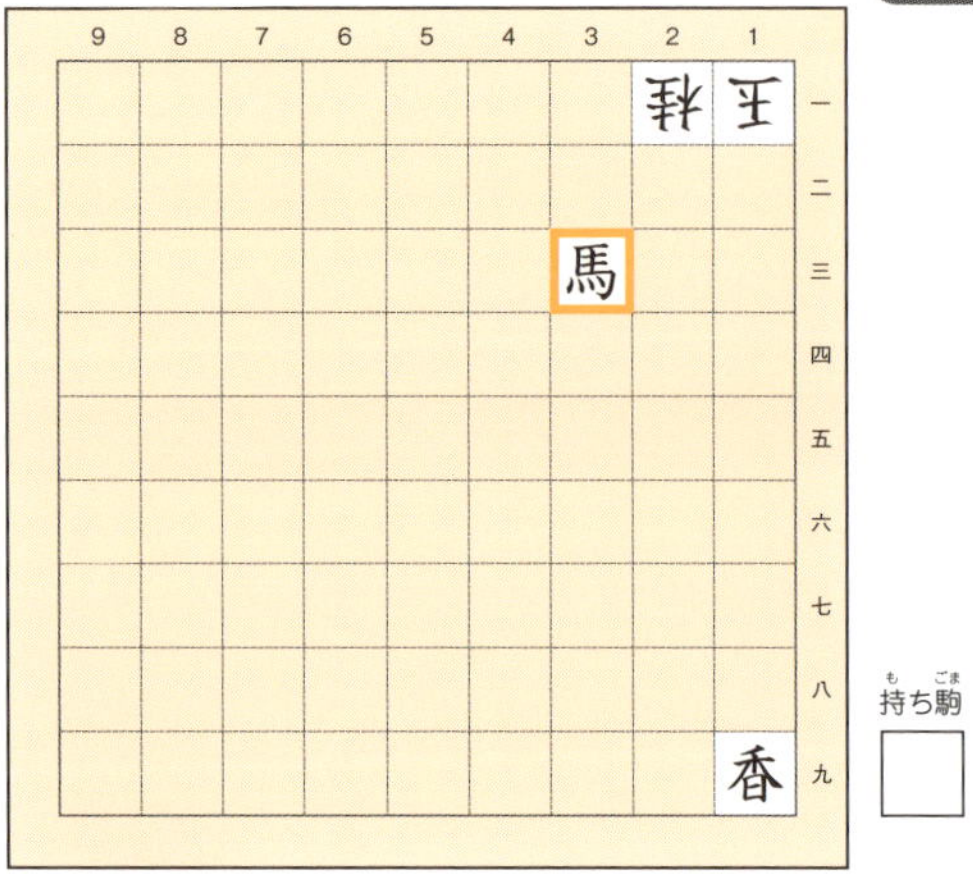

☗3三角成《さんかくなり》では桂《けい》にとられそうですが、馬《うま》となって王手《おうて》、さらには1九《く》の香《きょう》も王手《おうて》となっています。こういう形《かたち》を「両王手《りょうおうて》」といいます。これでは、相手《あいて》の玉《ぎょく》はとることも逃《に》げることもできません。

こたえ 3問目《もんめ》

☗1一香成《いちきょうなり》まで（詰《つめ》上《あ》がり図《ず》）

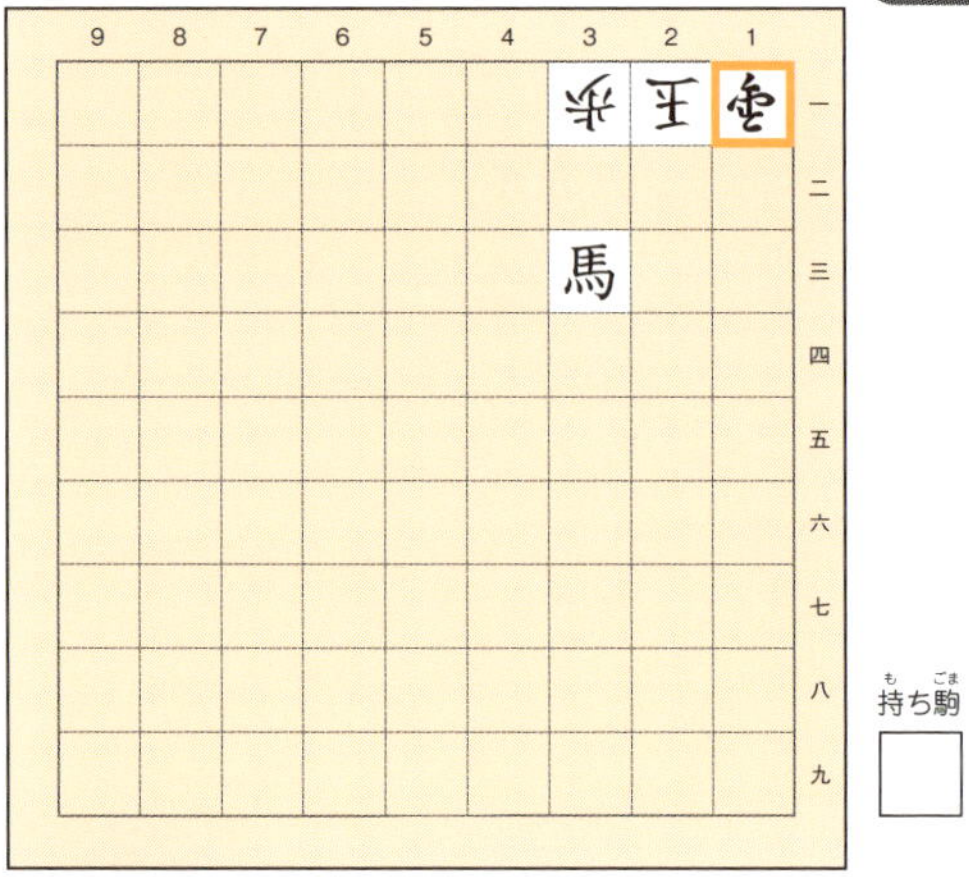

1九《く》の香《きょう》の利《き》きをいかして☗1一馬《いちうま》としたくなりますが、☖3二玉《にぎょく》と逃《に》げられて詰《つ》みません。ここは、3三《さん》にいる馬《うま》の利《き》きをいかして1一《いち》に香《きょう》を成《な》って詰《つ》みです。仲間《なかま》の駒《こま》と協力《きょうりょく》して王手《おうて》をするのがコツです。

もんだい 4問目《もんめ》

むずかしさ ★★☆

香《きょう》を使《つか》った1手詰《いってづめ》

玉《ぎょく》が逃《に》げられないようにするには？

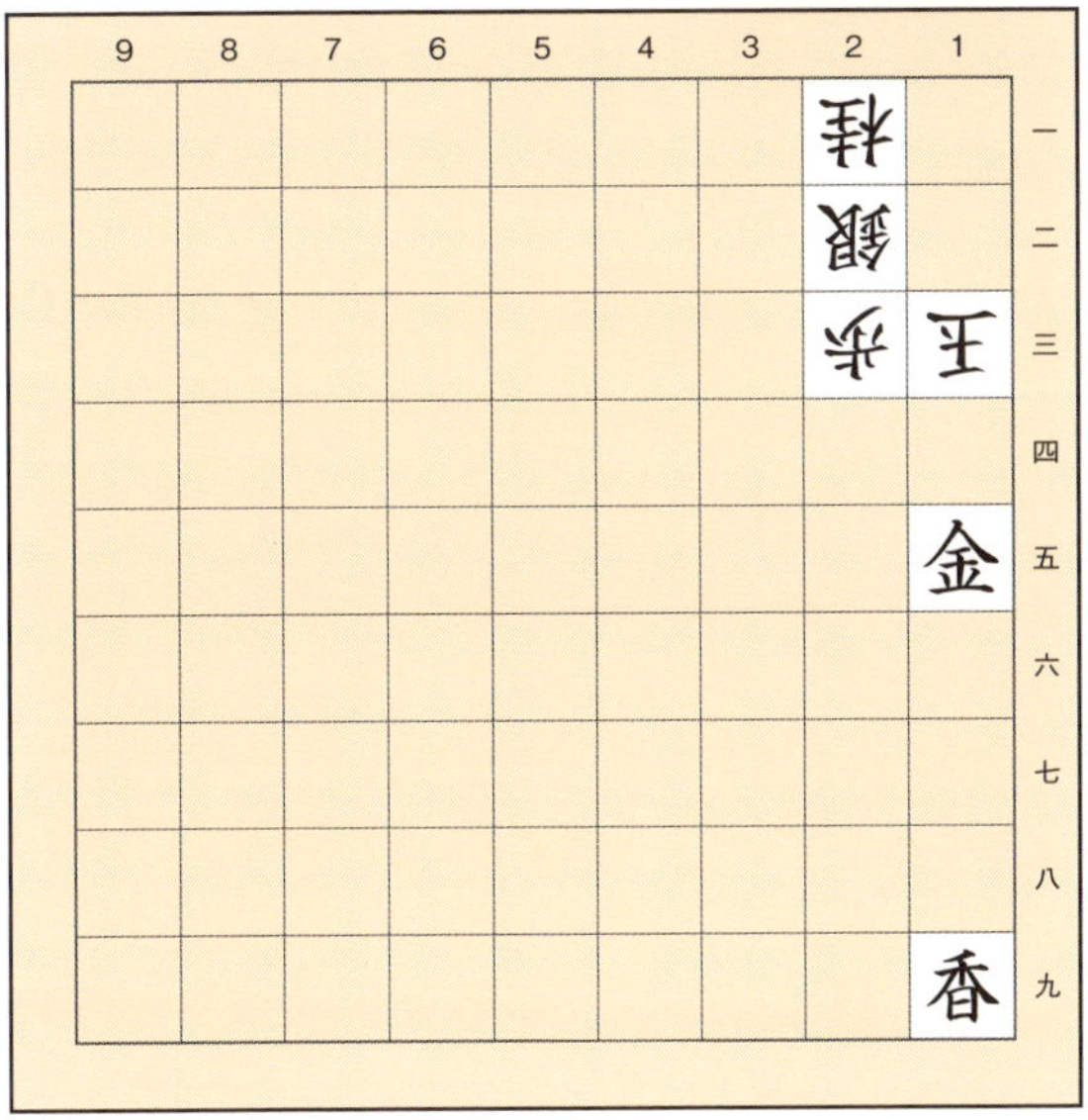

持《も》ち駒《ごま》

もんだい 5問目《もんめ》

むずかしさ ★★☆

香《きょう》を使《つか》った1手詰《いってづめ》

歩《ふ》と協力《きょうりょく》して追《お》いつめます

持《も》ち駒《ごま》 香

こたえ　4問目《もんめ》

☗2五金《ごきん》まで
（詰《つめ》上《あ》がり図《ず》）

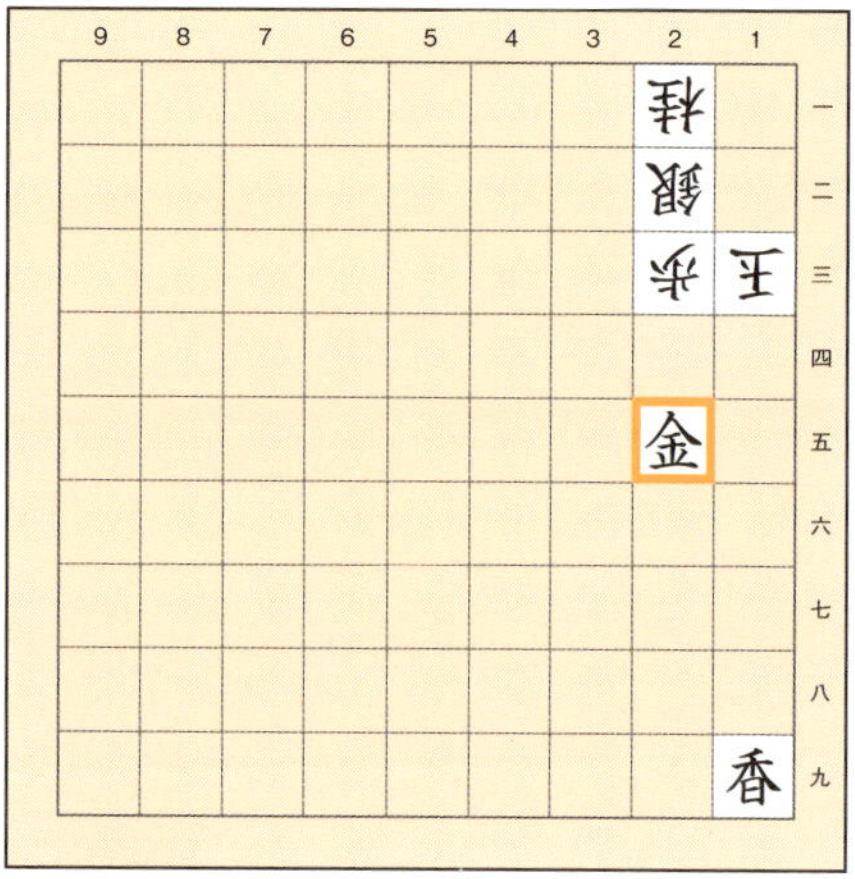

持《も》ち駒《ごま》

☗1四金《よんきん》と王手《おうて》したくなりますが、☖1二玉《にぎょく》と逃《に》げられて詰《つ》みません。これでは香《きょう》の利《き》きをふさいでしまうことになります。ここは香《きょう》の利《き》きをいかして、☗2五金《ごきん》として開《あ》き王手《おうて》で詰《つ》みです。

こたえ　5問目《もんめ》

☗2四香《よんきょう》まで
（詰《つめ》上《あ》がり図《ず》）

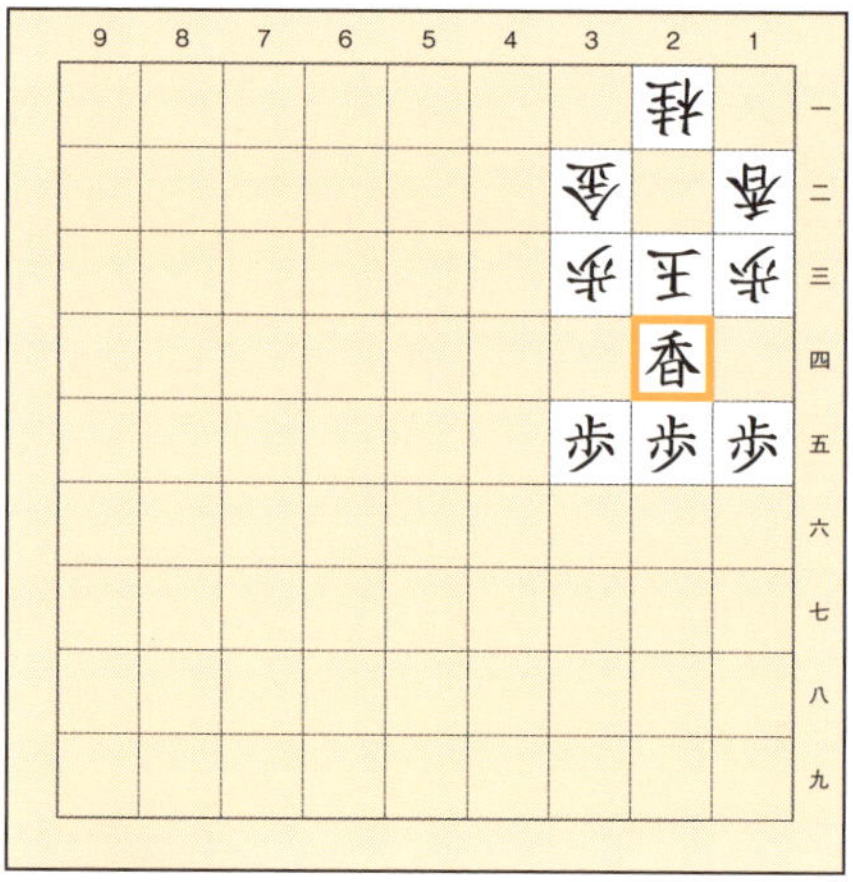

持《も》ち駒《ごま》

盤上《ばんじょう》に、自分《じぶん》の駒《こま》は歩《ふ》が三枚《さんまい》しかありませんでした。戦力不足《せんりょくぶそく》のように見《み》えますが、持《も》ち駒《ごま》の香《きょう》の威力《いりょく》をいかして☗2四香《よんきょう》と打《う》つことで、相手《あいて》の玉《ぎょく》は☖2二玉《にぎょく》と引《ひ》くこともできずに詰《つ》みです。

しょうぎ格言《かくげん》
下段《げだん》の香《きょう》に力《ちから》あり
今日《きょう》の任務《にんむ》は…
我々《われわれ》が協力《きょうりょく》して玉《ぎょく》を詰《つ》ますことであります!!
おーッ!!
えいえい

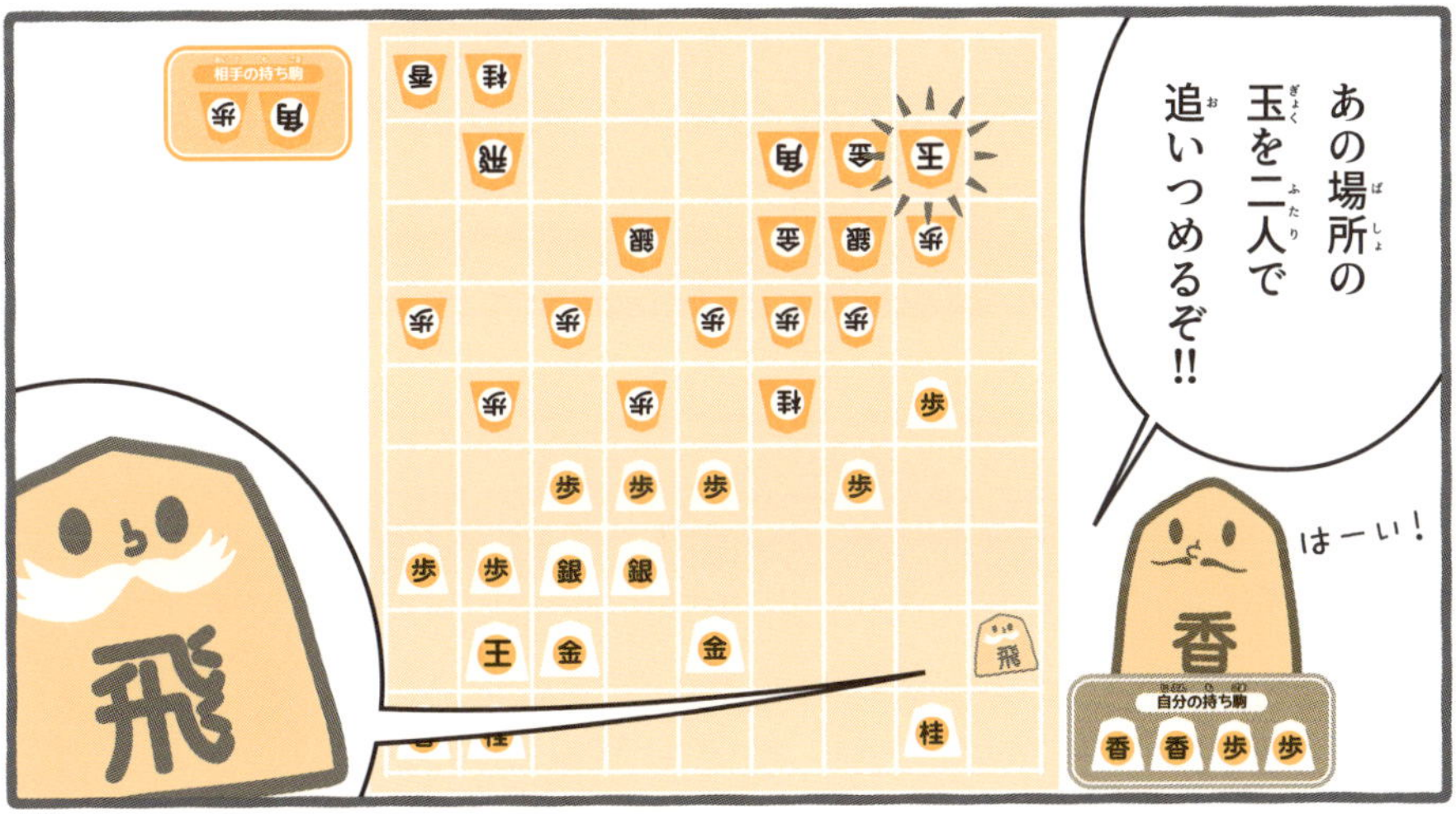
あの場所《ばしょ》の玉《ぎょく》を二人《ふたり》で追《お》いつめるぞ!!
はーい!
相手の持ち駒
自分の持ち駒

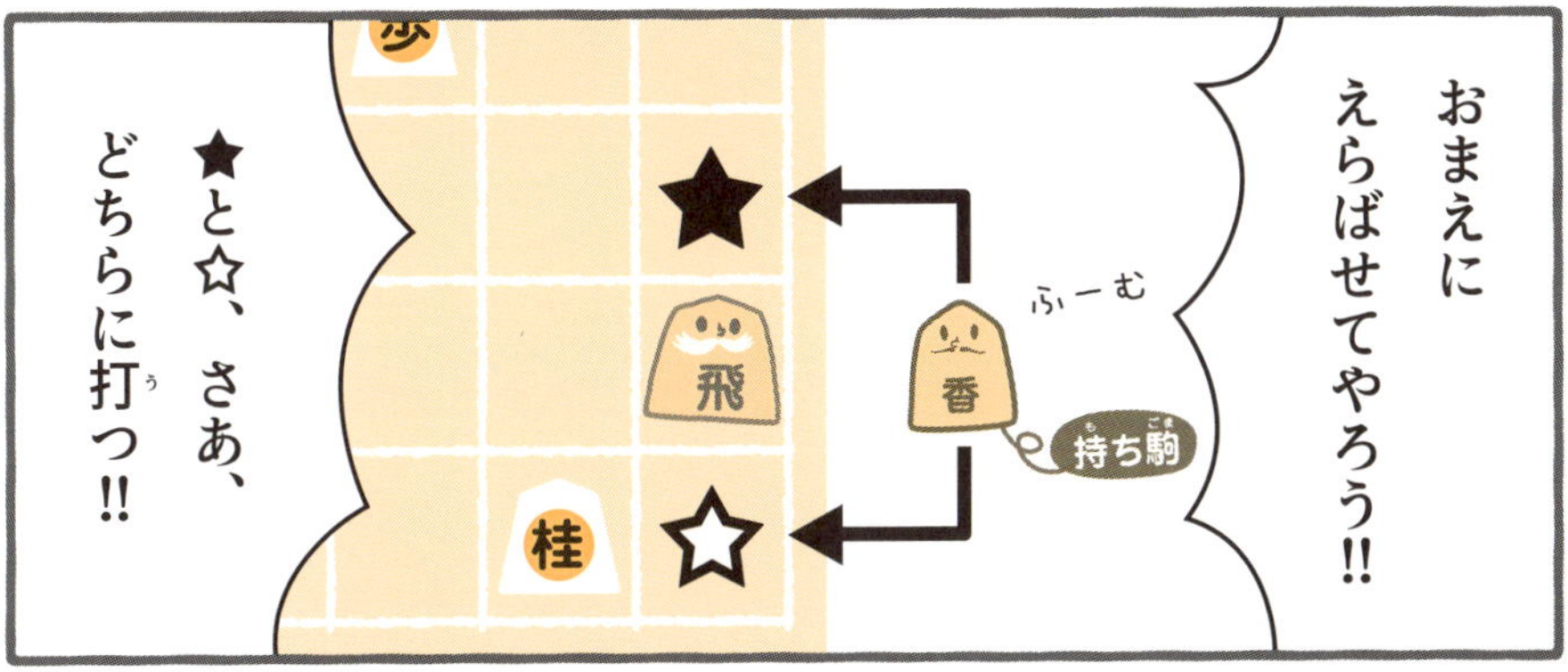
おまえにえらばせてやろう!!
ふーむ
持《も》ち駒《ごま》
★と☆、さあ、どちらに打《う》つ!!

★の場合《ばあい》
持《も》ち駒《ごま》
ピッ
前《まえ》を失礼《しつれい》!!
王手《おうて》
スススススッ
ありゃりゃ…逃《に》げる玉《ぎょく》に追《お》いつけないッ!!
スッ…
とんずら
☆の場合《ばあい》
後《うし》ろはまかせて!!
持《も》ち駒《ごま》
ピッ
王手《おうて》
スススススッ

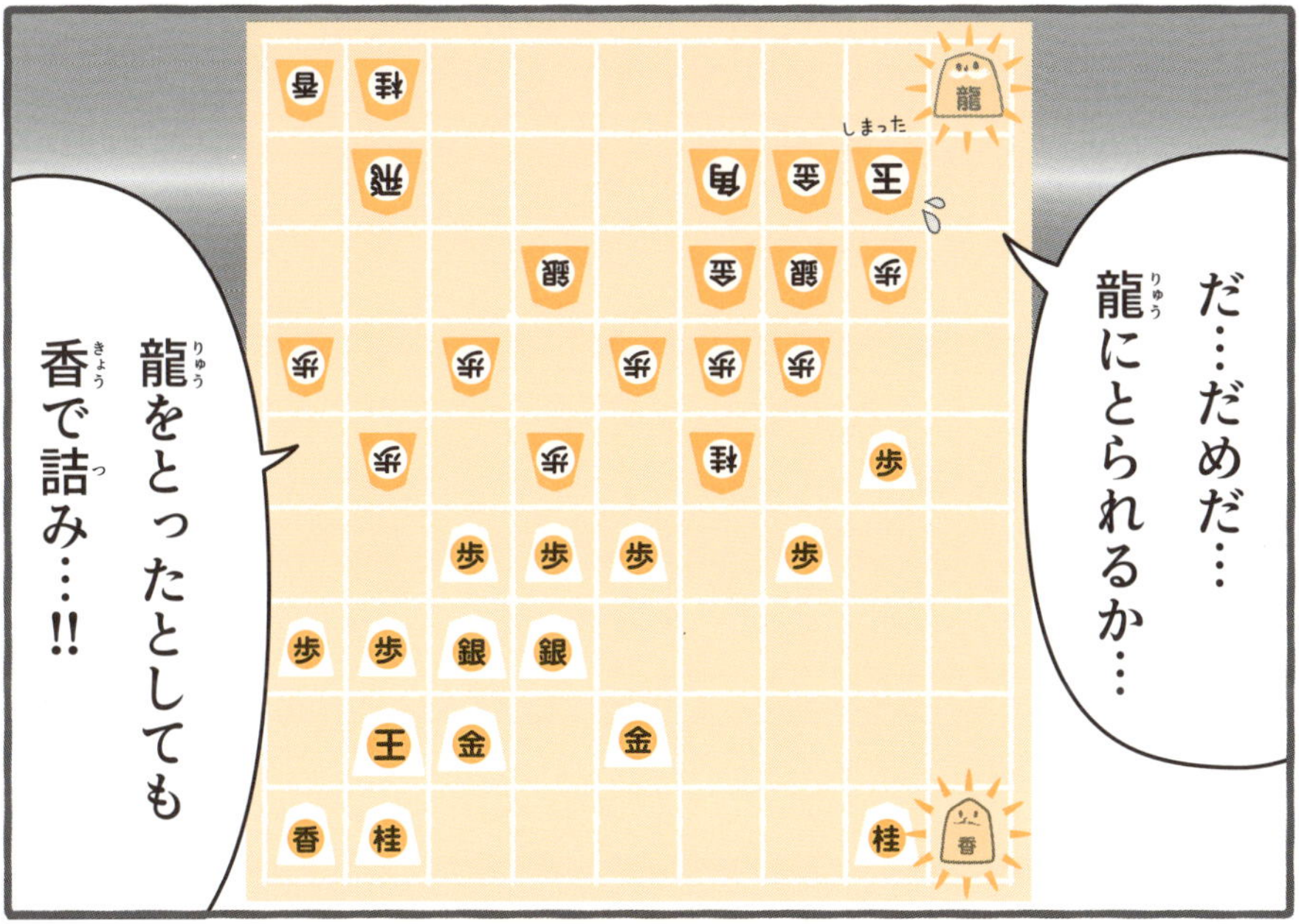
しまった
だ…だめだ…
龍《りゅう》にとられるか…
龍《りゅう》をとったとしても
香《きょう》で詰《つ》み…!!

香《きょう》だけに
今日《きょう》も
今日《きょう》とて
最下段《さいげだん》
香《きょう》・心《こころ》の川柳《せんりゅう》
やっぱ定位置《ていいち》がおちつくわ。

格言《かくげん》かいせつ

香《きょう》は縁《えん》の下《した》の力《ちから》もち。はなして打《う》った方《ほう》が利《き》きが多《おお》くて強《つよ》いんだよ。

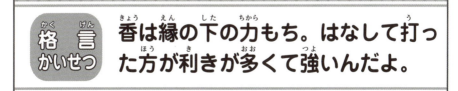

歩兵《ふひょう》

知《し》ってる？

のこと

「叩《たた》きの歩《ふ》」について

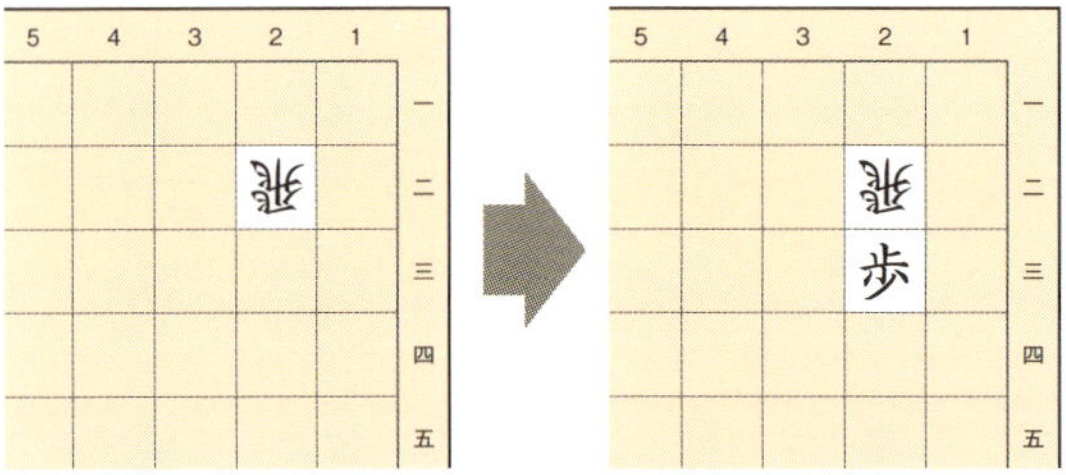

図《ず》のように、相手《あいて》の駒《こま》の一《ひと》マス前《まえ》に歩《ふ》を打《う》つことを「叩《たた》きの歩《ふ》」といいます。何《なん》でもないような手《て》に見《み》えますが、相手《あいて》もとるかとらないか、悩《なや》むことが多《おお》い一手《いって》です。

「垂《た》らしの歩《ふ》」について

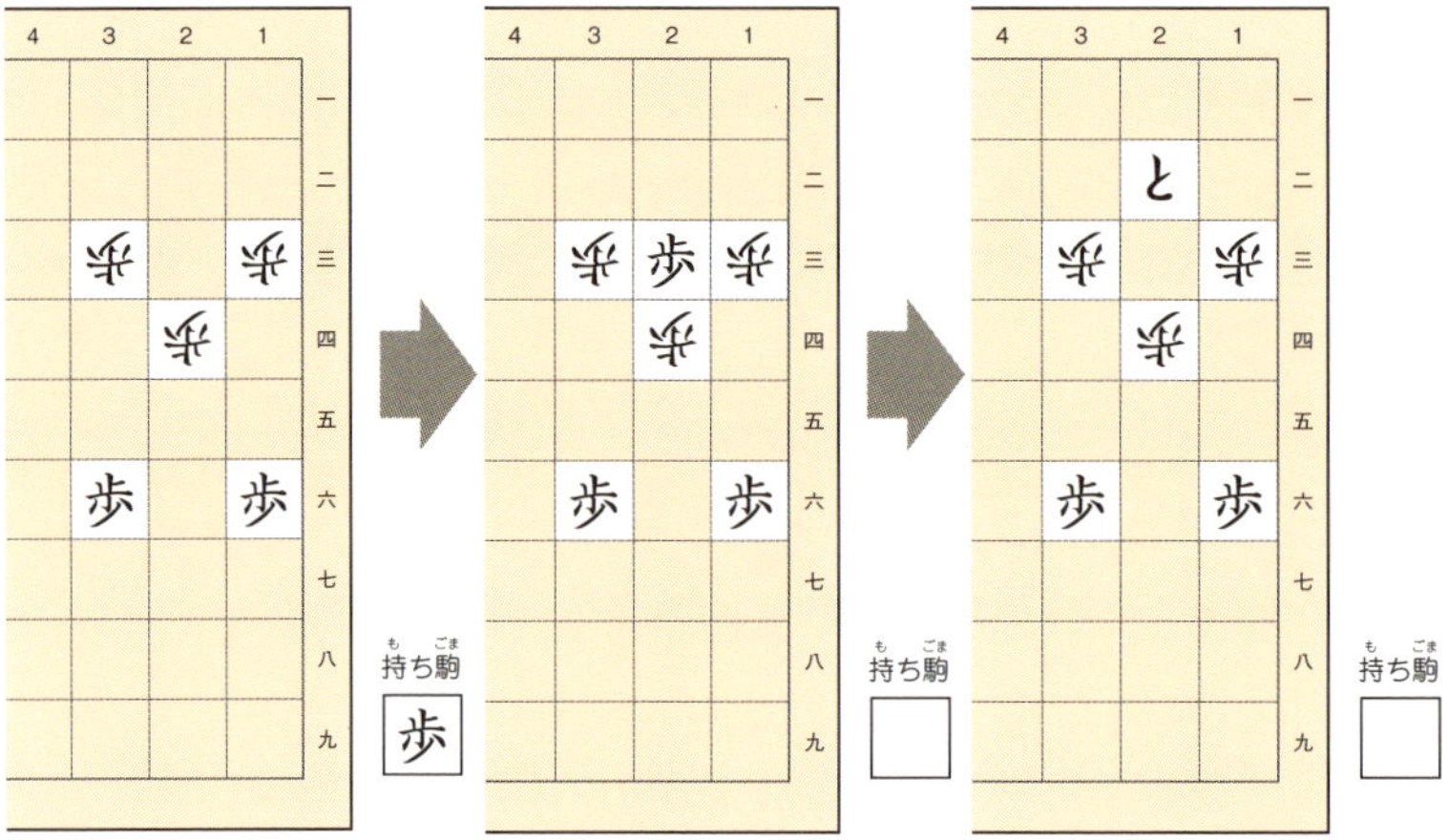

図《ず》のように、持《も》ち駒《ごま》に歩《ふ》があって、自分《じぶん》の歩《ふ》がいない筋《すじ》で、次《つぎ》にと金《きん》になれるマスに歩《ふ》を打《う》つことを「垂《た》らしの歩《ふ》」といいます。これはよく使《つか》われる手筋《てすじ》です。相手《あいて》にとられてしまっても「金《きん》」ではなく「歩《ふ》」ですから、損《そん》になることはあまりありません。ぜひ、おぼえてください。

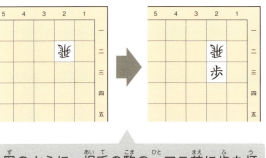

歩《ふ》を使《つか》った1手詰《いってづめ》

むずかしさ ★★☆

もんだい 1問目《もんめ》

歩《ふ》が成《な》るのか、と金《きん》を使《つか》うのか

持《も》ち駒《ごま》

相手《あいて》の玉《ぎょく》は味方《みかた》に囲《かこ》まれているように見《み》えます。攻《せ》め方《かた》の飛《ひ》もとられてしまいそうです。よく盤面《ばんめん》を見《み》ると、と金《きん》を作《つく》れそうな歩《ふ》があります。応援《おうえん》があれば、玉《ぎょく》でとることはできません。玉方《ぎょくかた》の飛《ひ》のにらみを見落《みお》とさないように、きをつけてください。

こたえ　1問《もん》目《め》

せつめい

□の場所《ばしょ》に歩《ふ》が成《な》って詰《つ》みです

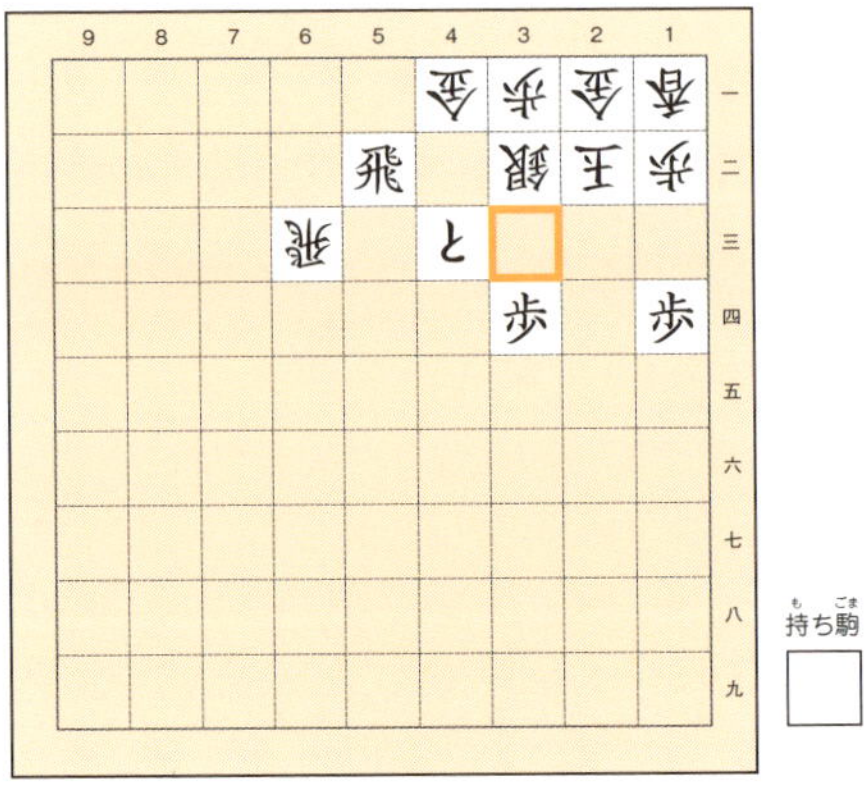

こたえを場所《ばしょ》であらわすと右《みぎ》の図《ず》のようになります。これを符号《ふごう》でいいかえると下《した》の図《ず》のようになります。

符号《ふごう》

☗3三《さん》歩《ふ》成《なり》まで
（詰上《つめあ》がり図《ず》）

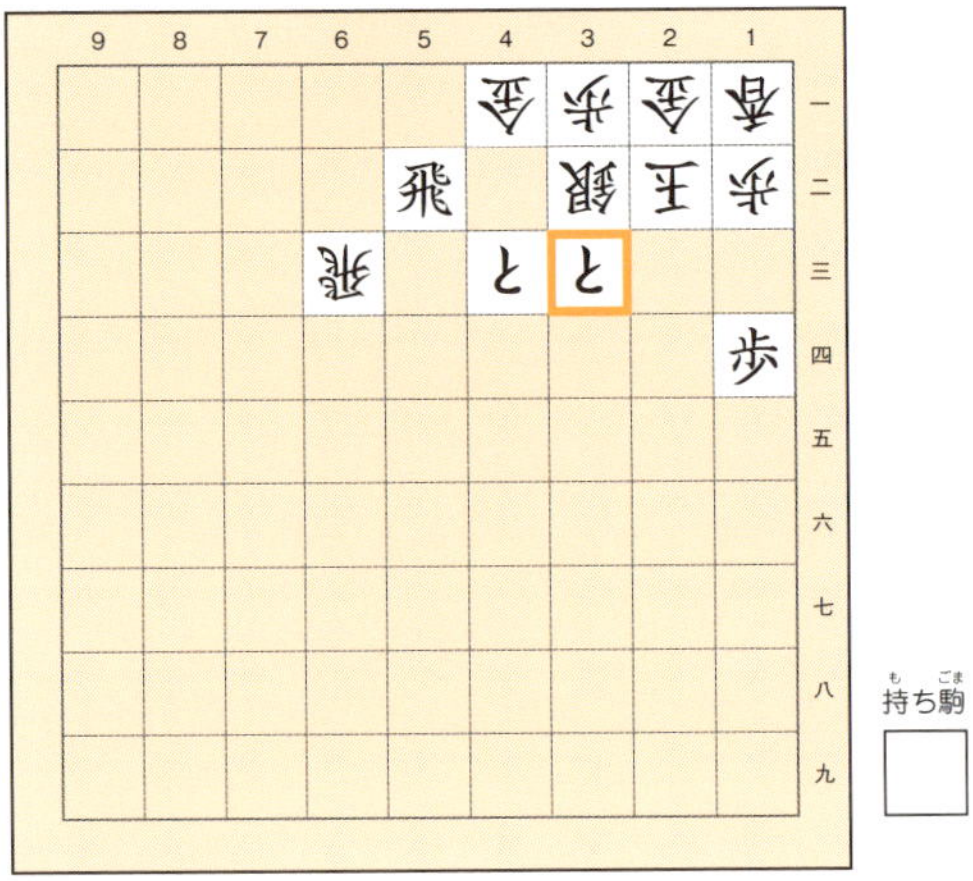

5二《に》にいる大駒《おおごま》の飛《ひ》をなんとか使《つか》いたくなるかもしれませんが、ここは歩《ふ》を働《はたら》かせて詰《つ》ませます。飛《ひ》が玉《ぎょく》をにらんでいるので、☖同銀《どうぎん》とできません。☗3三《さん》と金《きん》と寄《よ》って王手《おうて》すると、6三《さん》に飛《ひ》がいるので☖同飛《どうひ》ととられて詰《つ》みません。

もんだい 2問《もん》目《め》

むずかしさ ★★☆

歩《ふ》を使《つか》った1手《いって》詰《づめ》

大駒《おおごま》を働《はたら》かせるためには？

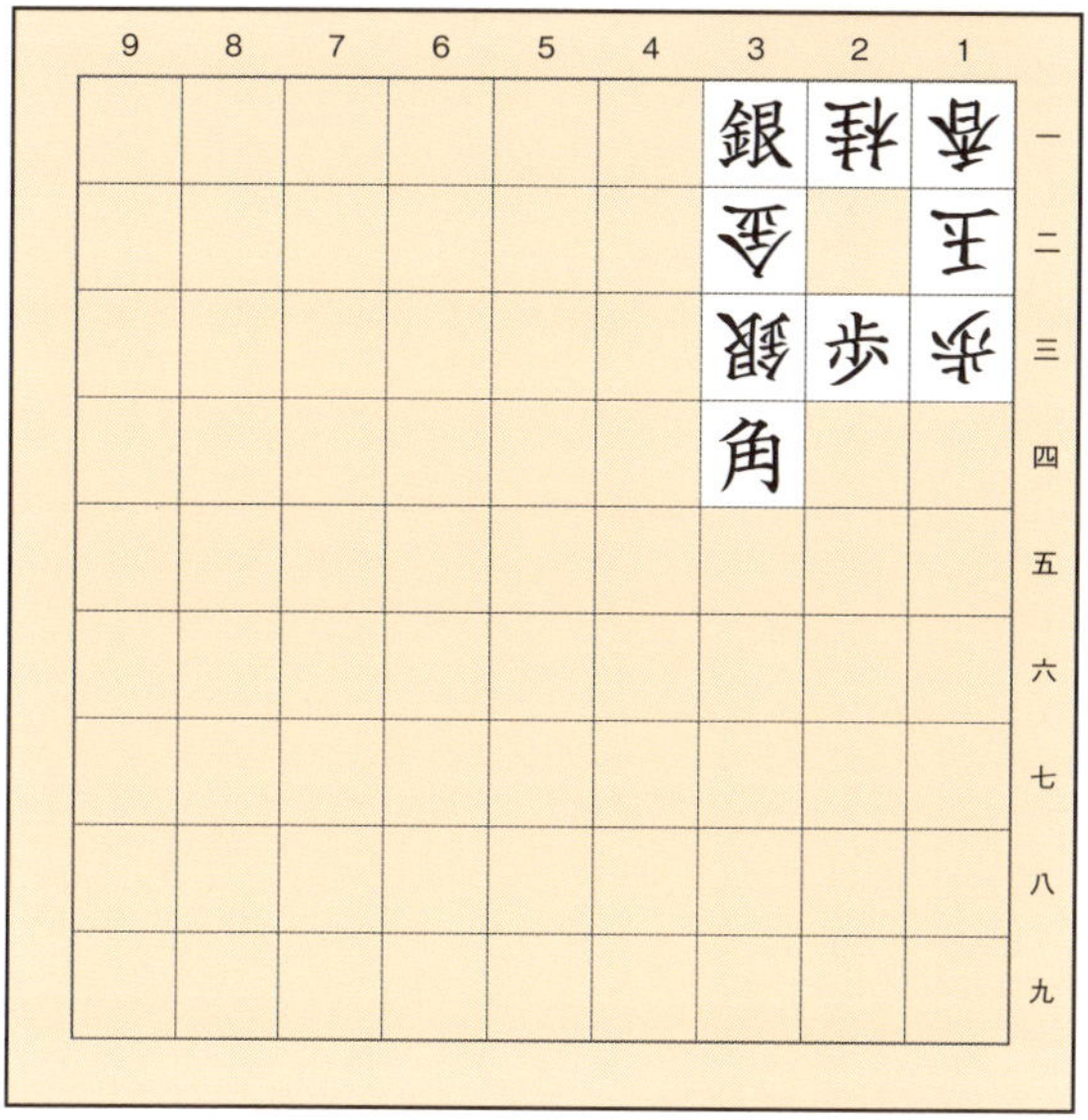

持《も》ち駒《ごま》

もんだい 3問《もん》目《め》

むずかしさ ★★☆

歩《ふ》を使《つか》った1手《いって》詰《づめ》

大駒《おおごま》を動《うご》かしたくなりますが…

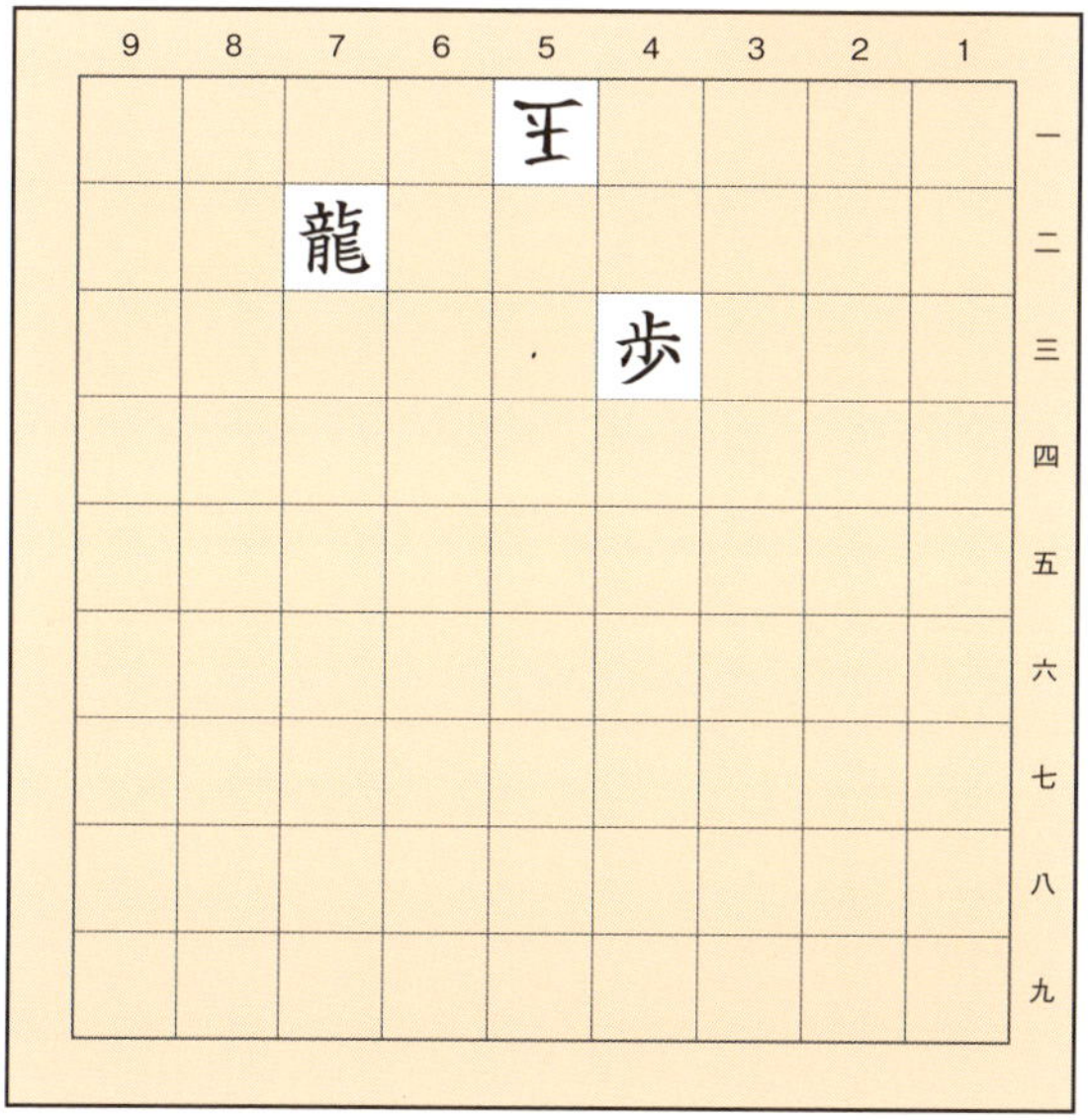

持《も》ち駒《ごま》

こたえ 2問目《もんめ》

☗2二《に》歩《ふ》成《なり》まで（詰《つめ》上《あ》がり図《ず》）

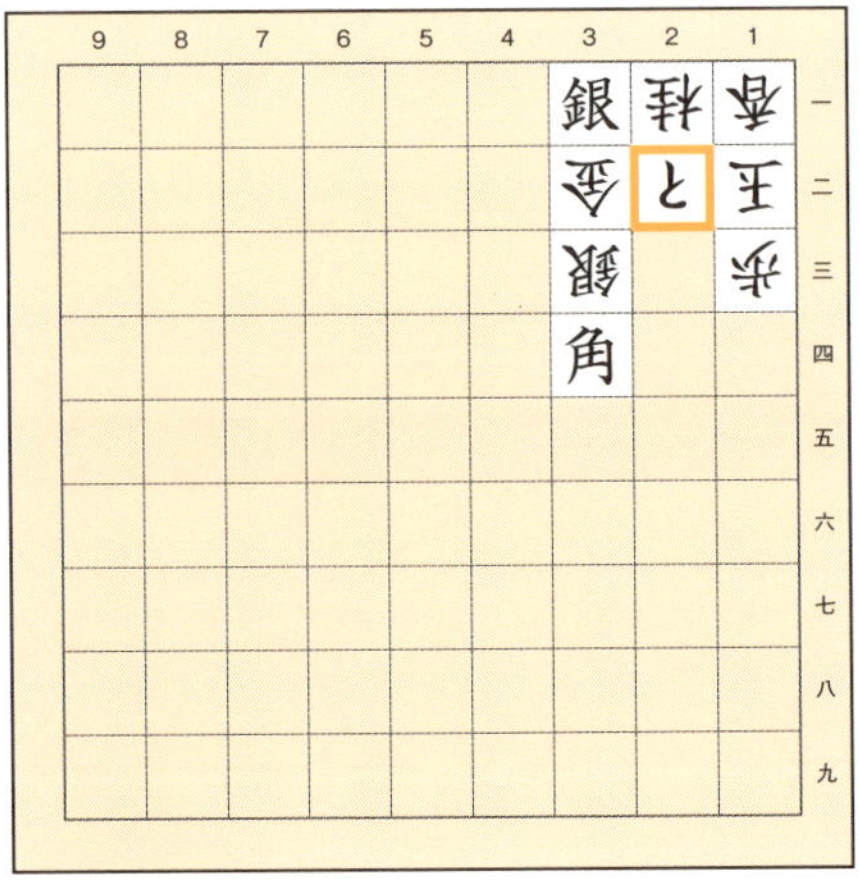

持《も》ち駒《ごま》

☗2二《に》銀《ぎん》成《なり》と王手《おうて》したくなりますが、☖同銀《どうぎん》もしくは☖同金《どうきん》ととられてしまい詰《つ》みません。☗2二《に》歩《ふ》成《なり》とすると、3四《よん》にいる角《かく》も利《き》いて開《あ》き王手《おうて》となり詰《つ》みです。

こたえ 3問目《もんめ》

☗4二《に》歩《ふ》成《なり》まで（詰《つめ》上《あ》がり図《ず》）

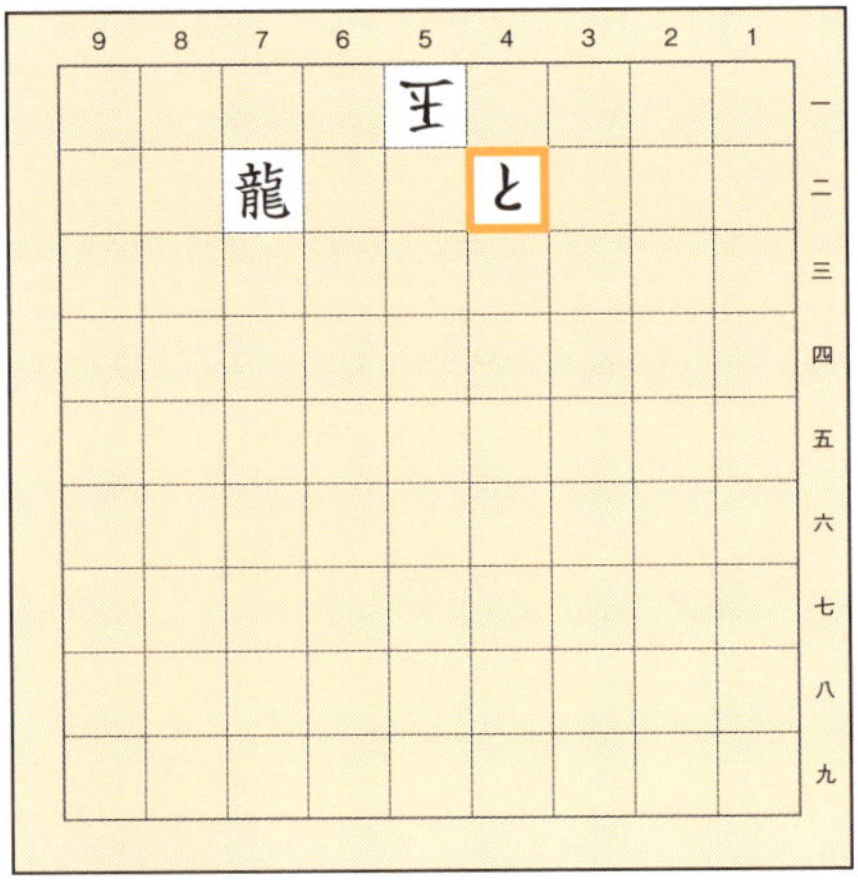

持《も》ち駒《ごま》

☗7一《いち》龍《りゅう》と、大駒《おおごま》を使《つか》って王手《おうて》したくなりますが、☖5二《に》玉《ぎょく》と逃《に》げられて詰《つ》みません。龍《りゅう》は動《うご》かさず、龍《りゅう》の利《き》きを利用《りよう》して、☗4二《に》歩《ふ》成《なり》として詰《つ》みです。

もんだい 4問目《もんめ》

むずかしさ ★★☆

歩《ふ》を使《つか》った1手詰《いってづめ》

龍《りゅう》を使《つか》って王手《おうて》したくなりますが…

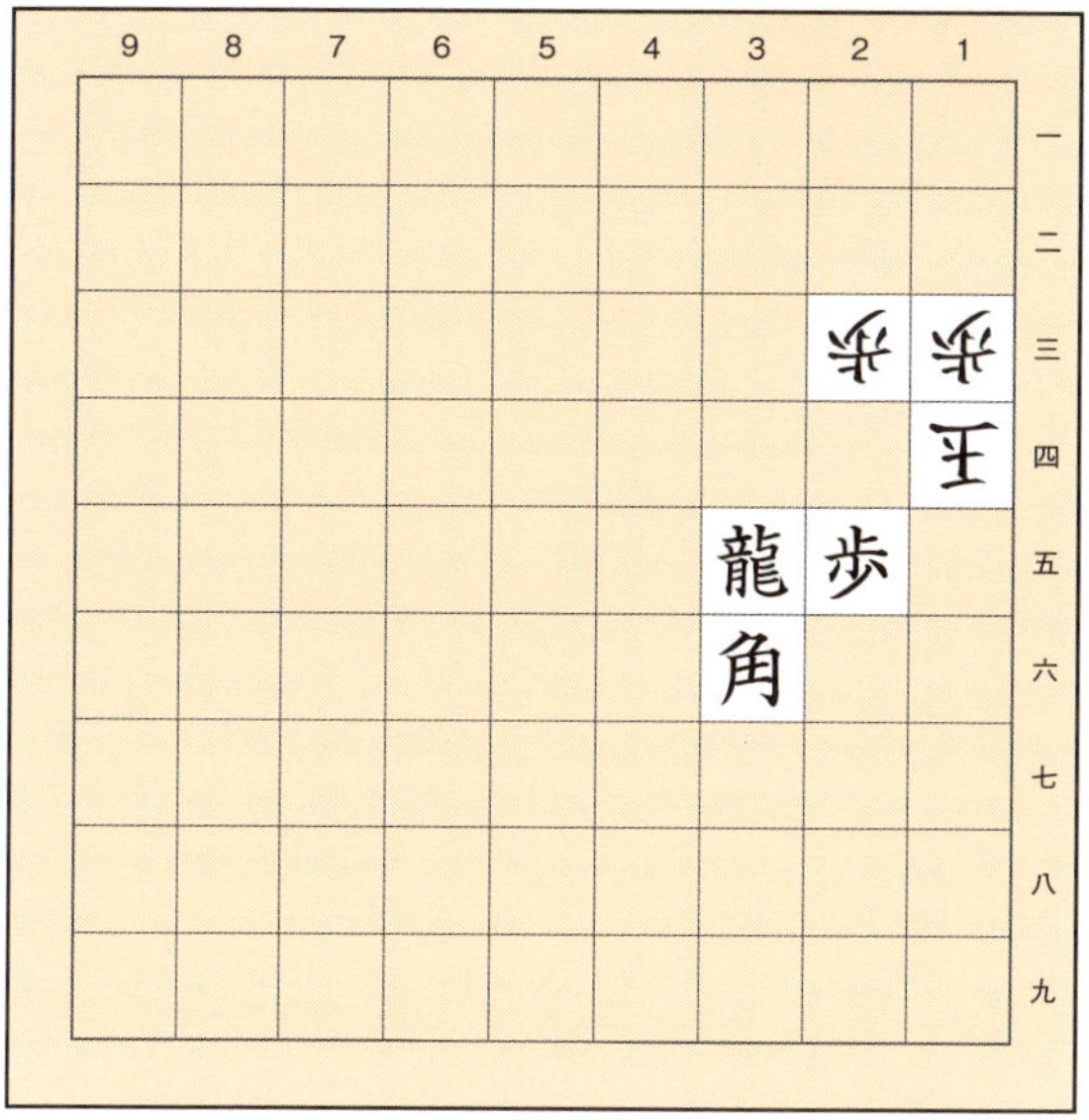

持ち駒《もごま》

もんだい 5問目《もんめ》

むずかしさ ★★☆

歩《ふ》を使《つか》った1手詰《いってづめ》

突《つ》き歩詰《ふづ》めは反則《はんそく》ではありません

持ち駒《もごま》

こたえ　4問目《もんめ》

☗2四《よん》歩《ふ》まで
（詰《つ》め上《あ》がり図《ず》）

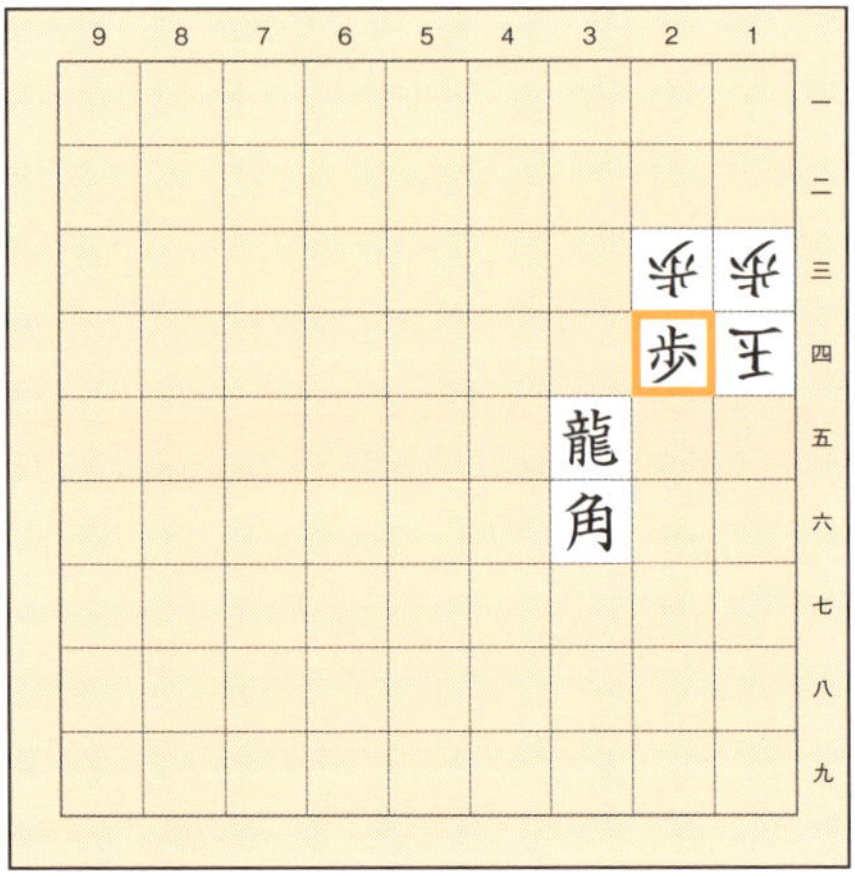

持《も》ち駒《ごま》

☗3四《よん》龍《りゅう》と、大駒《おおごま》を使《つか》って王手《おうて》したくなりますが、☖1五玉《ごぎょく》と逃《に》げられて詰《つ》みません。意外《いがい》ですが☗2四《よん》歩《ふ》と突《つ》くことで、動《うご》かずに、にらみを利《き》かせている角《かく》で王手《おうて》することができます。逃《に》げたくても、3五《ご》にいる龍《りゅう》が利《き》いているので逃《に》げられません。

こたえ　5問目《もんめ》

☗1五《ご》歩《ふ》まで
（詰《つ》め上《あ》がり図《ず》）

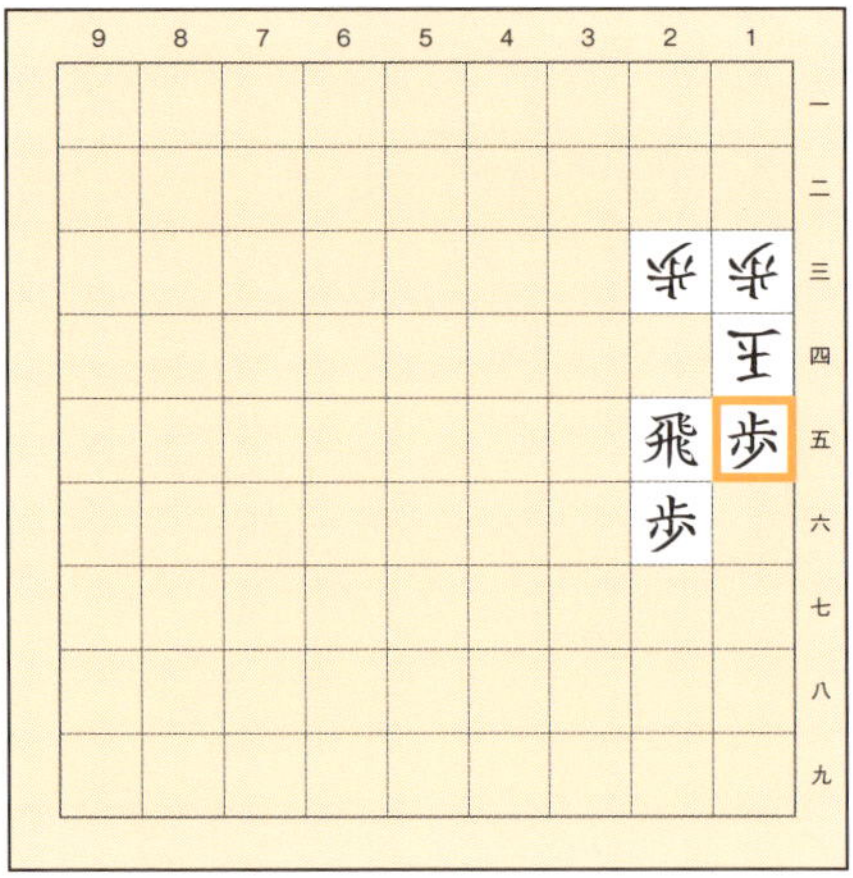

持《も》ち駒《ごま》

☗1五飛《ごひ》と王手《おうて》したくなりますが、☖2四玉《よんぎょく》と逃《に》げられて詰《つ》みません。☗1五歩《ごふ》と突《つ》いて王手《おうて》として詰《つ》みです。持《も》ち駒《ごま》の歩《ふ》を使《つか》って王手《おうて》するのは禁《きん》じ手《て》ですが、盤上《ばんじょう》にある歩《ふ》を動《うご》かして詰《つ》ませることは禁止《きんし》ではありません。

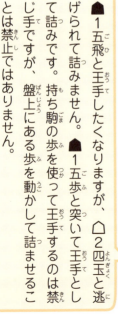

しょうぎ格言《かくげん》
歩兵
金底《きんぞこ》の歩《ふ》
岩《いわ》より堅《かた》し
自分《じぶん》で言《い》うのも
情《なさ》けないけど
ぼくって存在価値《そんざいかち》
あるのかな…
ぼくが必死《ひっし》で一歩《いっぽ》すすんでるうちに
飛車《ひしゃ》さんなんてむこう端《はし》まで行《い》けちゃうんだし…
飛
歩
あーあ
かないっこ
ないや
やさぐれ〜
ばっか
もーんッ!!
おまえと私《わたし》が
手《て》を組《く》めば、
飛車《ひしゃ》にも対抗《たいこう》
できるぞ。
ほんとー?

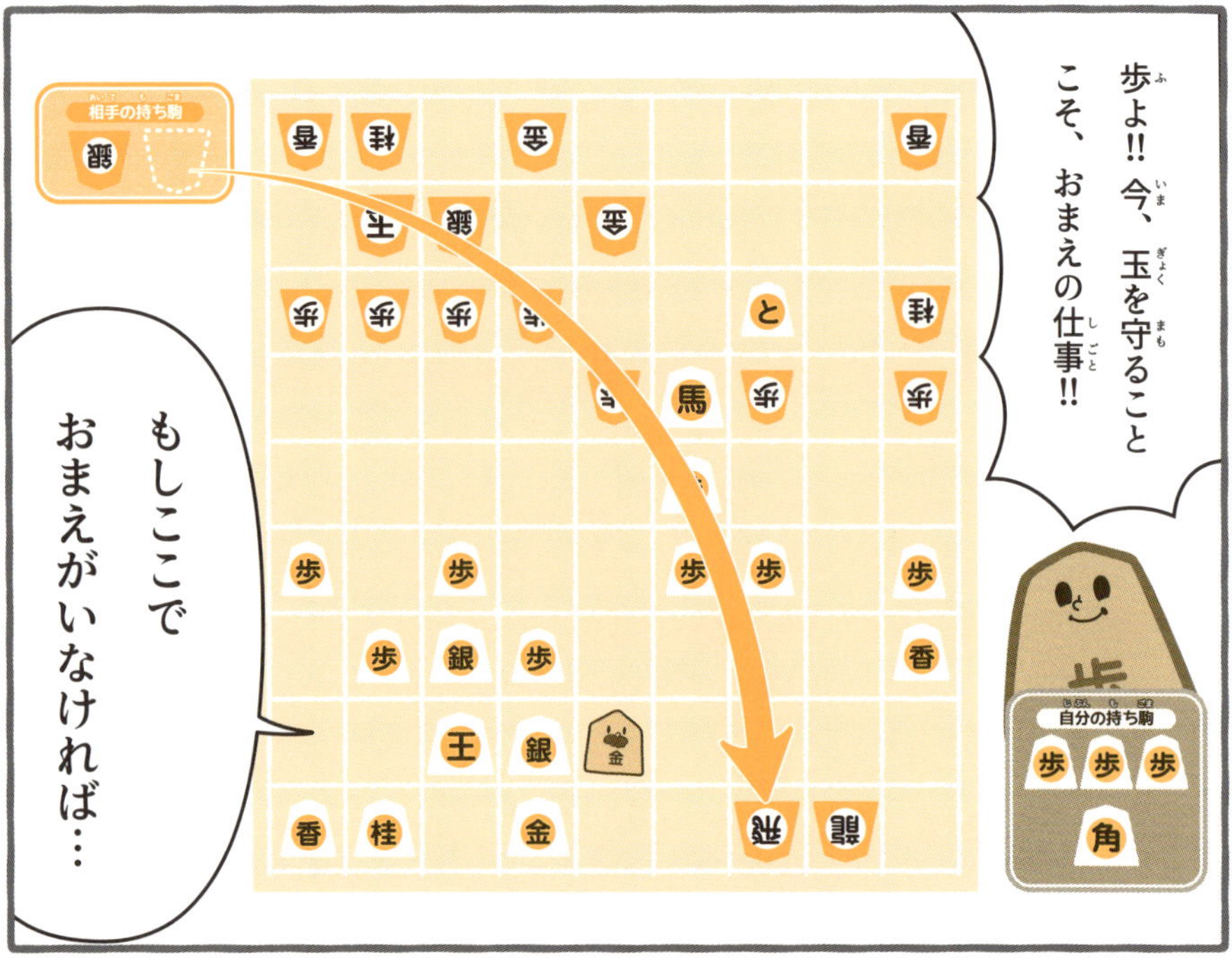
歩《ふ》よ!! 今《いま》、玉《ぎょく》を守《まも》ることこそ、おまえの仕事《しごと》!!
もしここでおまえがいなければ…
相手《あいて》の持《も》ち駒《ごま》
自分《じぶん》の持《も》ち駒《ごま》

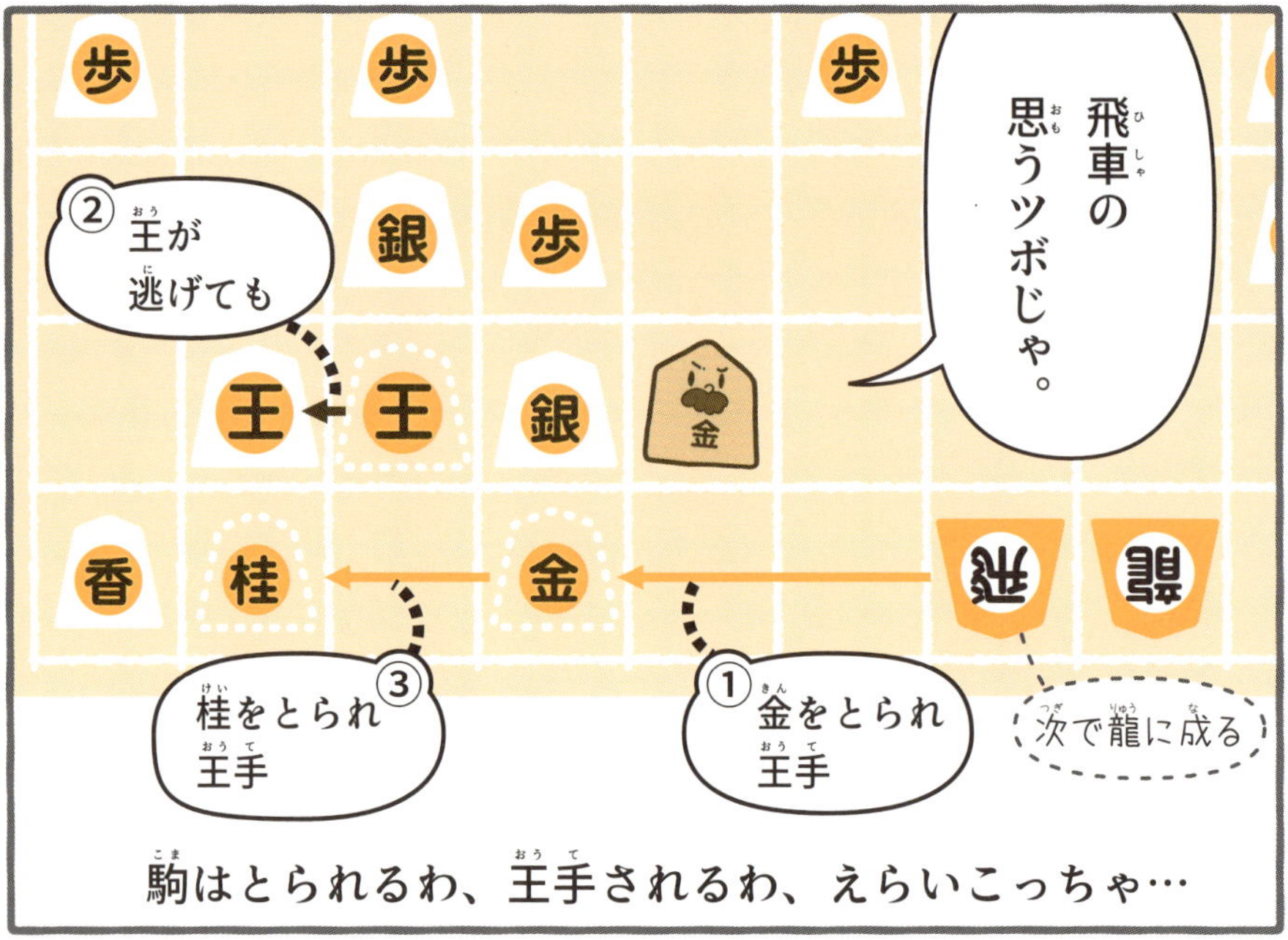
飛車《ひしゃ》の思《おも》うツボじゃ。
次《つぎ》で龍《りゅう》に成《な》る
① 金《きん》をとられ王手《おうて》
② 王《おう》が逃《に》げても
③ 桂《けい》をとられ王手《おうて》
駒《こま》はとられるわ、王手《おうて》されるわ、えらいこっちゃ…

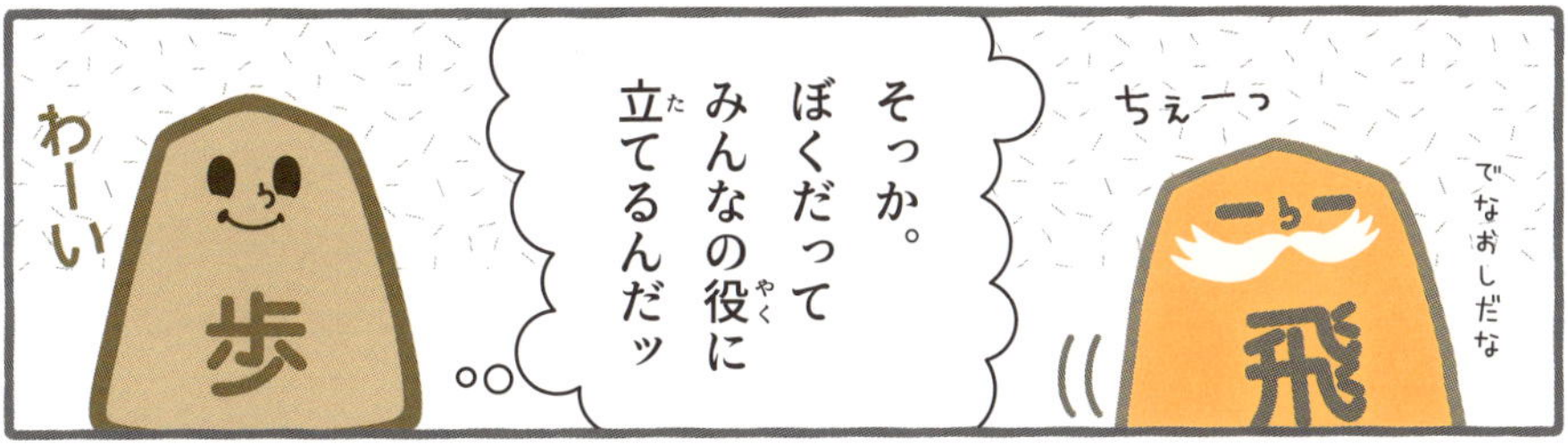

格言《かくげん》かいせつ

金《きん》の直下《ちょっか》に打《う》てば、たった一枚《いちまい》の歩《ふ》でも飛車《ひしゃ》の動《うご》きを弱《よわ》めることができる！

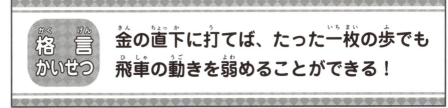

知《し》ってる？飛車のこと

「一間龍《いっけんりゅう》」について

下《した》の①②の図《ず》を見《み》ると、両方《りょうほう》とも玉《ぎょく》と龍《りゅう》の間《あいだ》に一《ひと》マス間《あいだ》がありますね。このように、相手玉《あいてぎょく》と自分《じぶん》の龍《りゅう》の間《あいだ》が一《ひと》マスある形《かたち》を「一間龍《いっけんりゅう》」といいます。どちらも、相手《あいて》の金《きん》が玉《ぎょく》を守《まも》っている形《かたち》になっています。

持《も》ち駒《ごま》の金《きん》を図《ず》のように、各々《おのおの》の場所《ばしょ》に打《う》つと、玉《ぎょく》でも金《きん》でもとれません。金《きん》で玉《ぎょく》は守《まも》られているようですが、龍《りゅう》のにらみがあるため、金《きん》は動《うご》けません。このように、「一間龍《いっけんりゅう》」はとても寄《よ》せやすい形《かたち》なのです。実践《じっせん》でも、この形《かたち》を目指《めざ》すと勝率《しょうりつ》がアップしそうですね。

①

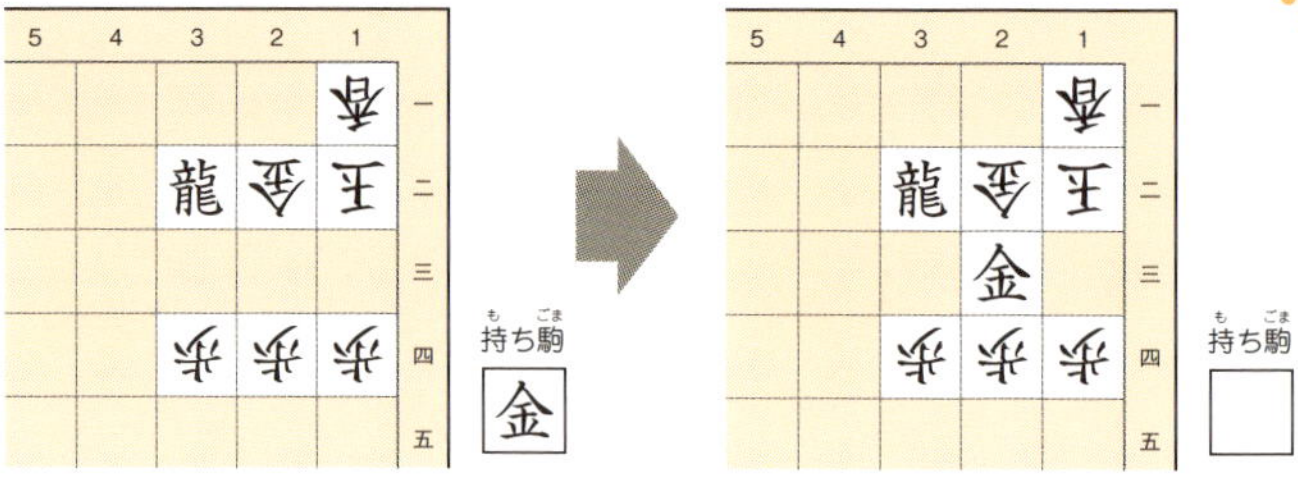

②

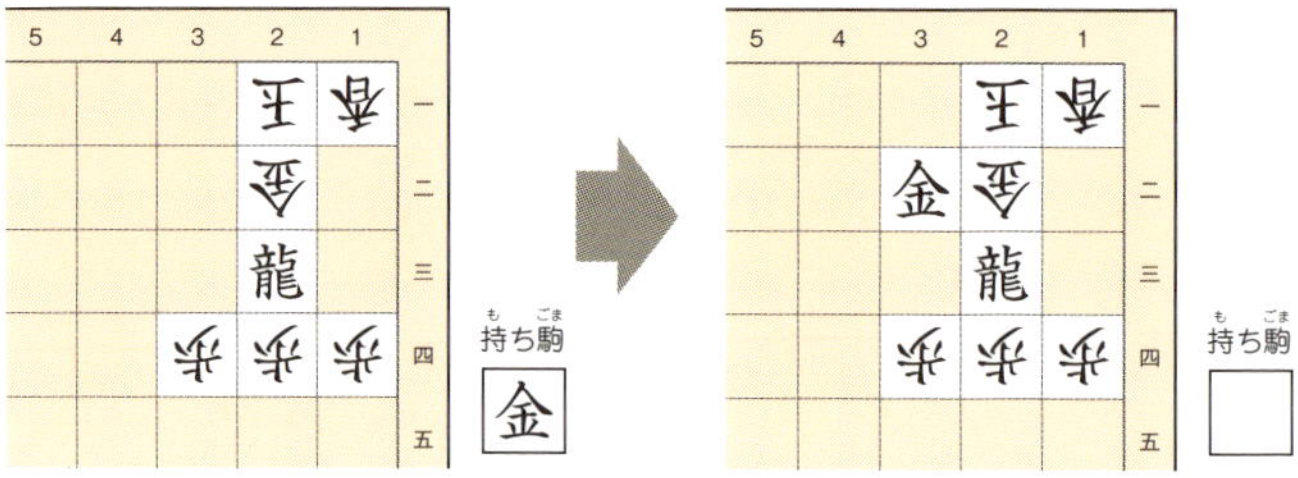

むずかしさ ★★☆

もんだい 1問目《もんめ》

飛《ひ》を使《つか》った1手詰《いってづめ》

協力《きょうりょく》することがたいせつです

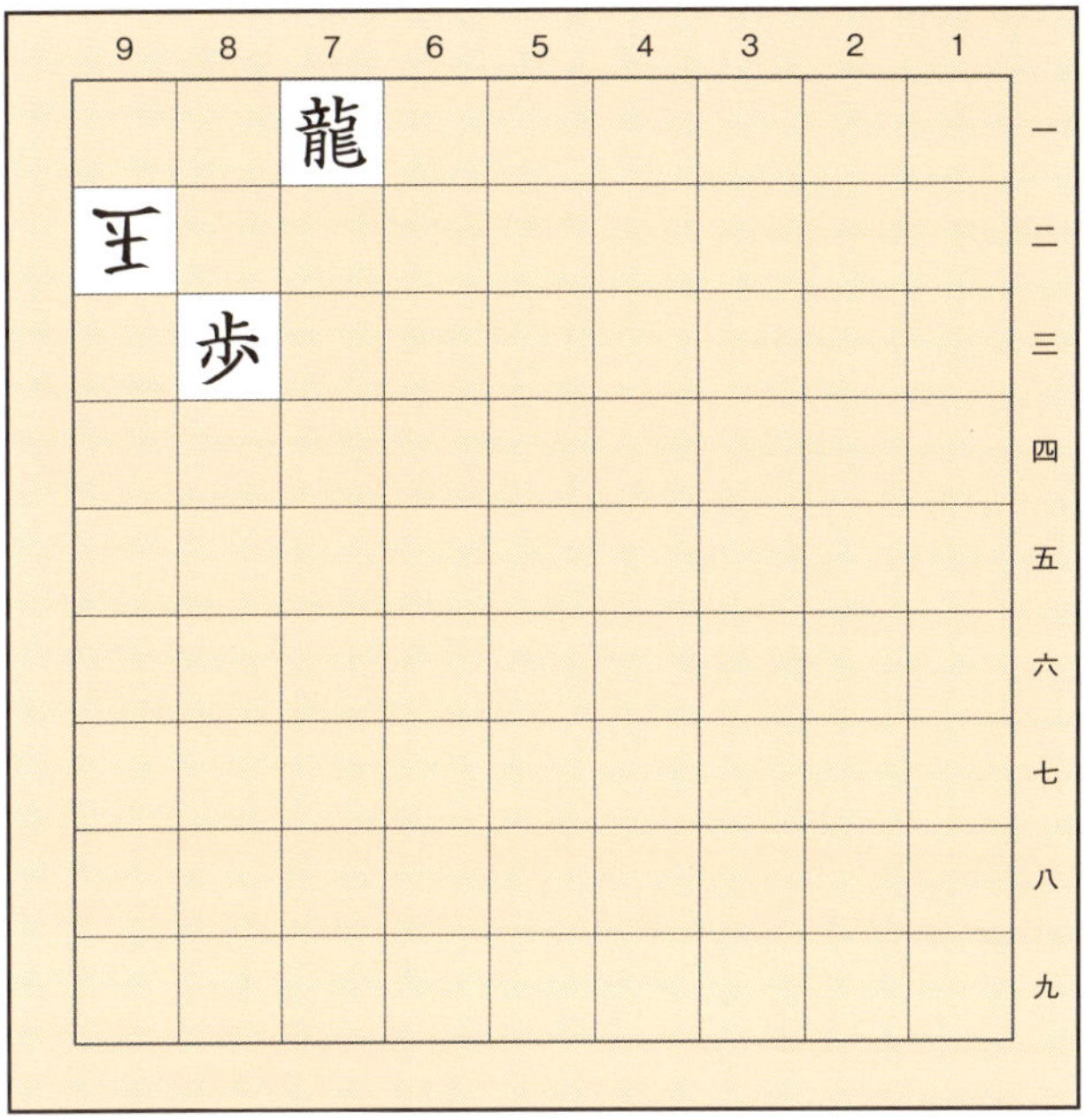

持《も》ち駒《ごま》

盤上《ばんじょう》には玉方《ぎょくかた》の駒《こま》は玉《ぎょく》のみ。攻《せ》め方《かた》は歩《ふ》と龍《りゅう》の二《に》枚《まい》のみ。歩《ふ》は三段目《さんだんめ》にいるので、次《つぎ》に成《な》ることができますね。歩《ふ》を成《な》って王手《おうて》とするのが良《よ》いのか、それとも、歩《ふ》を応援《おうえん》する駒《こま》として使《つか》った方《ほう》が良《よ》いのか。おちついてかんがえてみましょう。

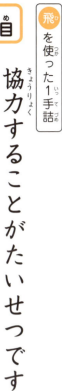

こたえ 1 問目《もんめ》

□の場所《ばしょ》に龍《りゅう》が入《はい》って詰《つ》みです

せつめい

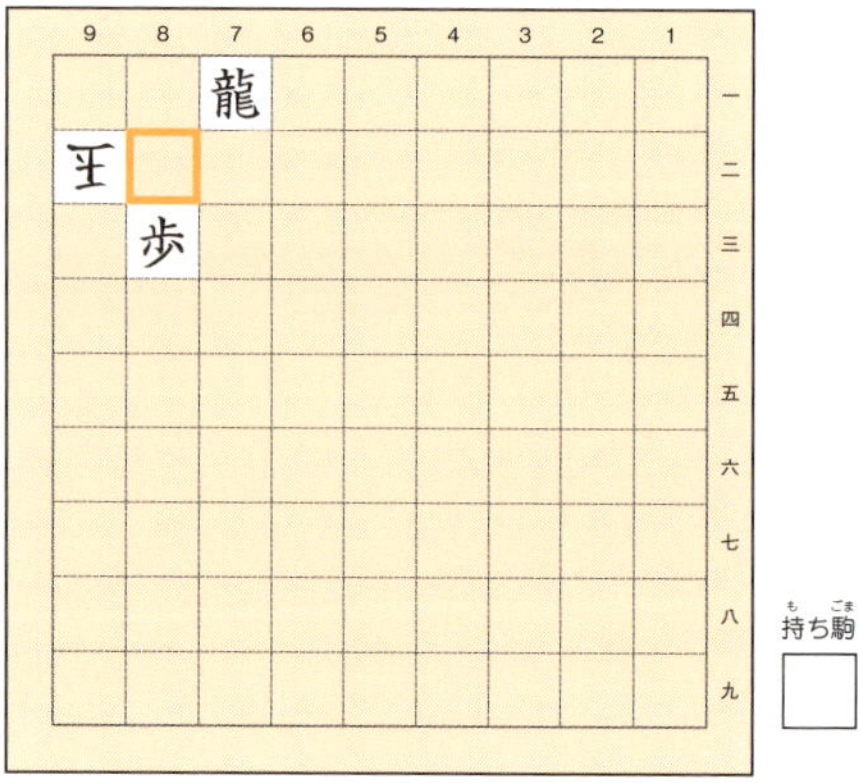

こたえを場所《ばしょ》であらわすと右《みぎ》の図《ず》のようになります。これを符号《ふごう》でいいかえると下《した》の図《ず》のようになります。

符号《ふごう》

☗8二龍《にりゅう》まで

（詰上《つめあ》がり図《ず》）

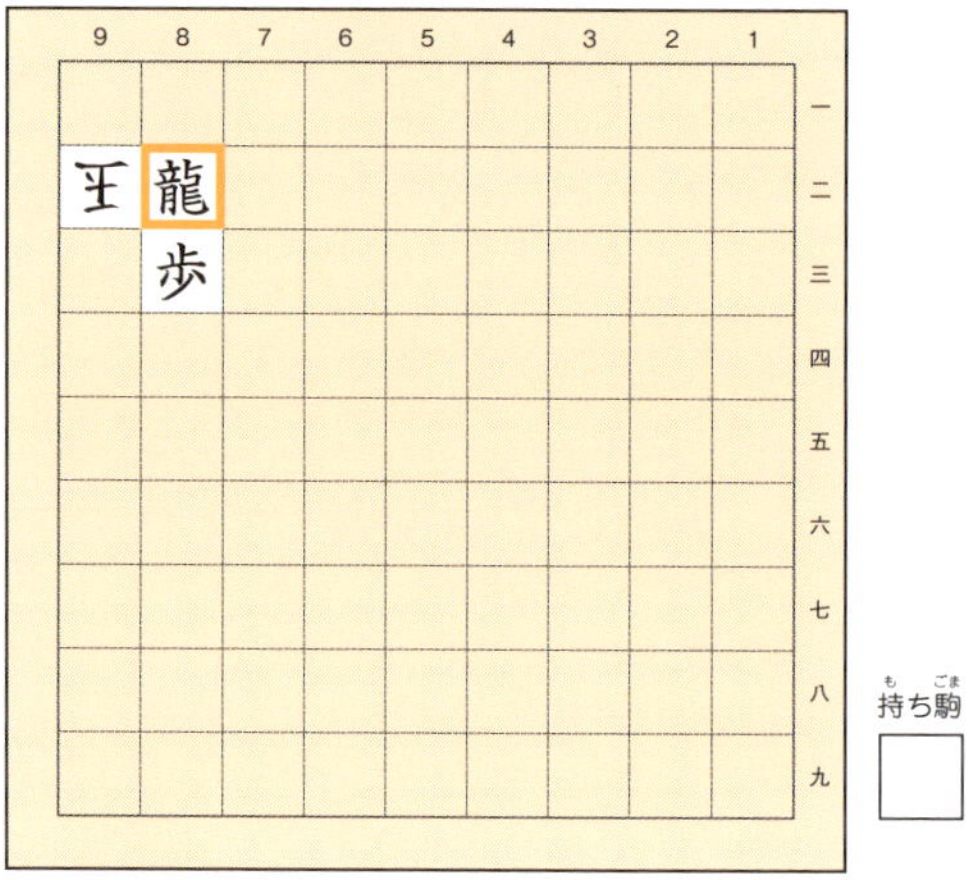

☗8二歩成《にふなり》と王手《おうて》したくなりますが、☖9三玉《さんぎょく》と逃《に》げられて詰《つ》みません。8三《さん》の歩《ふ》がしっかり守《まも》ってくれるので龍《りゅう》が入《はい》って詰《つ》みです。

もんだい 2問目《もんめ》

むずかしさ ★★☆

飛《ひ》を使《つか》った1手詰《いってづめ》

飛《ひ》の特性《とくせい》をいかしましょう

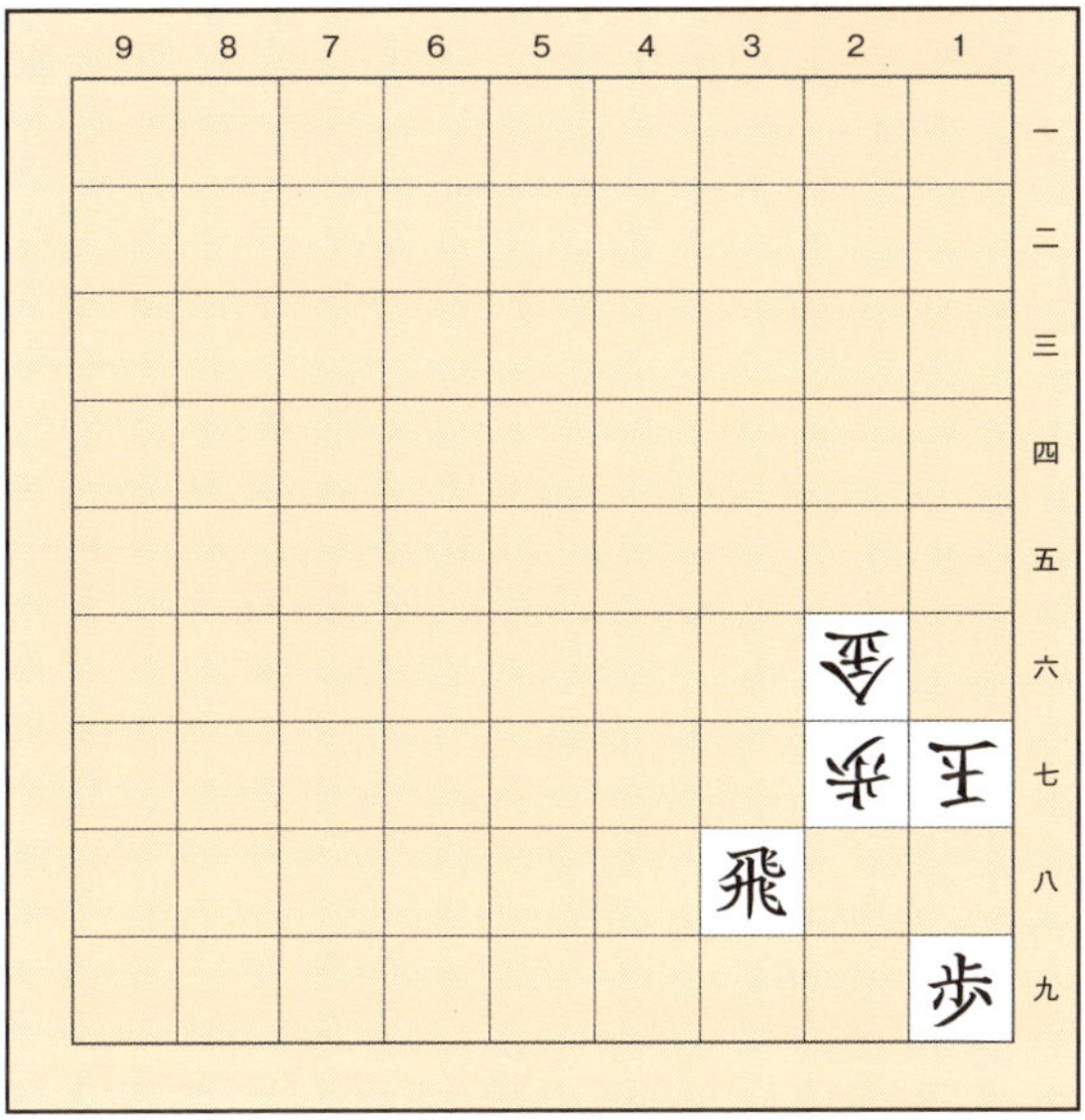

持《も》ち駒《ごま》

もんだい 3問目《もんめ》

むずかしさ ★★☆

飛《ひ》を使《つか》った1手詰《いってづめ》

尻金《しりきん》か、それとも成《な》るのか？

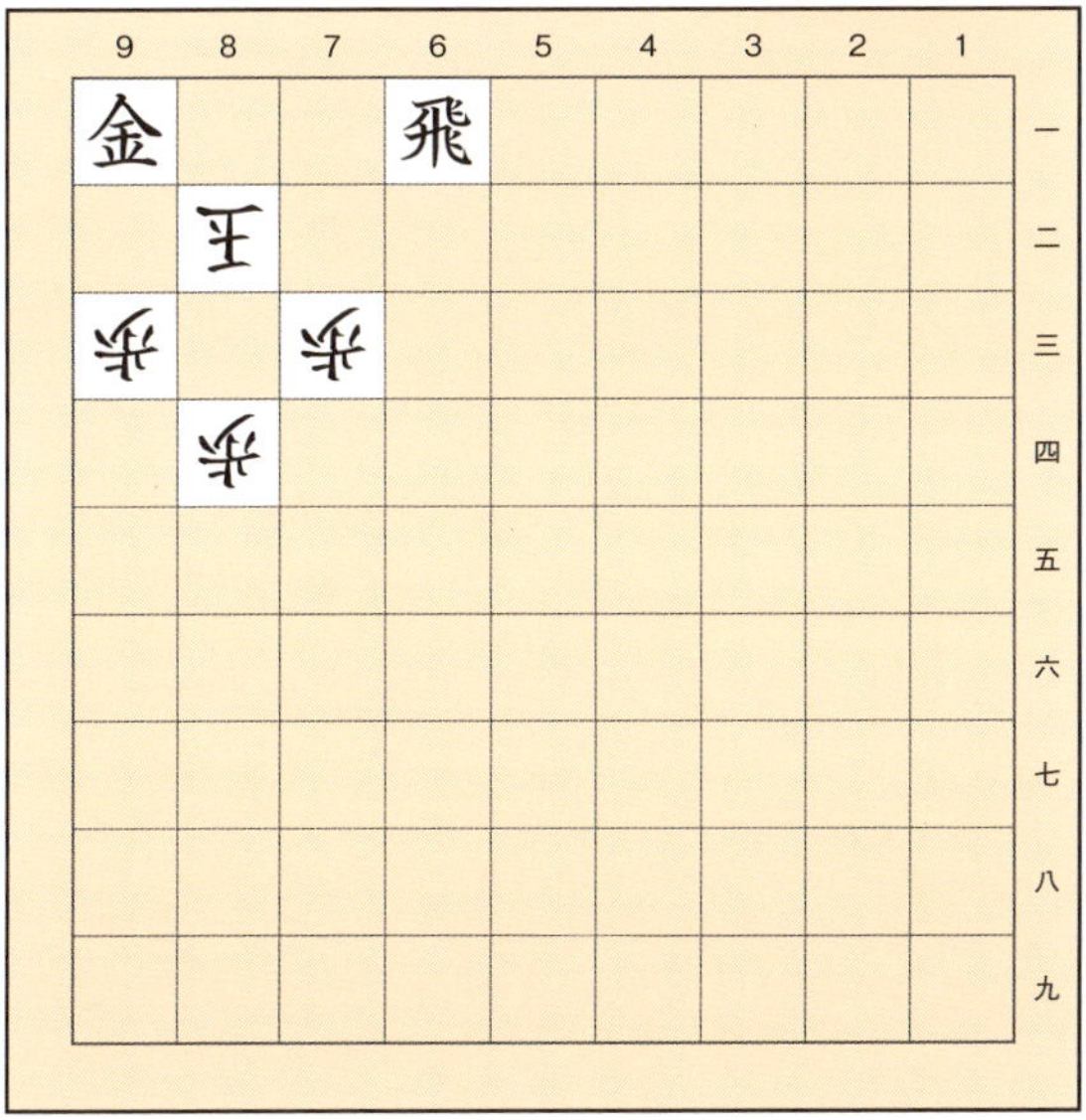

持《も》ち駒《ごま》

こたえ　2問目《もんめ》

☗1八《はち》飛《ひ》まで

（詰《つめ》上《あ》がり図《ず》）

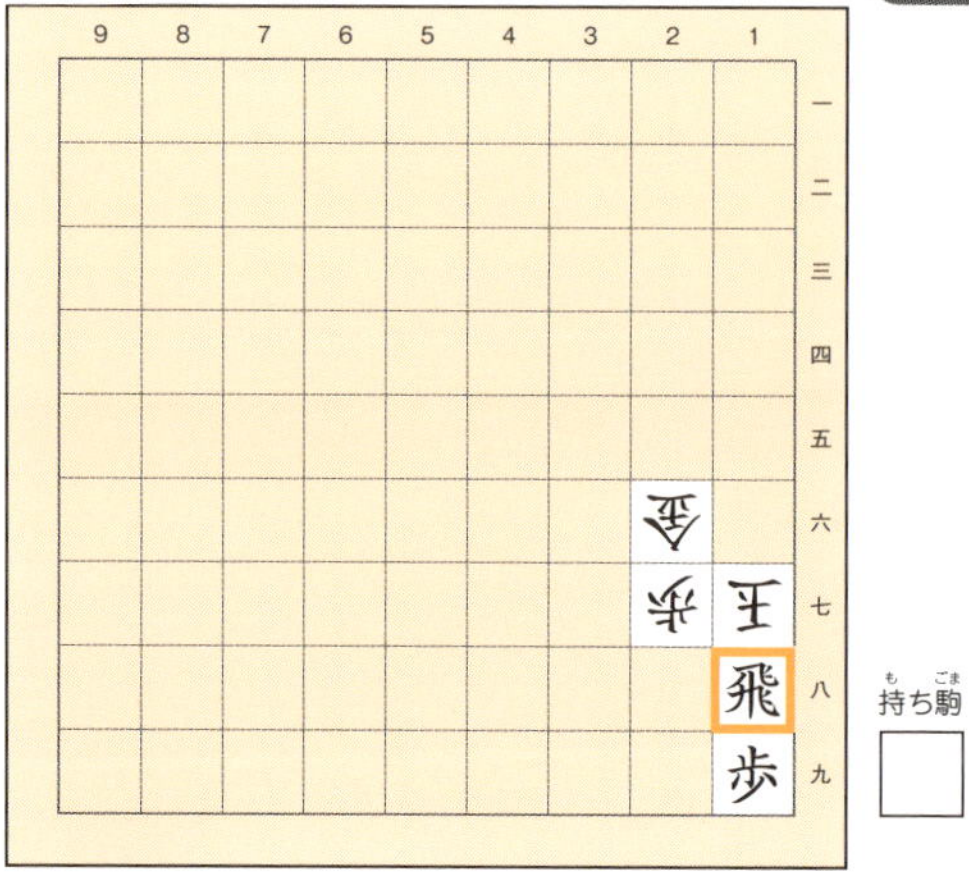

3八《はち》にいる飛《ひ》の利《き》きを利用《りよう》して☗1八《はち》歩《ふ》と王《おう》手《て》したくなりますが、☖1六玉《ろくぎょく》と逃《に》げられて詰《つ》みません。飛《ひ》の特性《とくせい》をいかして1八《はち》に移動《いどう》して詰《つ》みです。

こたえ　3問目《もんめ》

☗8一《いち》飛成《ひなり》まで

（詰《つめ》上《あ》がり図《ず》）

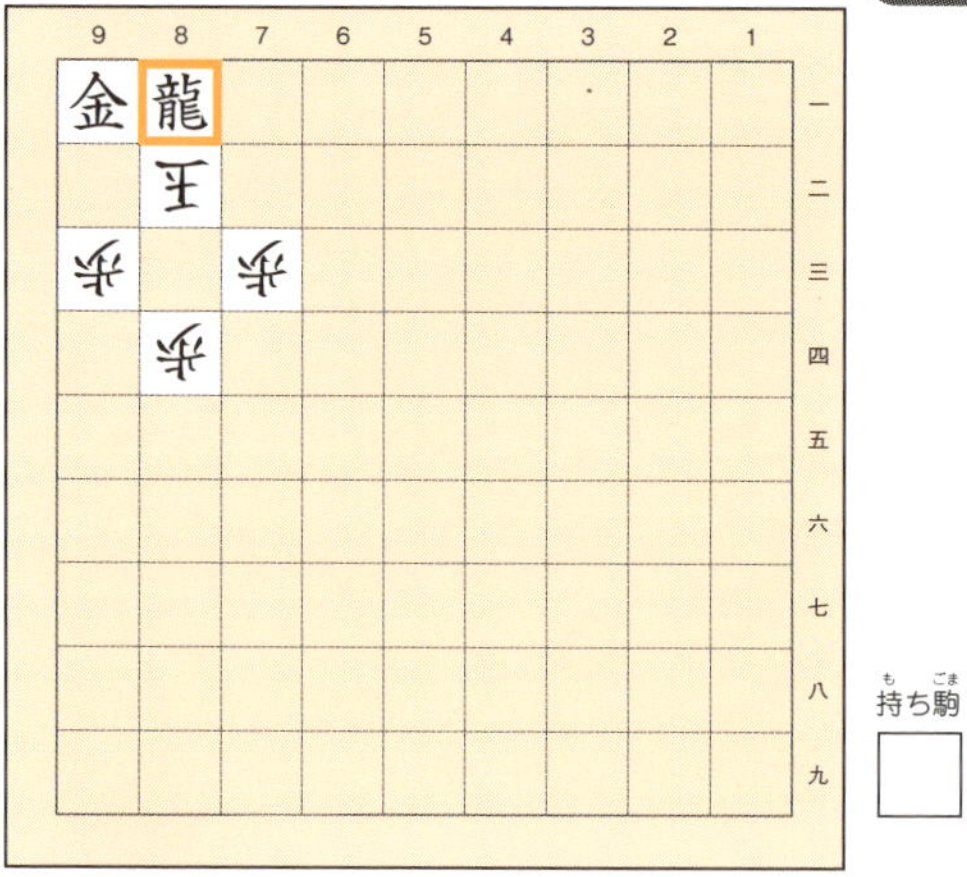

6一《いち》にいる飛《ひ》の利《き》きを利用《りよう》して☗8一《いち》金《きん》と王《おう》手《て》したくなりますが、☖8三玉《さんぎょく》と逃《に》げられて詰《つ》みません。☗8一《いち》飛成《ひなり》として詰《つ》みです。

飛《ひ》を使《つか》った1手《いって》詰《づめ》

もんだい 4問《もん》目《め》

むずかしさ ★★☆

角《かく》と協力《きょうりょく》しましょう

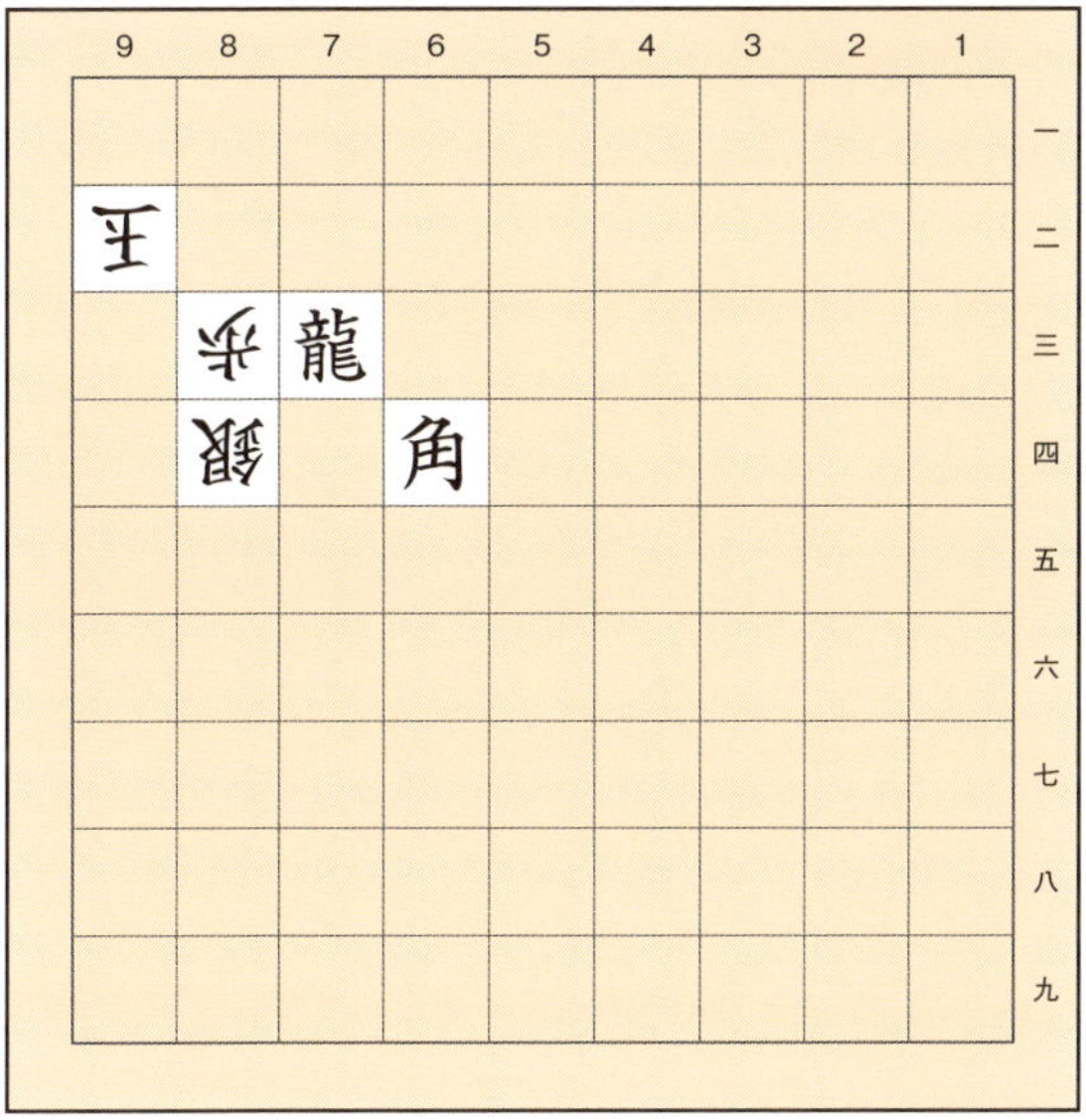

持《も》ち駒《ごま》

もんだい 5問《もん》目《め》

むずかしさ ★★☆

相手《あいて》の駒《こま》をよく見《み》て成《な》りましょう

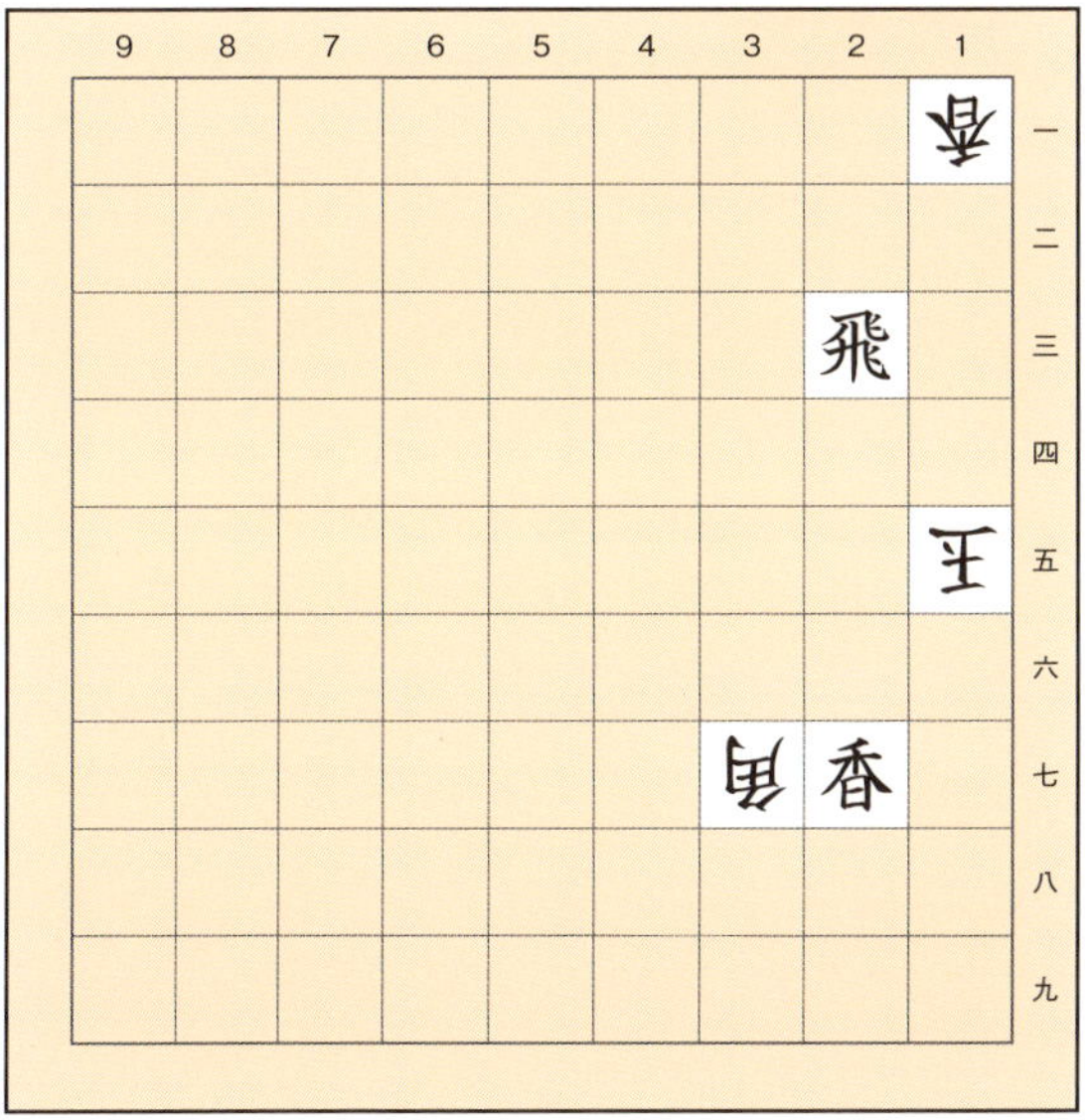

持《も》ち駒《ごま》

こたえ 4問目《もんめ》

☗8二龍《にりゅう》まで
（詰上《つめあ》がり図《ず》）

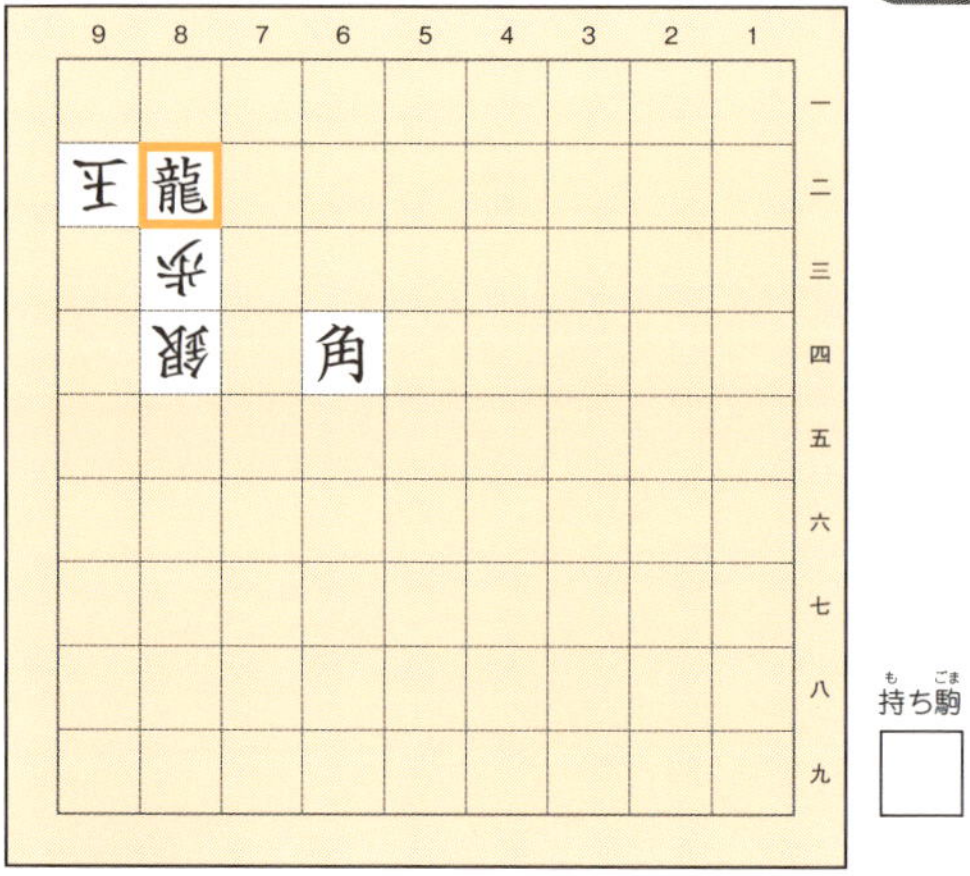

龍《りゅう》がとられそうですが、逃《に》げていては詰《つ》みをのがしてしまいます。6四《よん》にいる角《かく》の利《き》きを利用《りよう》して☗8二龍《にりゅう》と入《はい》って詰《つ》みです。

こたえ 5問目《もんめ》

☗2五飛成《ごひなり》まで
（詰上《つめあ》がり図《ず》）

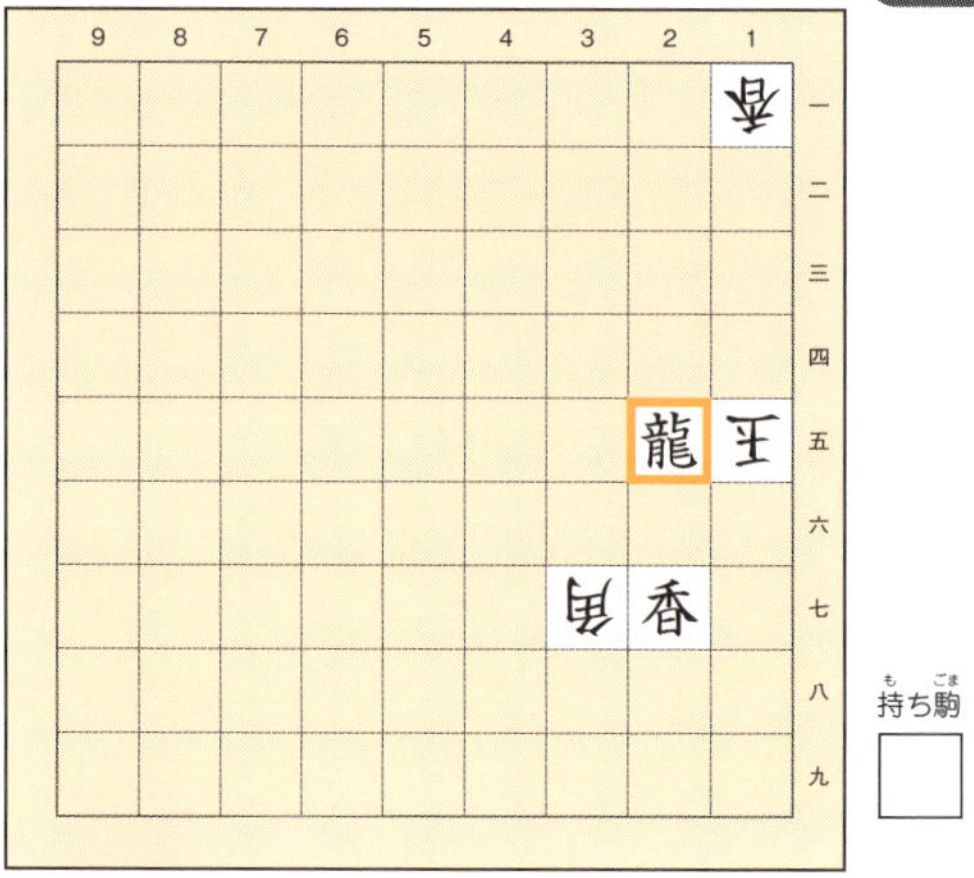

玉《ぎょく》は遠《とお》いように見《み》えますが、2七《なな》にいる香《きょう》の利《き》きをいかして敵陣《てきじん》にいる飛《ひ》を引《ひ》いて成《な》って詰《つ》みです。

しょうぎ格言《かくげん》
飛車
玉飛接近《ぎょくひせっきん》
すべからず
飛車《ひしゃ》は縦横《たてよこ》に長《なが》く利《き》く便利《べんり》な駒《こま》なので
やあやあ我《われ》こそは!! こうげき隊長《たいちょう》飛車《ひしゃ》である!!
攻《せ》めとしては最強《さいきょう》です。
飛
一方《いっぽう》で、ななめにすすめないので
金《きん》やー銀《ぎん》やー
はーい
守《まも》っておくれー
どのへん守《まも》りましょう?
守《まも》りは苦手《にがて》です。
金
王
銀
わい
わい
いいなぁ
楽《たの》しそう
ワシにもちょっと守《まも》らせて。
金《きん》、銀《ぎん》、あっちいけ。
えー。
金
銀
飛

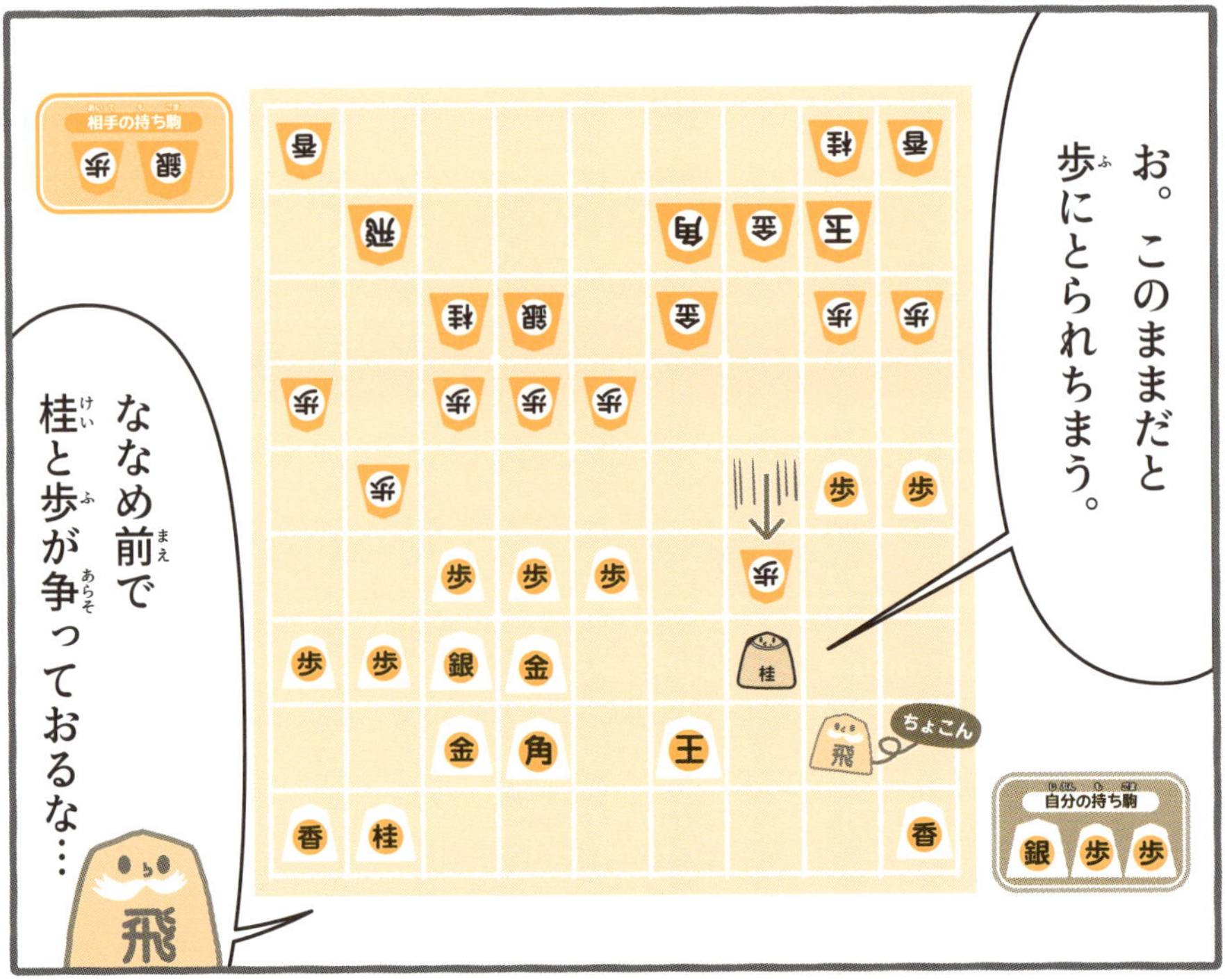
相手の持ち駒
お。このままだと歩《ふ》にとられちまう。
ちょこん
自分の持ち駒
ななめ前《まえ》で桂《けい》と歩《ふ》が争《あらそ》っておるな…

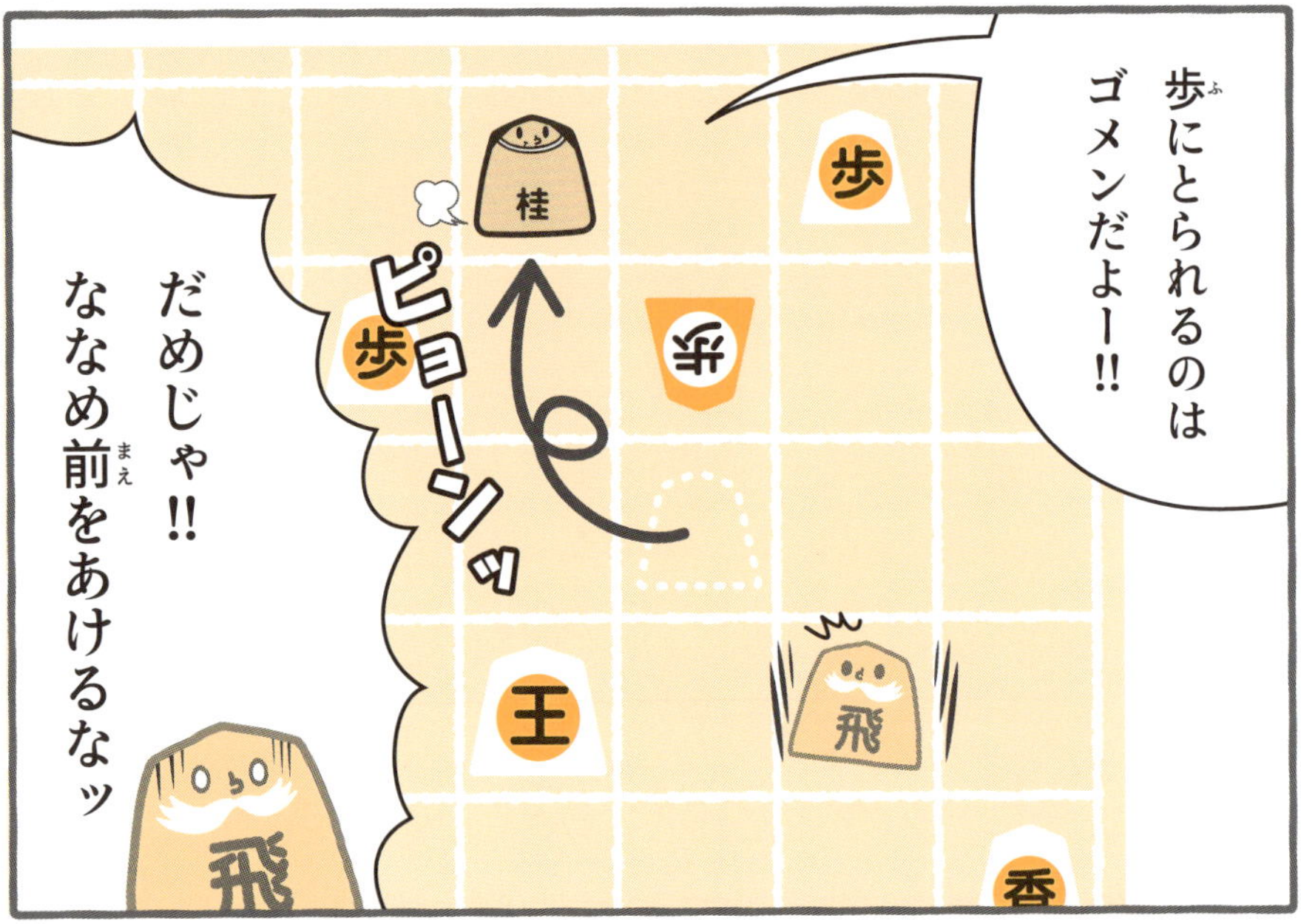
歩《ふ》にとられるのはゴメンだよー!!
ピョーンッ
だめじゃ!!
ななめ前《まえ》をあけるなッ

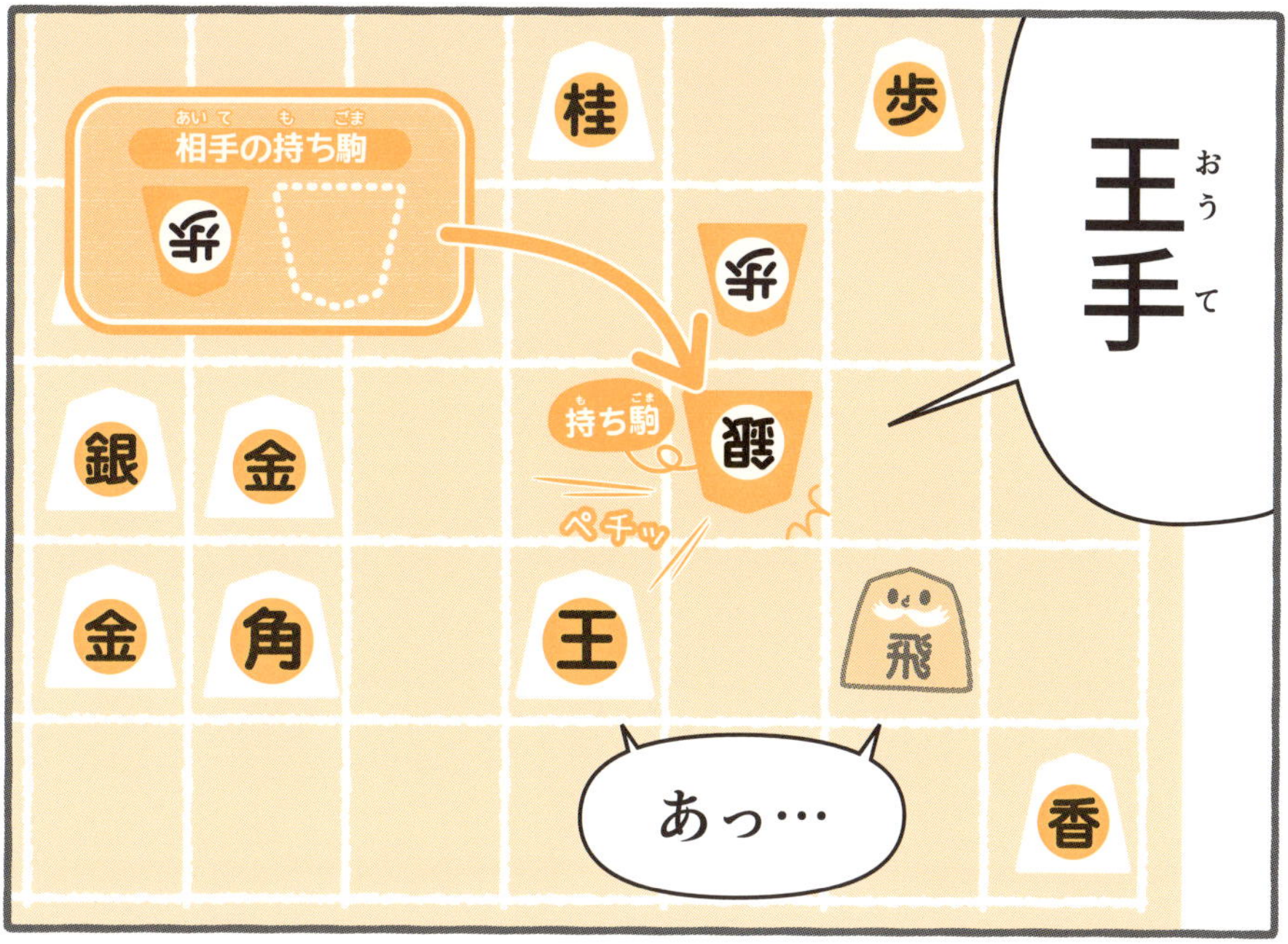

格言《かくげん》かいせつ

飛車《ひしゃ》の近《ちか》くでは争《あらそ》いが起《お》こりやすいから玉《ぎょく》とは、はなれておいた方《ほう》が良《よ》いよ。

角行《かくぎょう》

知《し》ってる？ 角行 のこと

「左馬《ひだりうま》」について

下《した》のイラストのような駒《こま》を見《み》たことがありませんか？　一般家庭《いっぱんかてい》の玄関《げんかん》や居間《いま》、お店《みせ》などにおかれていることがあるかと思《おも》います。

しょうぎの駒《こま》みたいだけど何《なに》かちがう……と私《わたし》はよく思《おも》って見《み》ていました。これは「左馬（ひだりうま）」と読《よ》み、縁起物《えんぎもの》だそうです。馬《うま》には、右《みぎ》から乗《の》ると転《ころ》ぶという習性《しゅうせい》があるそうで、馬《うま》に乗《の》る時《とき》はかならず左側《ひだりがわ》から乗《の》るということからきているようです。つまり、「左馬《ひだりうま》」は倒《たお》れないとして、人生《じんせい》を大《たい》過《か》なく過《す》ごせるという意味《いみ》がこめられているのです。

また、「馬《うま》」が左右逆《さゆうぎゃく》に書《か》かれていますね。「うま」を逆《ぎゃく》に読《よ》むと「まう」つまり「舞《ま》う」。これはおめでたい席《せき》で行《おこな》われる「舞《ま》い」を連想《れんそう》させます。この「左馬《ひだりうま》」は福《ふく》を招《まね》く縁《えん》起物《ぎもの》とされ、新築祝《しんちくいわ》いや開店祝《かいてんいわ》いなどで贈《おく》られることが多《おお》いといわれています。

角《かく》を使《つか》った1手詰《いってづめ》

むずかしさ ★★☆ もんだい 1問目《もんめ》

成《な》るのはどっちかな？

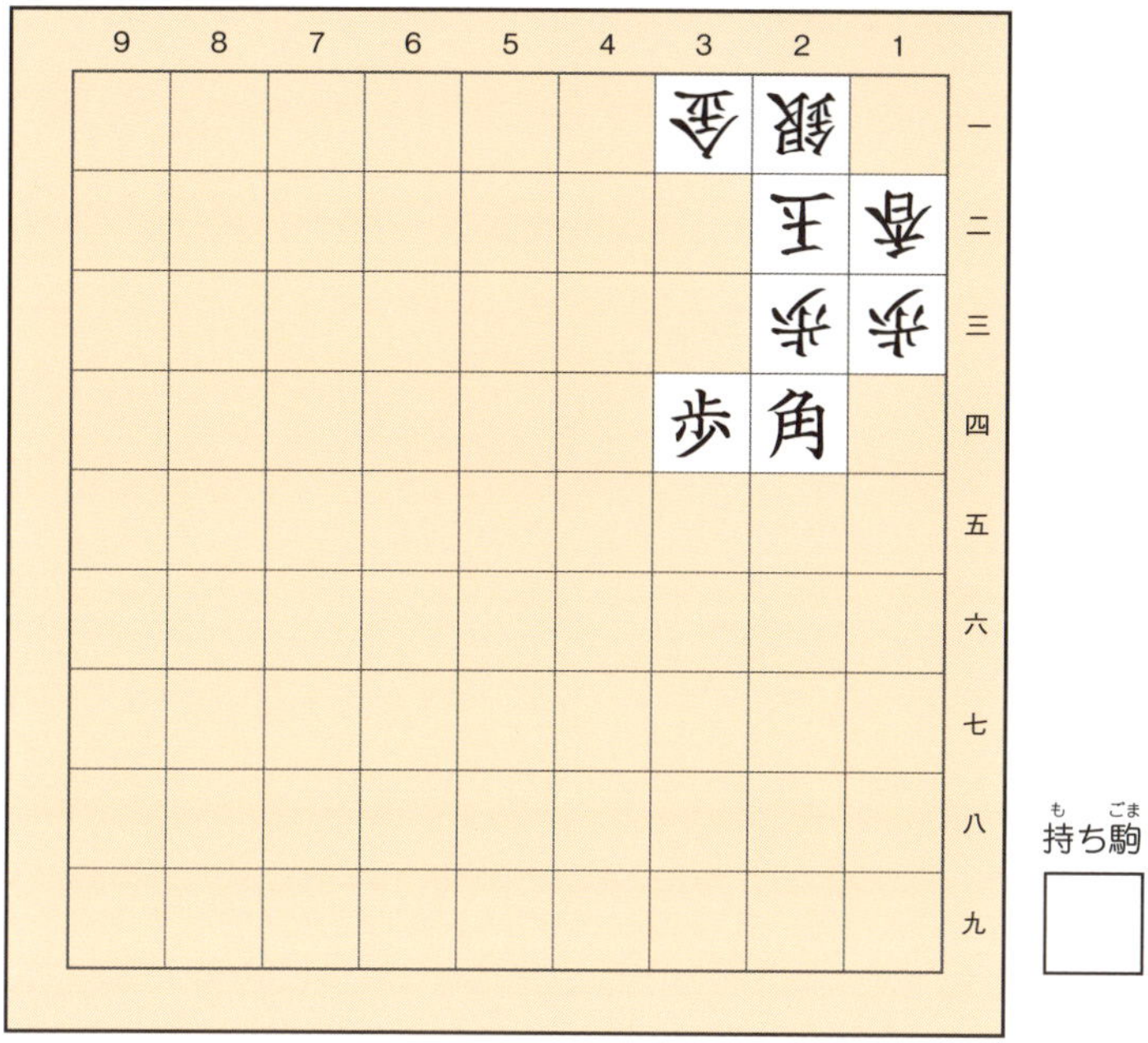
9 8 7 6 5 4 3 2 1
一 二 三 四 五 六 七 八 九
金 銀
王 香
歩 歩
歩 角
持ち駒《もごま》

攻《せ》め方《かた》の駒《こま》をかくにんすると、3四《よん》の歩《ふ》と、2四《よん》の角《かく》のみです。おまけに角《かく》は相手《あいて》の歩《ふ》にとられてしまいそうです。相手《あいて》の玉《ぎょく》は、金《きん》や銀《ぎん》もいて守《まも》られているように見《み》えます。ここは角《かく》の利《き》きを思《おも》い出《だ》してください。玉《ぎょく》が逃《に》げられなくなる場所《ばしょ》がありますよ。

ヒント

こたえ　1問目《もんめ》

せつめい

□の場所《ばしょ》に角《かく》が成《な》って詰《つ》みです

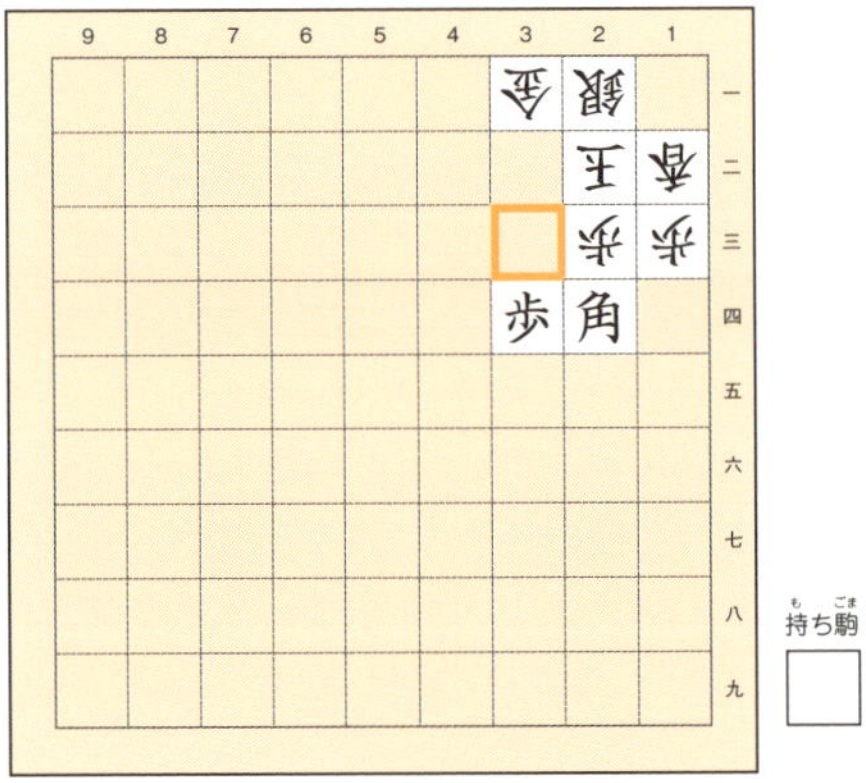

こたえを場所《ばしょ》であらわすと右《みぎ》の図《ず》のようになります。これを符号《ふごう》でいいかえると下《した》の図《ず》のようになります。

符号《ふごう》

☗3三角成《さんかくなり》まで
（詰上《つめあ》がり図《ず》）

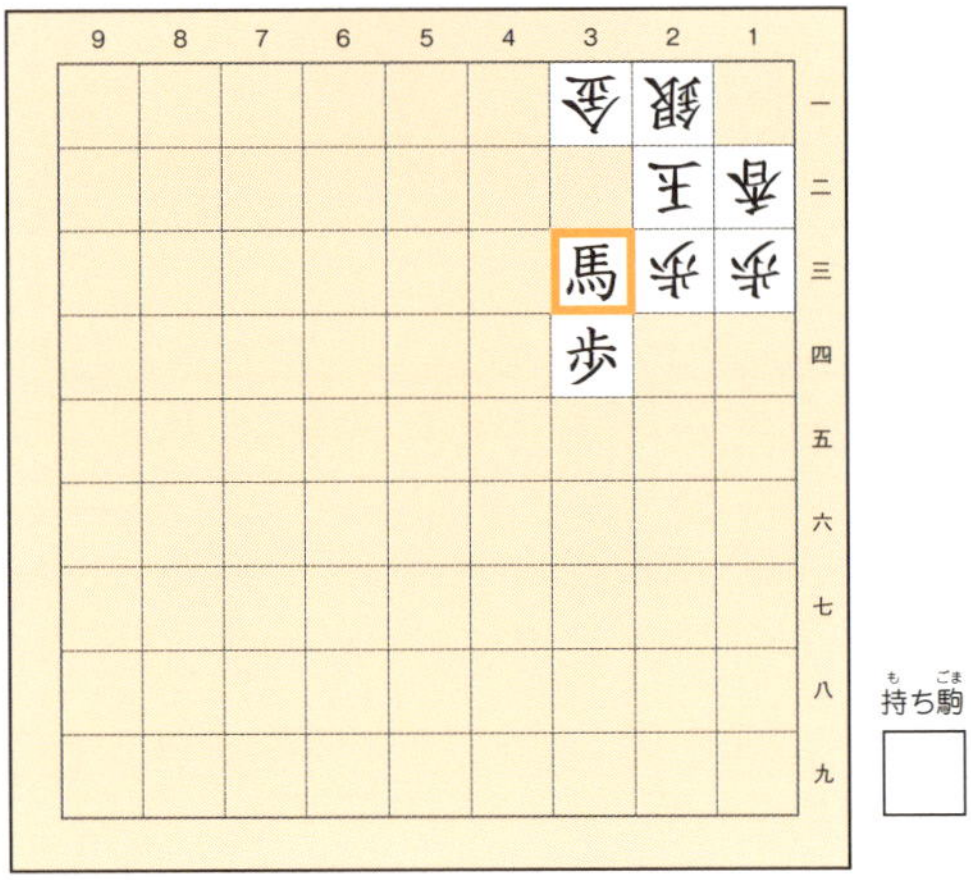

☗3三歩成《さんふなり》とかんがえた人《ひと》はいませんか？　先《さき》に歩《ふ》成《なり》をかんがえるのはとても良《よ》いですが、☖1一玉《いちぎょく》と逃《に》げられて詰《つ》みません。とられそうな角《かく》が成《な》ると、馬《うま》の利《き》きで☖1一玉《いちぎょく》と逃《に》げることができず詰《つ》みです。

角《かく》を使《つか》った1手詰《いってづめ》

もんだい 2問目《もんめ》

むずかしさ ★★☆

敵陣《てきじん》にいる駒《こま》は動《うご》くと成《な》れます

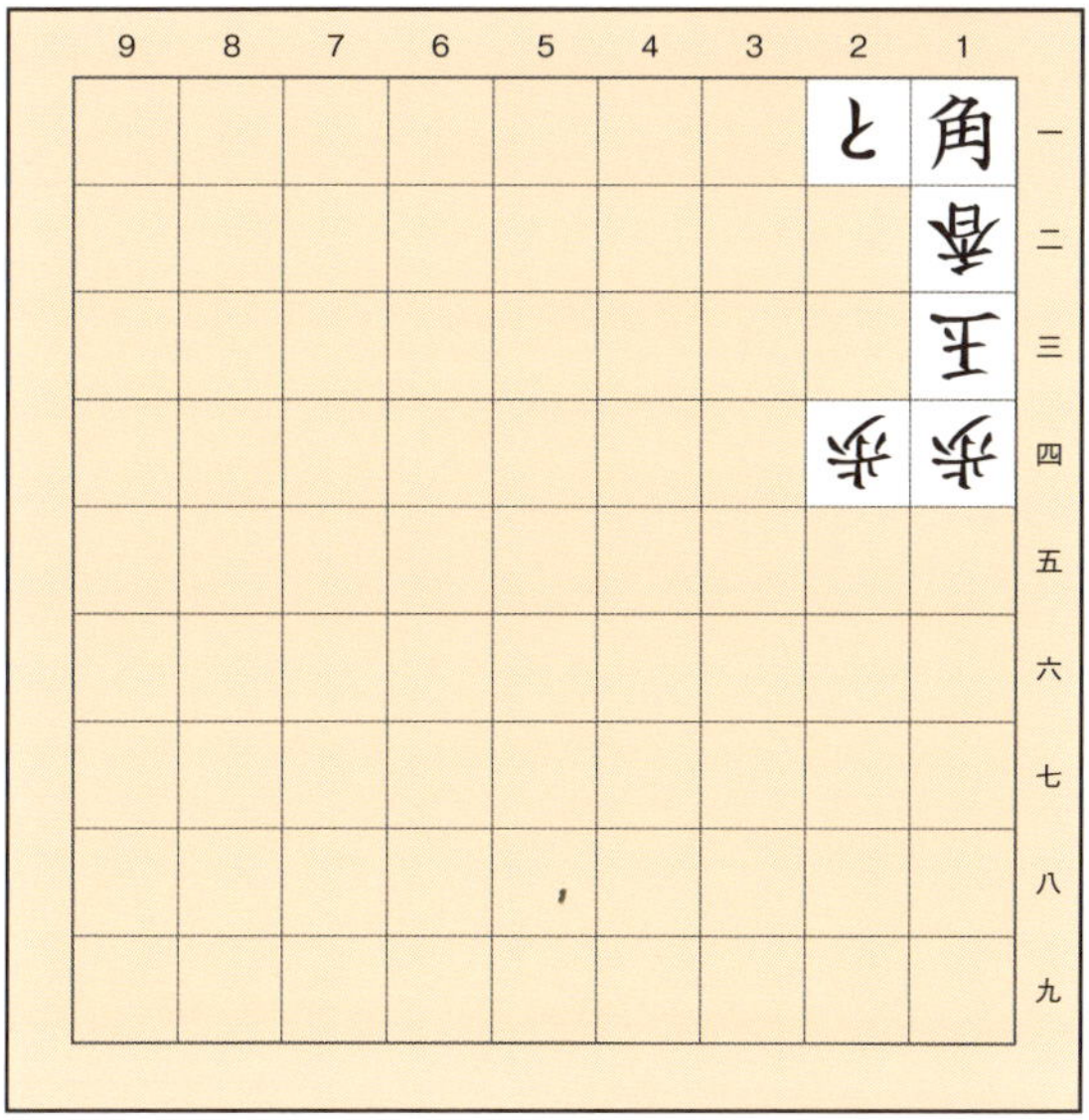
9 8 7 6 5 4 3 2 1
一 二 三 四 五 六 七 八 九
と
角
香
王
歩
歩

持《も》ち駒《ごま》

角《かく》を使《つか》った1手詰《いってづめ》

もんだい 3問目《もんめ》

むずかしさ ★★☆

成《な》るのか？ それとも馬《うま》が動《うご》くのか？

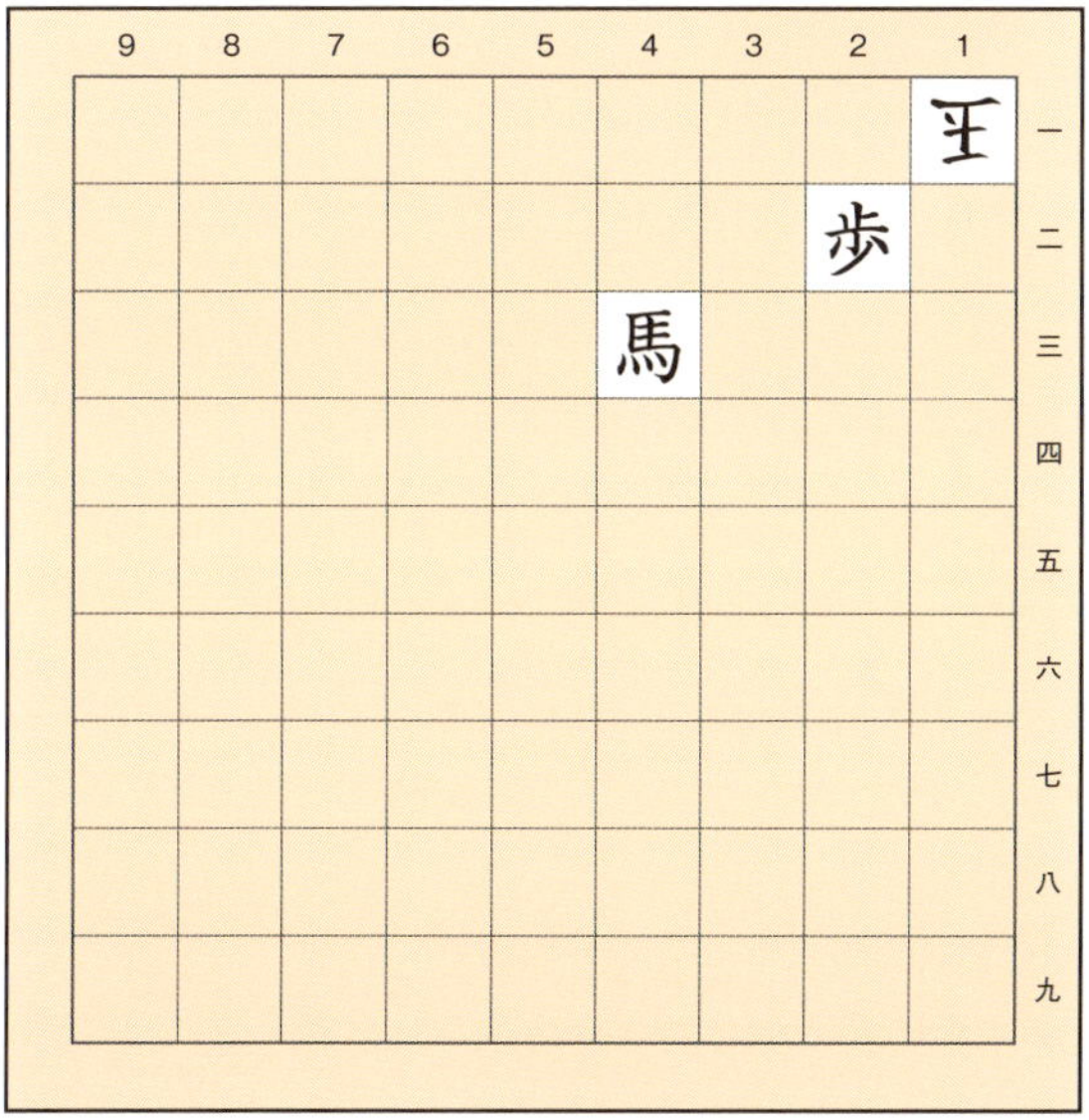
9 8 7 6 5 4 3 2 1
一 二 三 四 五 六 七 八 九
王
歩
馬

持《も》ち駒《ごま》

こたえ　2問目《もんめ》

☗2二《に》角成《かくなり》まで
（詰上《つめあ》がり図《ず》）

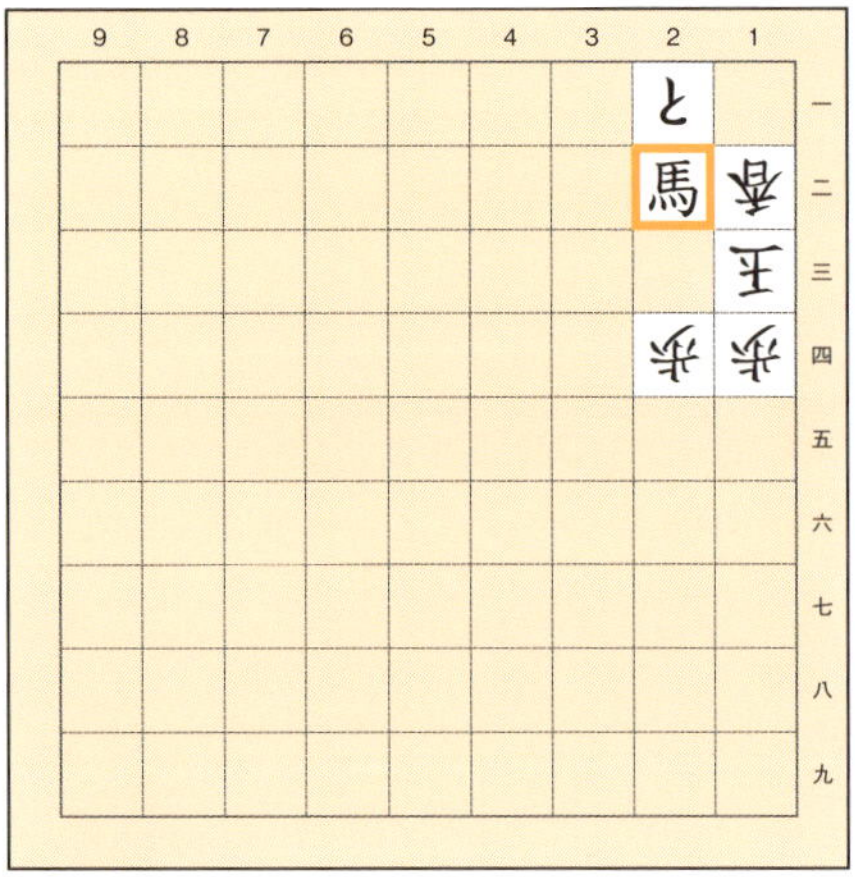

持ち駒《もちごま》

と金《きん》と角《かく》しかいないので、どう王手《おうて》できるかかんがえてしまうと思《おも》います。☗2二《に》と金《きん》では王手《おうて》になりません。☗2二《に》角成《かくなり》と王手《おうて》すると、玉方《ぎょくかた》の歩《ふ》がジャマをして逃《に》げることができず詰《つ》みです。

こたえ　3問目《もんめ》

☗2一《いち》馬《うま》まで
（詰上《つめあ》がり図《ず》）

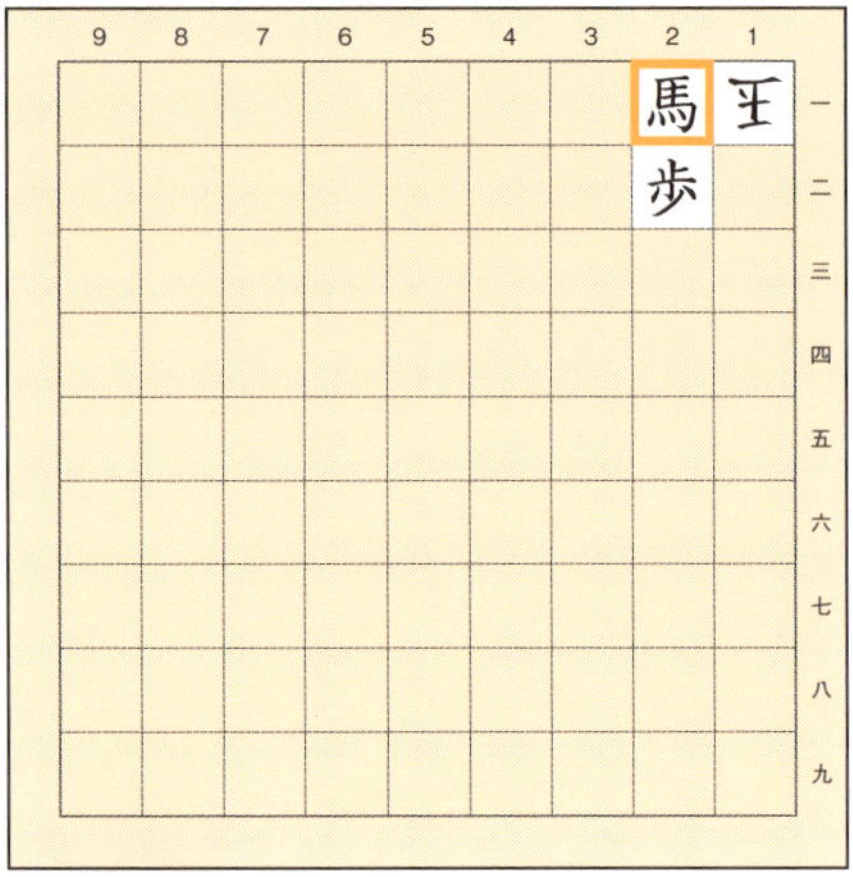

持ち駒《もちごま》

☗2一《いち》歩成《ふなり》と王手《おうて》したくなりますが、☖1二《に》玉《ぎょく》と逃《に》げられて詰《つ》みません。歩《ふ》の守《まも》りをいかして☗2一《いち》馬《うま》と王手《おうて》して詰《つ》みです。

もんだい 4問目《もんめ》

むずかしさ ★★☆

角《かく》を使《つか》った1手詰《いってづめ》

歩《ふ》成《なり》か、角《かく》成《なり》か…

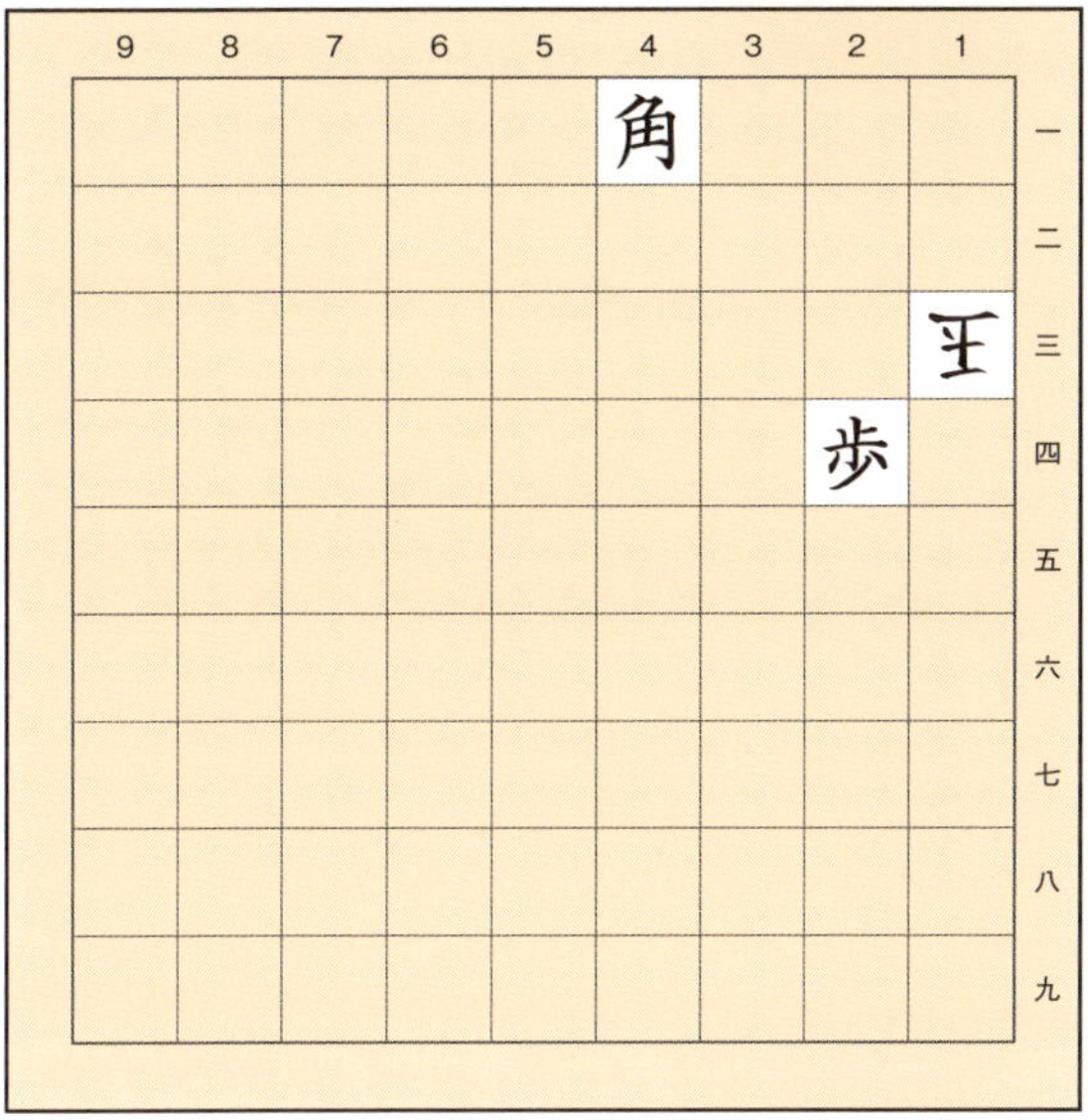

持《も》ち駒《ごま》

もんだい 5問目《もんめ》

むずかしさ ★★☆

角《かく》を使《つか》った1手詰《いってづめ》

角《かく》はとられそうですが…

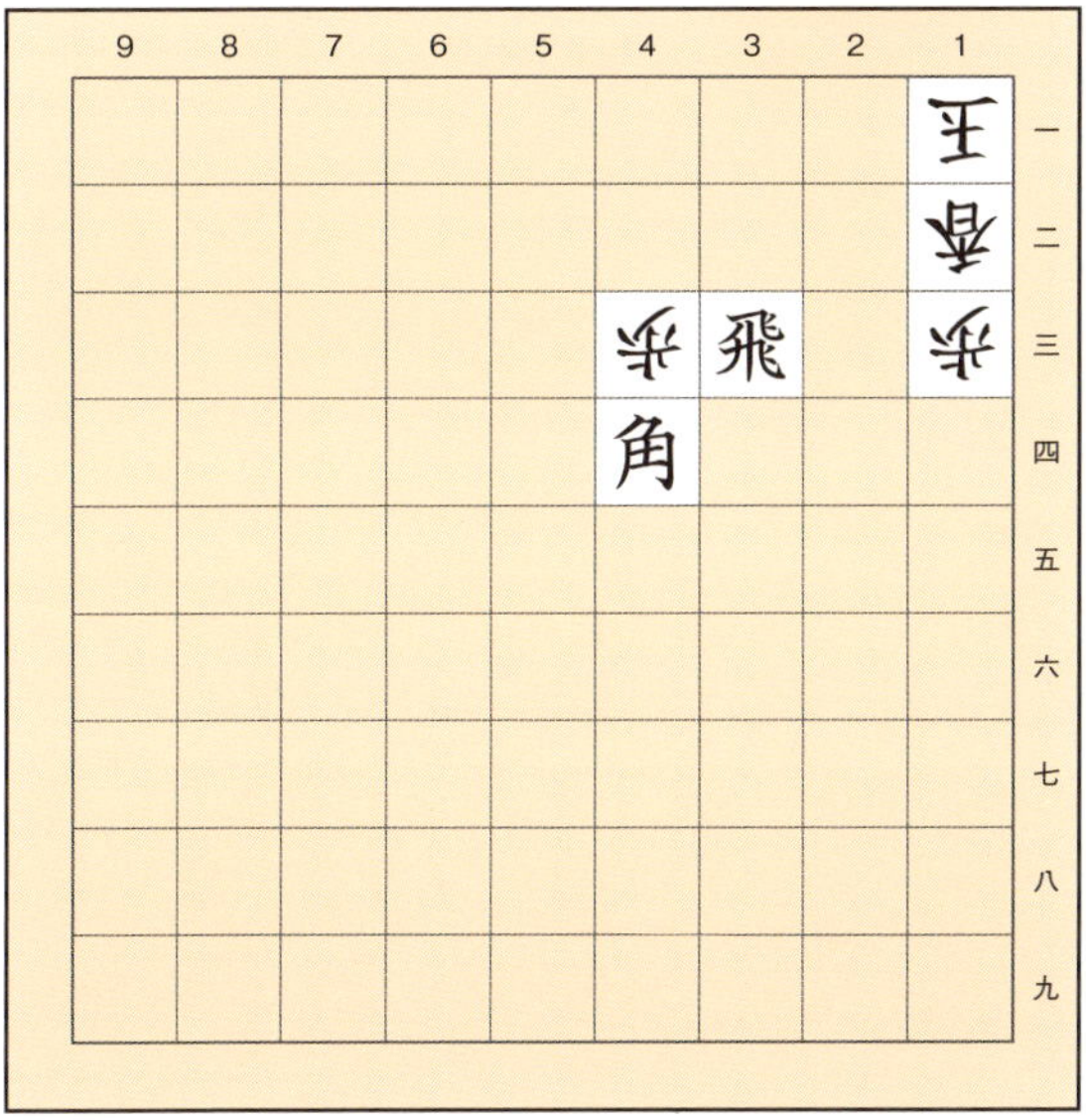

持《も》ち駒《ごま》

こたえ　4問目《もんめ》

▲2三角成《さんかくなり》まで
（詰上《つめあ》がり図《ず》）

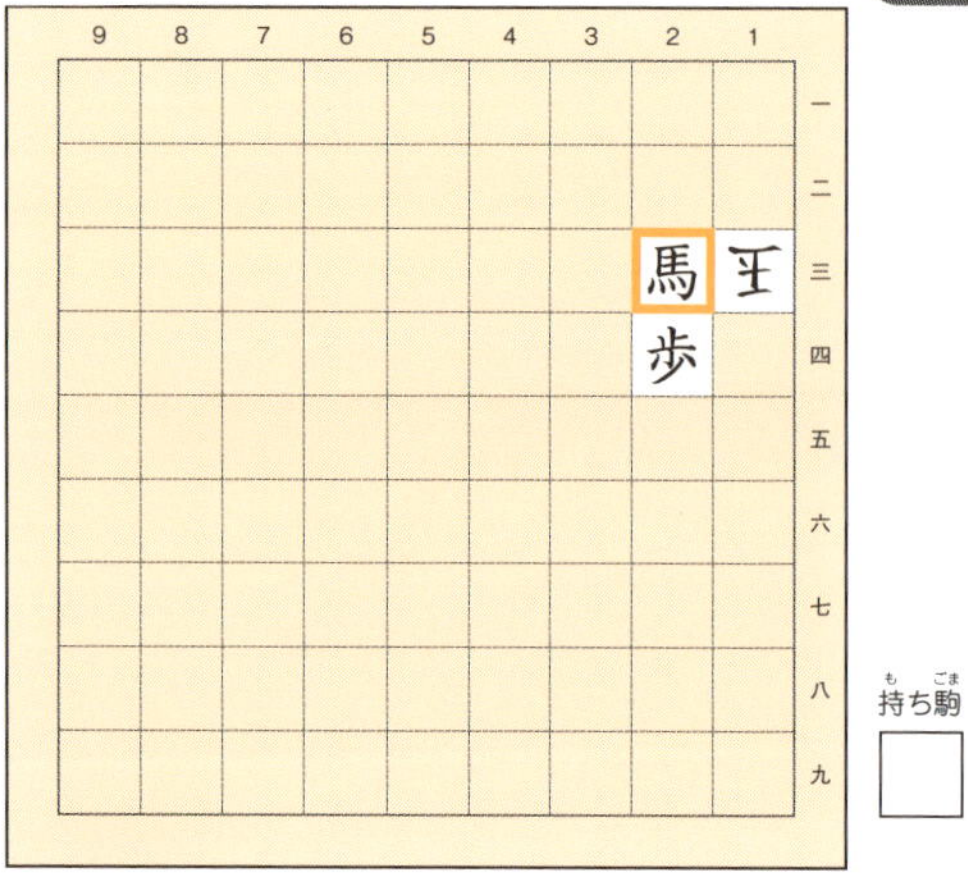

▲2三歩成《さんふなり》と王手《おうて》したくなりますが、△1四《よん》玉《ぎょく》と逃《に》げられて詰《つ》みません。4一《いち》にいる角《かく》を引《ひ》いて成《な》ることで、逃《に》げることもとることもできません。

こたえ　5問目《もんめ》

▲3一飛成《いちひなり》（または不成《ならず》）まで
（詰上《つめあ》がり図《ず》）

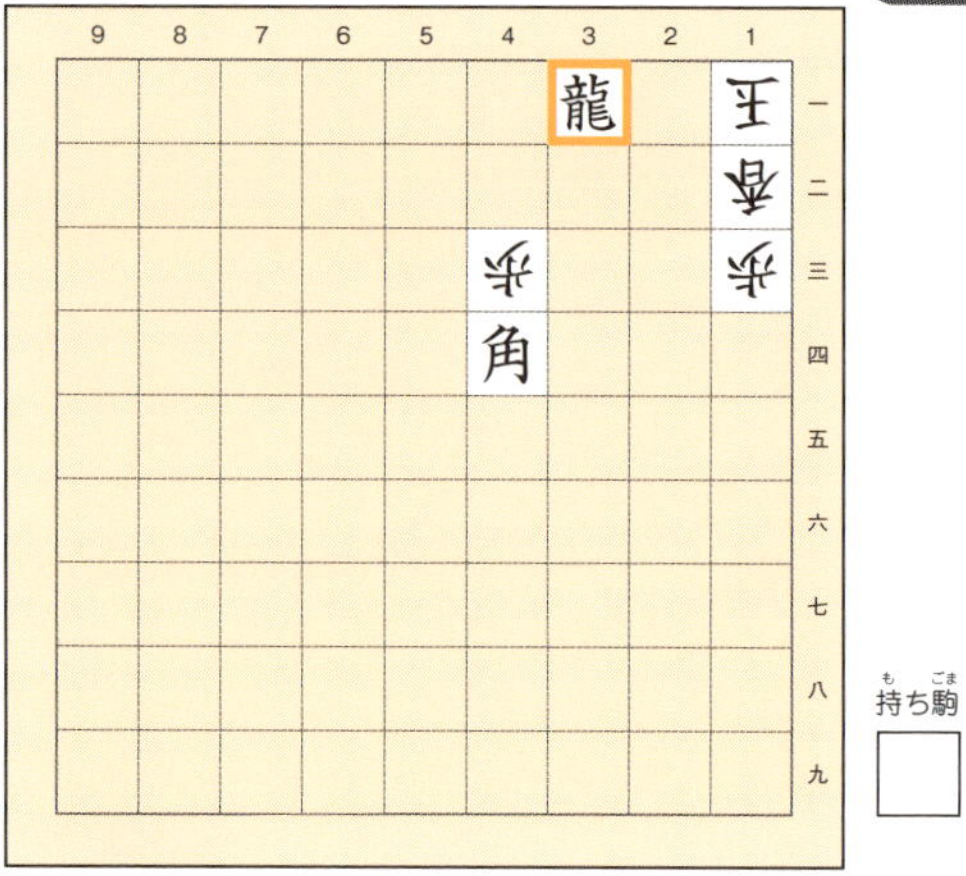

▲3二飛成《にひなり》や▲2三飛成《さんひなり》として開《あ》き王手《おうて》すると、△4四歩《よんふ》と角《かく》をとられて詰《つ》みません。▲3一飛成《いちひなり》と両王手《りょうおうて》で、合《あ》い駒利《ごまき》かずの詰《つ》みとなります。

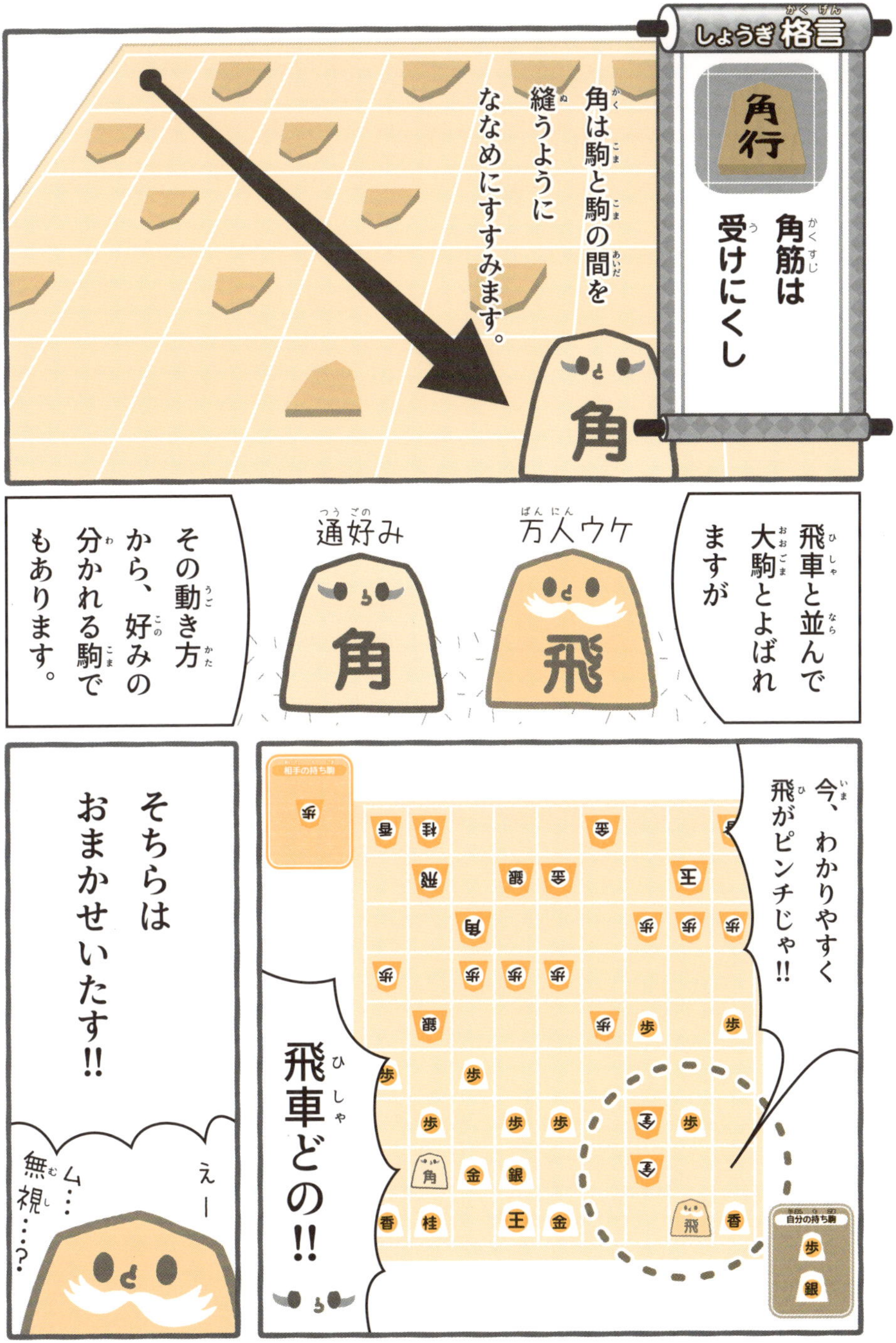
しょうぎ格言《かくげん》
角行
角筋《かくすじ》は受《う》けにくし
角《かく》は駒《こま》と駒《こま》の間《あいだ》を縫《ぬ》うようにななめにすすみます。
角
飛車《ひしゃ》と並《なら》んで大駒《おおごま》とよばれますが
万人《ばんにん》ウケ
飛
通好《つうごの》み
角
その動《うご》き方《かた》から、好《この》みの分《わ》かれる駒《こま》でもあります。
今《いま》、わかりやすく飛《ひ》がピンチじゃ!!
飛車《ひしゃ》どの!!
相手の持ち駒
自分の持ち駒
そちらはおまかせいたす!!
えー
ム…
無《む》視《し》…?

歩《ふ》よ!!
一歩前《いっぽまえ》へ!!
???
えっ。
飛車《ひしゃ》逃《に》がさないの?
ハッ
じゃあ…
飛車《ひしゃ》はいただき!!
成桂《なりけい》よ…
引《ひ》っかかりおったな…!!
え…
なりけい
飛車《ひしゃ》はおとり!!
王手《おうて》!!
あっ…
と金《きん》で王手《おうて》…!?

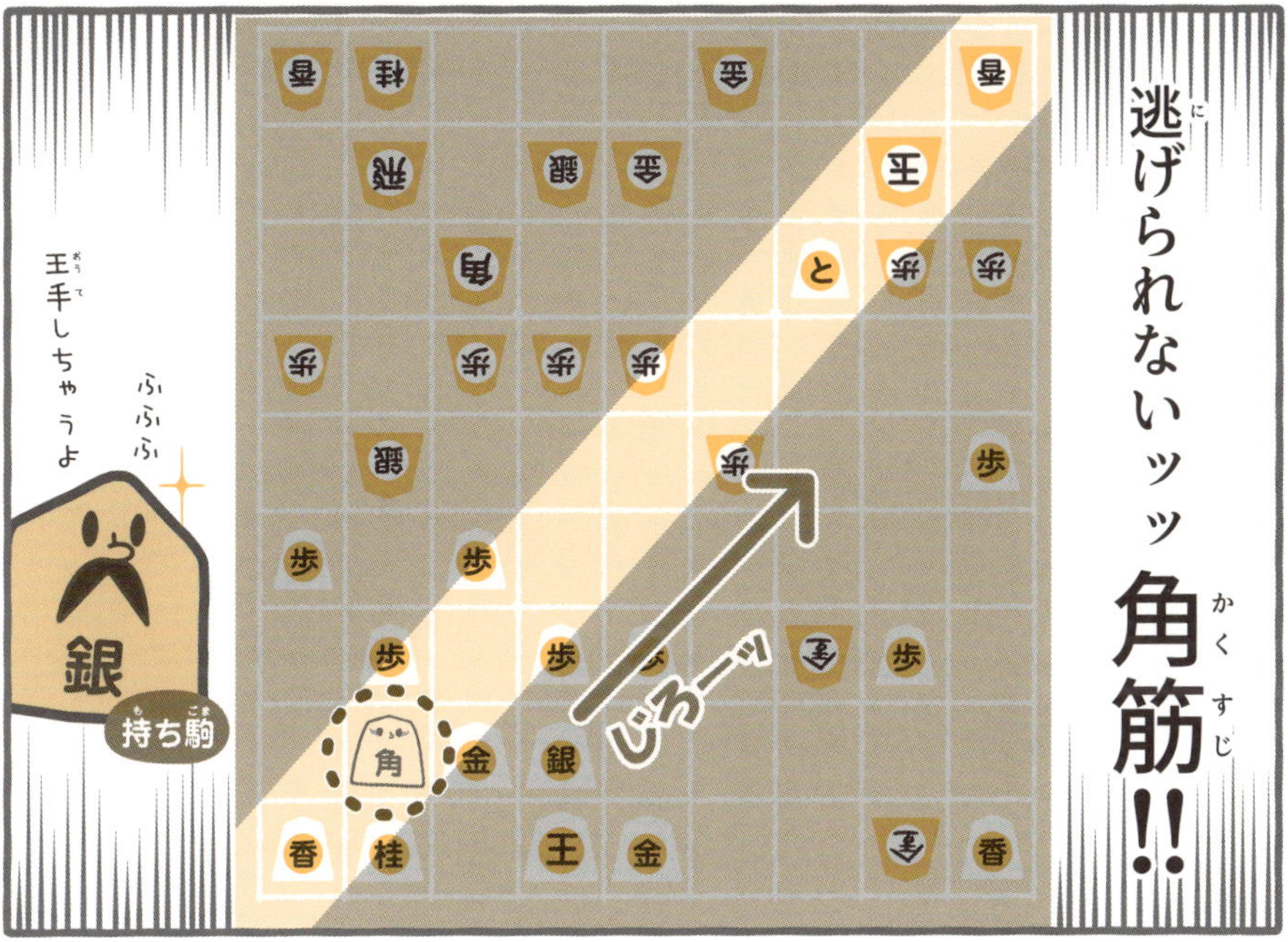

格言《かくげん》かいせつ

角筋《かくすじ》に、玉《ぎょく》や飛《ひ》がいる時《とき》は厳《きび》しい攻《せ》めが多《おお》いから注意《ちゅうい》しよう。

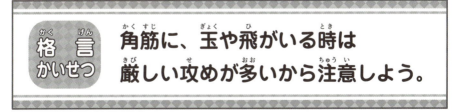

解《と》くためのポイント3つ

1 自分《じぶん》の駒《こま》と相手《あいて》の駒《こま》をよくかくにんしよう。

2 自分《じぶん》の駒《こま》がどこに利《き》いているか、かくにんしよう。

3 成《な》れるのか成《な》れないのか、成《な》った方《ほう》が良《よ》いのか成らない方《ほう》が良《よ》いのか、よくかんがえよう。

詰《つめ》しょうぎの神様《かみさま》といわれている神谷八段《かみやはちだん》からのレベルアップもんだいです。がんばって解《と》いてみましょう！

レベルアップもんだい12

もんだい 1問目《もんめ》

むずかしさ ★★★

大駒《おおごま》二枚《にまい》を上手《じょうず》に使《つか》いましょう

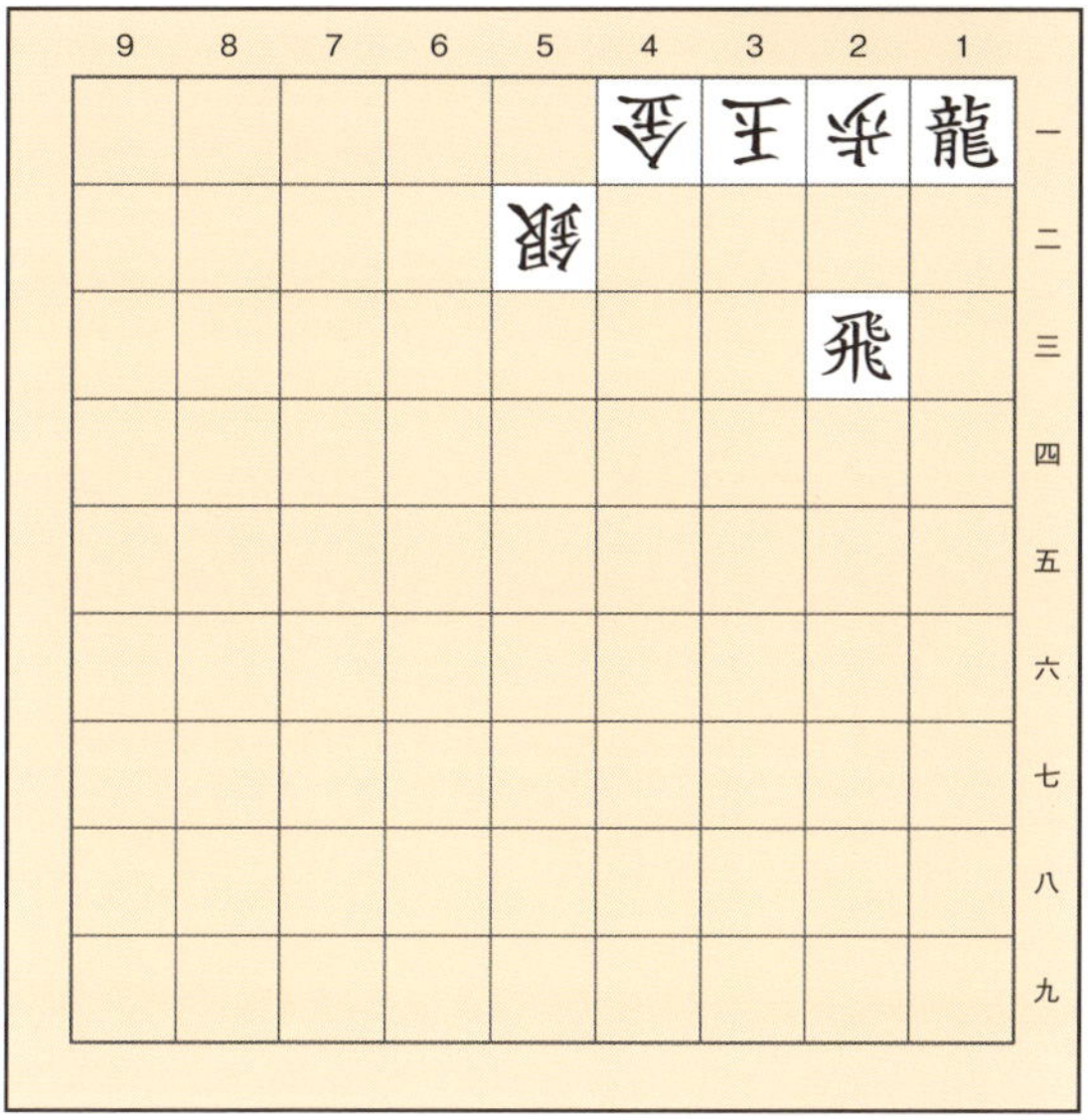
9 8 7 6 5 4 3 2 1
一 二 三 四 五 六 七 八 九
龍
歩
王
金
銀
飛

持《も》ち駒《ごま》

レベルアップもんだい12

もんだい 2問目《もんめ》

むずかしさ ★★★

一番《いちばん》良《よ》い打《う》ち場所《ばしょ》は？

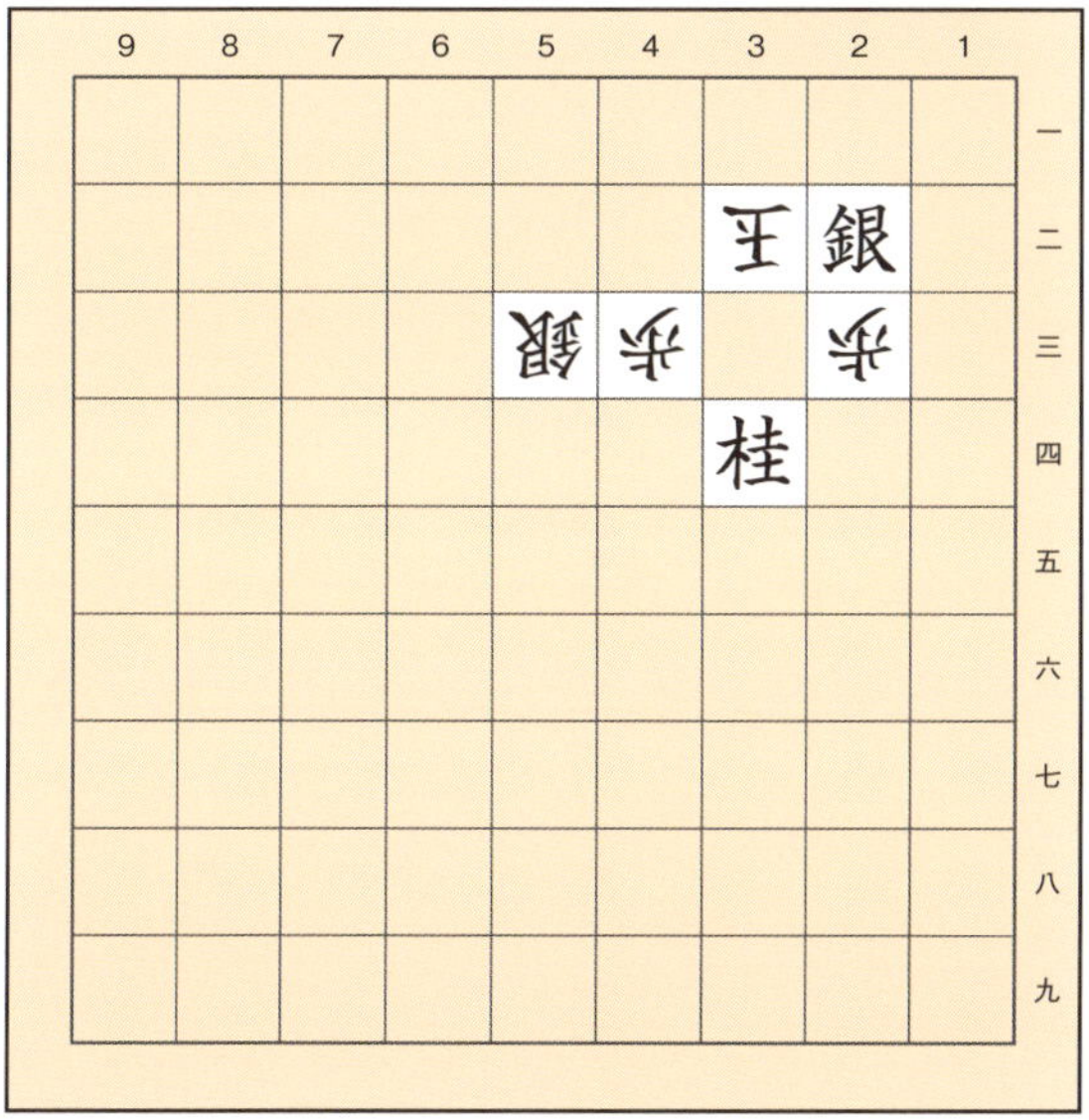
9 8 7 6 5 4 3 2 1
一 二 三 四 五 六 七 八 九
銀
王
歩
歩
銀
桂

持《も》ち駒《ごま》

金

こたえ 1 問目《もんめ》

☗2二《に》飛成《ひなり》まで
（詰《つめ》上《あ》がり図《ず》）

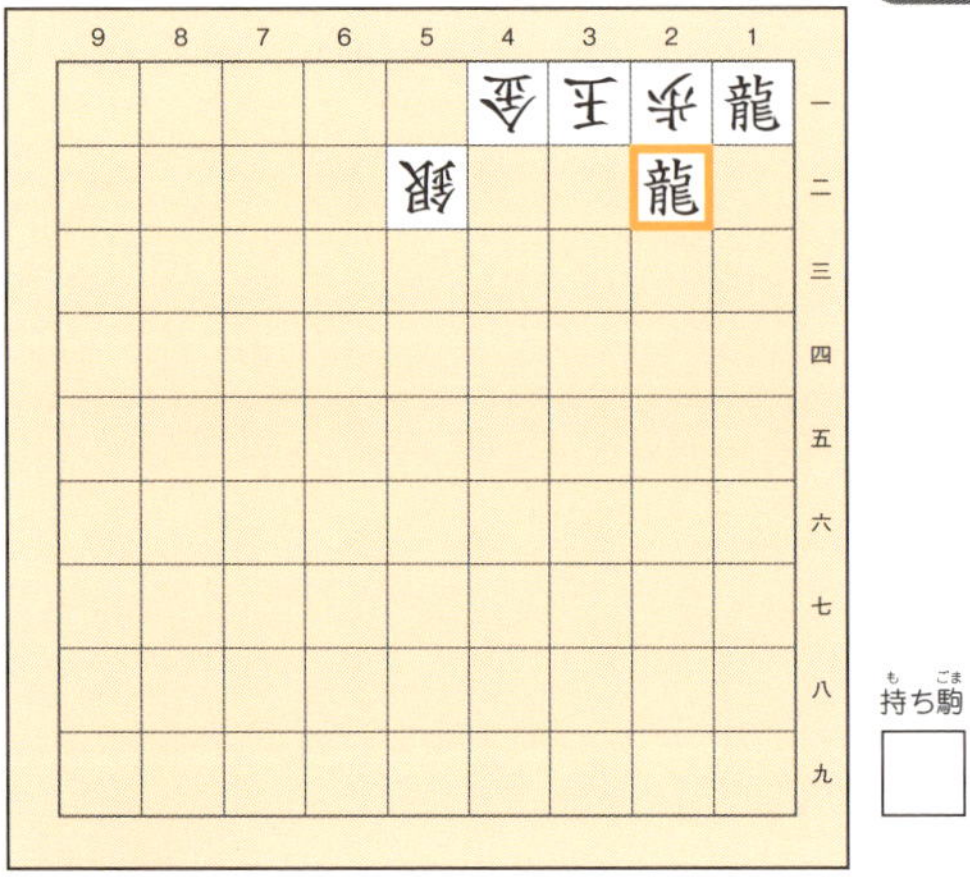

☗2二《に》龍《りゅう》と王手《おうて》したくなりますが、☖同歩《どうふ》ととられて詰《つ》みません。☗2二《に》飛成《ひなり》となれば、1一《いち》にいる龍《りゅう》の利《き》きがあるので☖同歩《どうふ》ととることができません。4二《に》の場所《ばしょ》も、龍《りゅう》が利《き》いているので逃《に》げることができません。

こたえ 2 問目《もんめ》

☗3一《いち》金《きん》まで
（詰《つめ》上《あ》がり図《ず》）

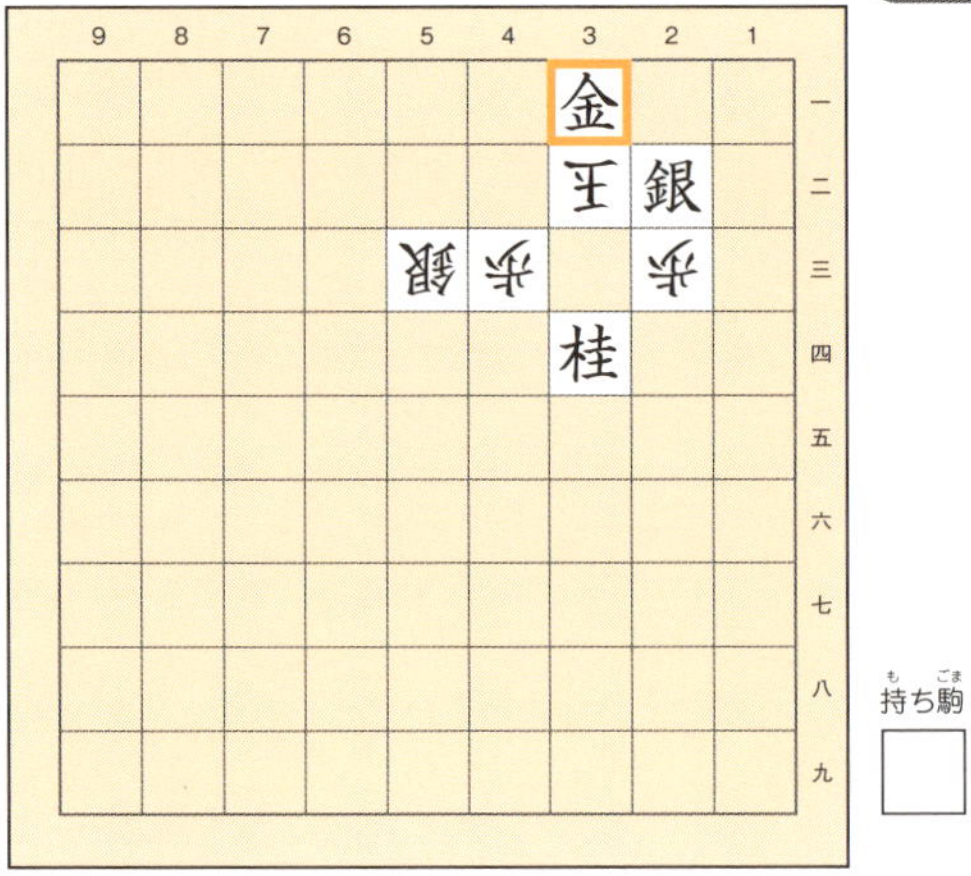

☗4二《に》金《きん》と打《う》ちたくなりますが、☖同銀《どうぎん》ととられてしまいます。☗3三《さん》金《きん》と打《う》つと☖4一玉《いちぎょく》と逃《に》げられてしまいます。金《きん》を打《う》ちたくなる場所《ばしょ》がいくつもありますね。相手《あいて》の駒《こま》がどこに利《き》いているか、しっかりかくにんしてから打《う》つようにしましょう。

もんだい 3問目《もんめ》

むずかしさ ★★★

レベルアップもんだい12

成《な》るよりも…

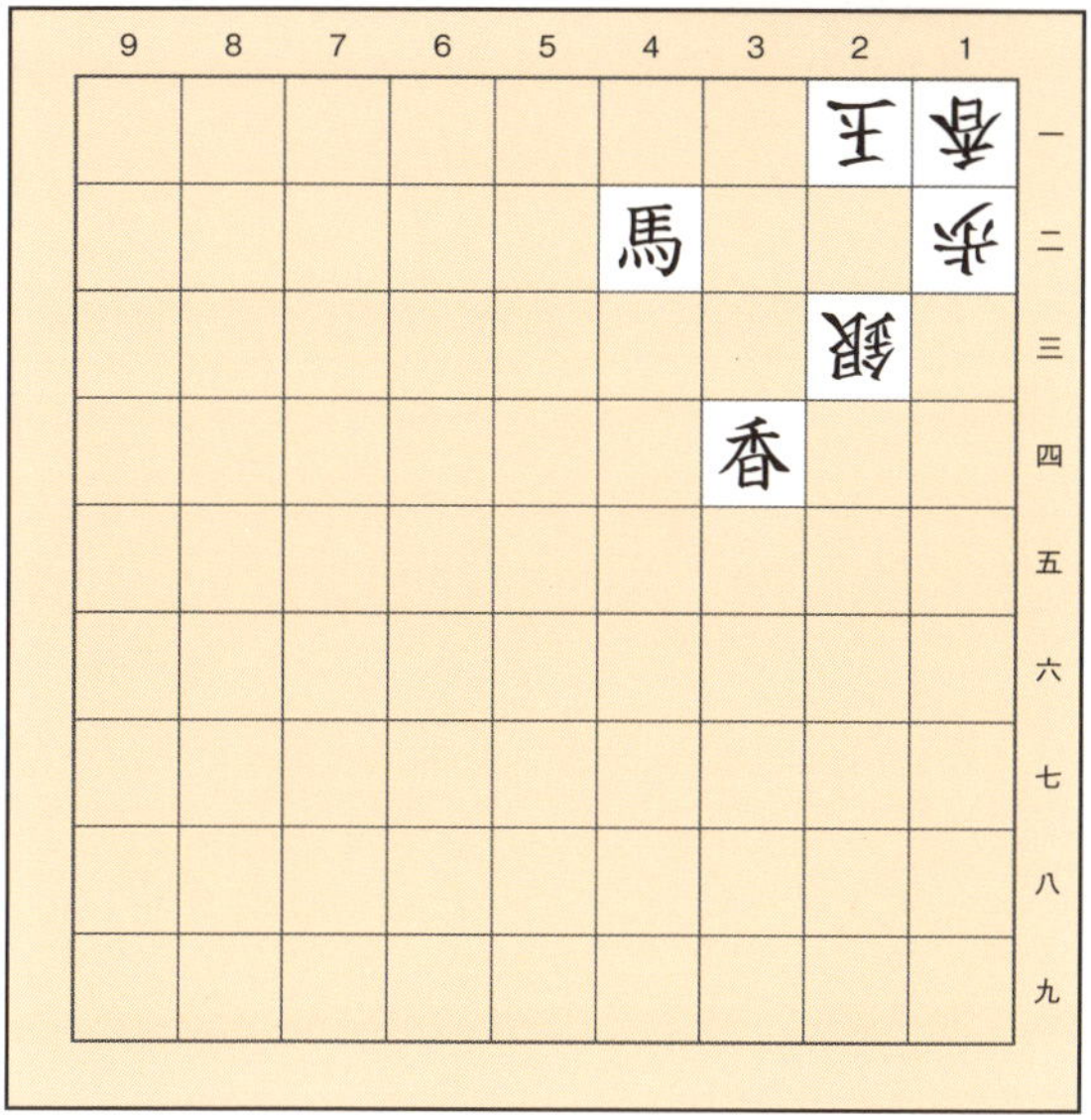

持《も》ち駒《ごま》

もんだい 4問目《もんめ》

むずかしさ ★★★

レベルアップもんだい12

相《あい》手《て》の駒《こま》にきをつけて

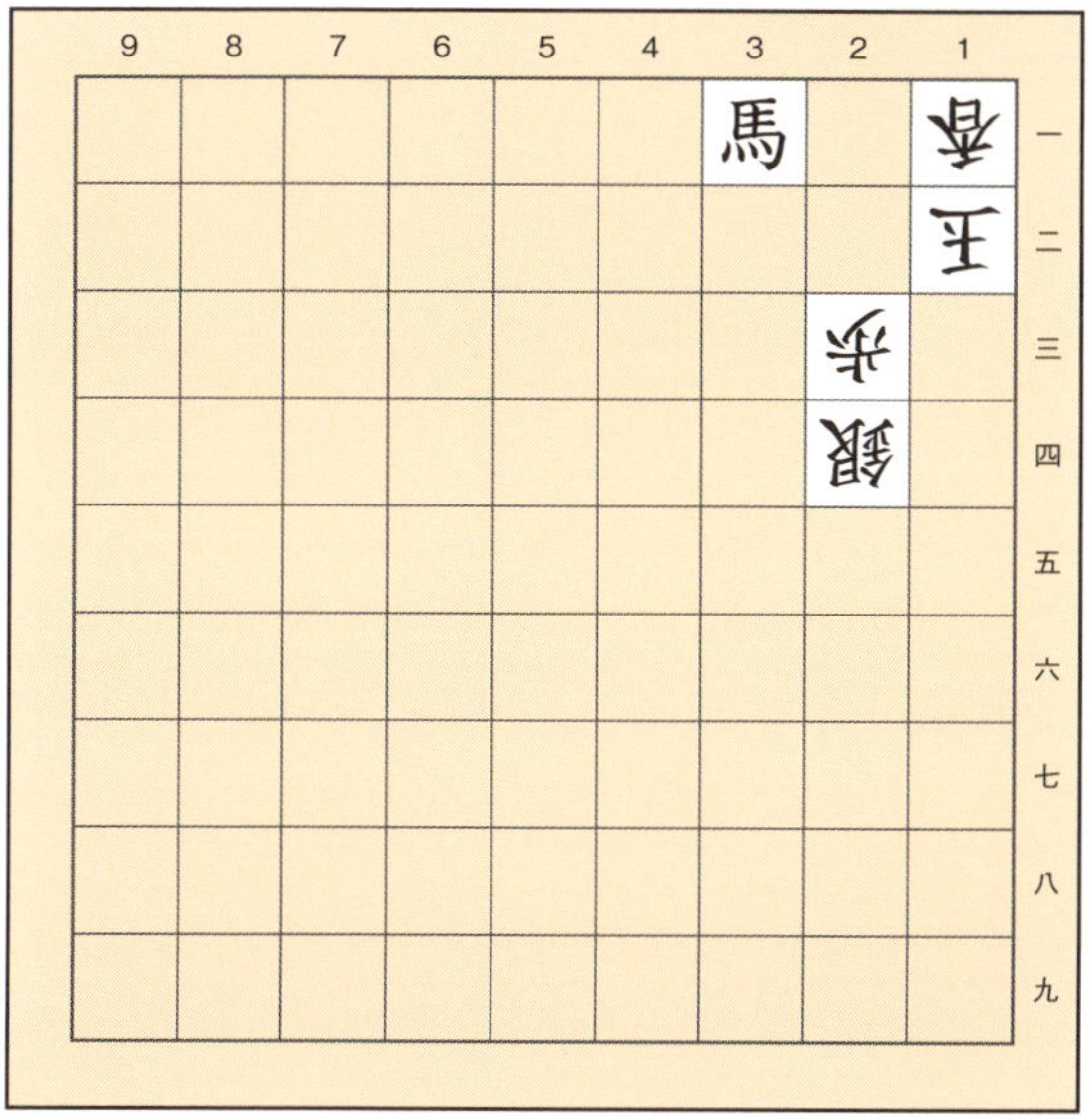

持《も》ち駒《ごま》 銀

こたえ　3問目《もんめ》

☗3一《いち》馬《うま》まで
（詰上《つめあ》がり図《ず》）

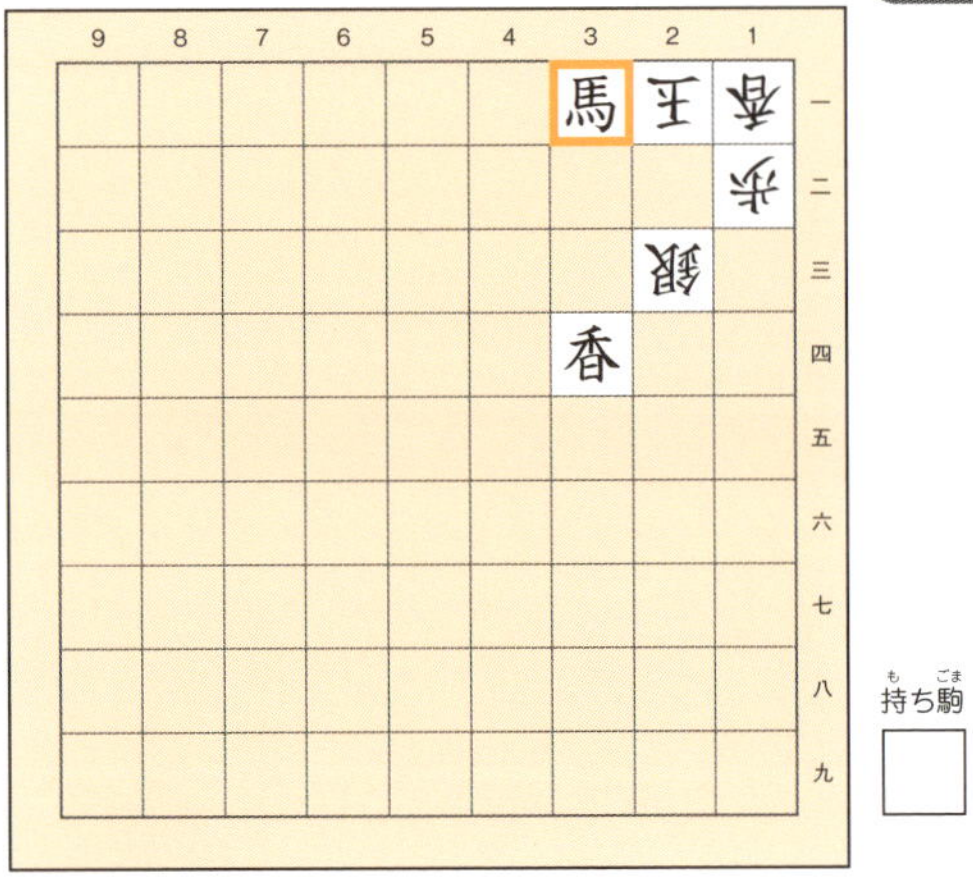

☗3二《に》香成《きょうなり》と王手《おうて》する手《て》も見《み》えますが、☖同《どう》銀《ぎん》ととられてしまいます。また☗3一《いち》香成《きょうなり》としても、今度《こんど》は☖2二《に》玉《ぎょく》と逃《に》げられてしまいますね。3一《いち》に馬《うま》が入《はい》れば、2二《に》の場所《ばしょ》にも利《き》いているので逃《に》げることもできません。

こたえ　4問目《もんめ》

☗2一《いち》銀《ぎん》まで
（詰上《つめあ》がり図《ず》）

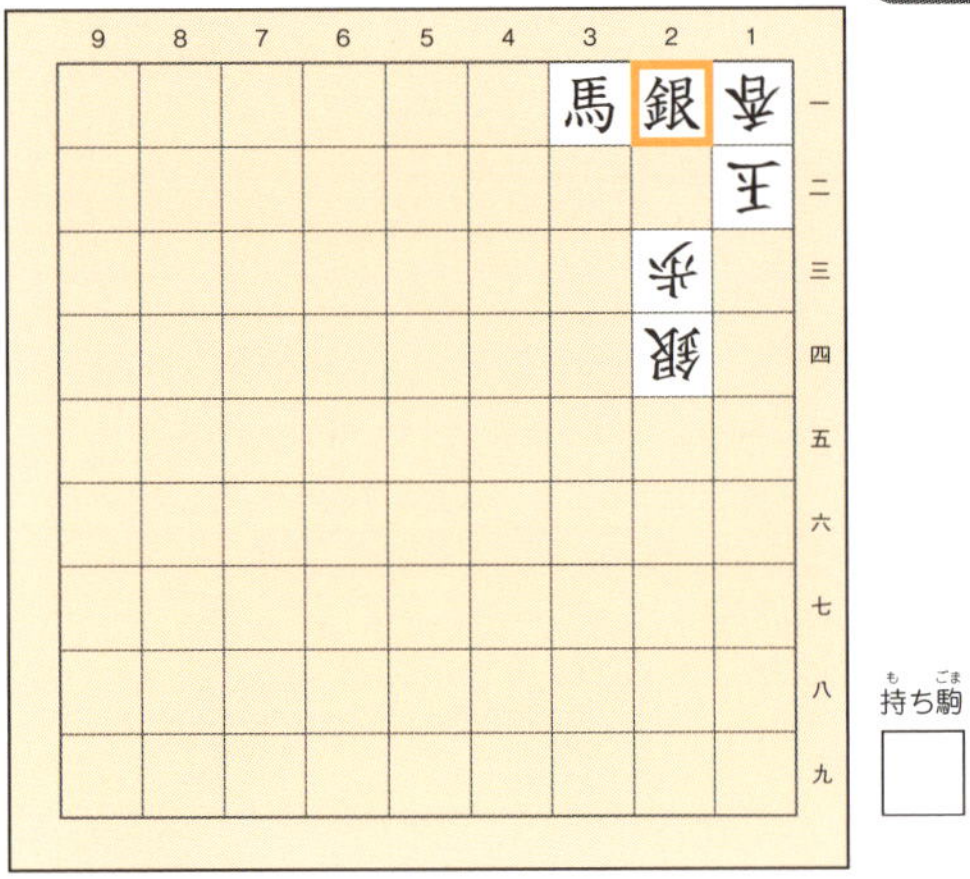

馬《うま》の利《き》きを利用《りよう》して☗1三《さん》銀《ぎん》と打《う》つと、☖同《どう》銀《ぎん》ととられてしまいます。☗2一《いち》銀《ぎん》と打《う》てば、1三《さん》の場所《ばしょ》は馬《うま》が利《き》いているので、相手《あいて》の玉《ぎょく》は逃《に》げることができません。どこに打《う》つのが最《もっと》も良《よ》い手《て》なのかをよくかんがえましょう。

もんだい 5問目《もんめ》

レベルアップもんだい12

角《かく》と協力《きょうりょく》して

むずかしさ★★★

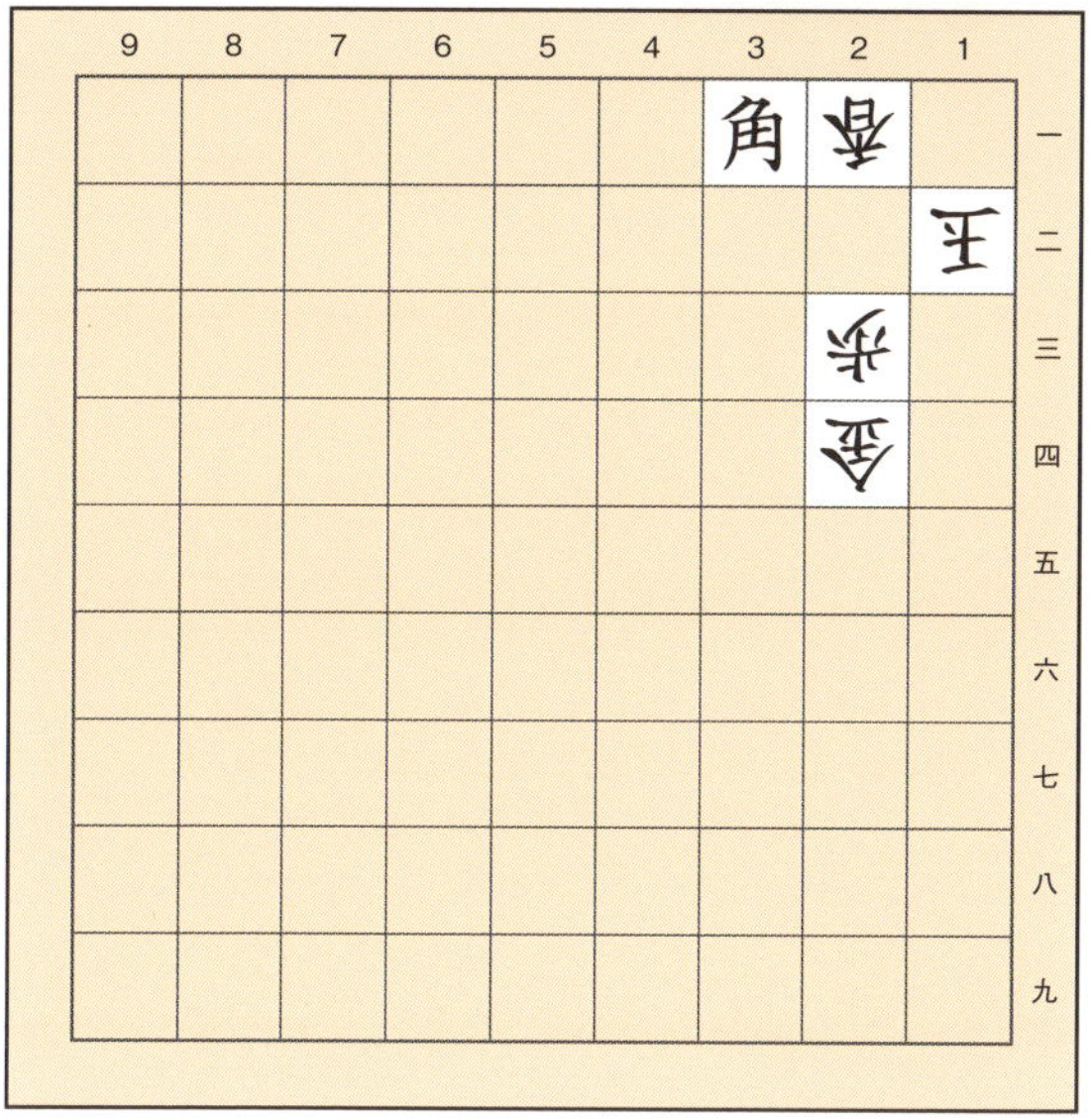

持《も》ち駒《ごま》 香

もんだい 6問目《もんめ》

レベルアップもんだい12

有名《ゆうめい》な一間龍《いっけんりゅう》の形《かたち》です

むずかしさ★★★

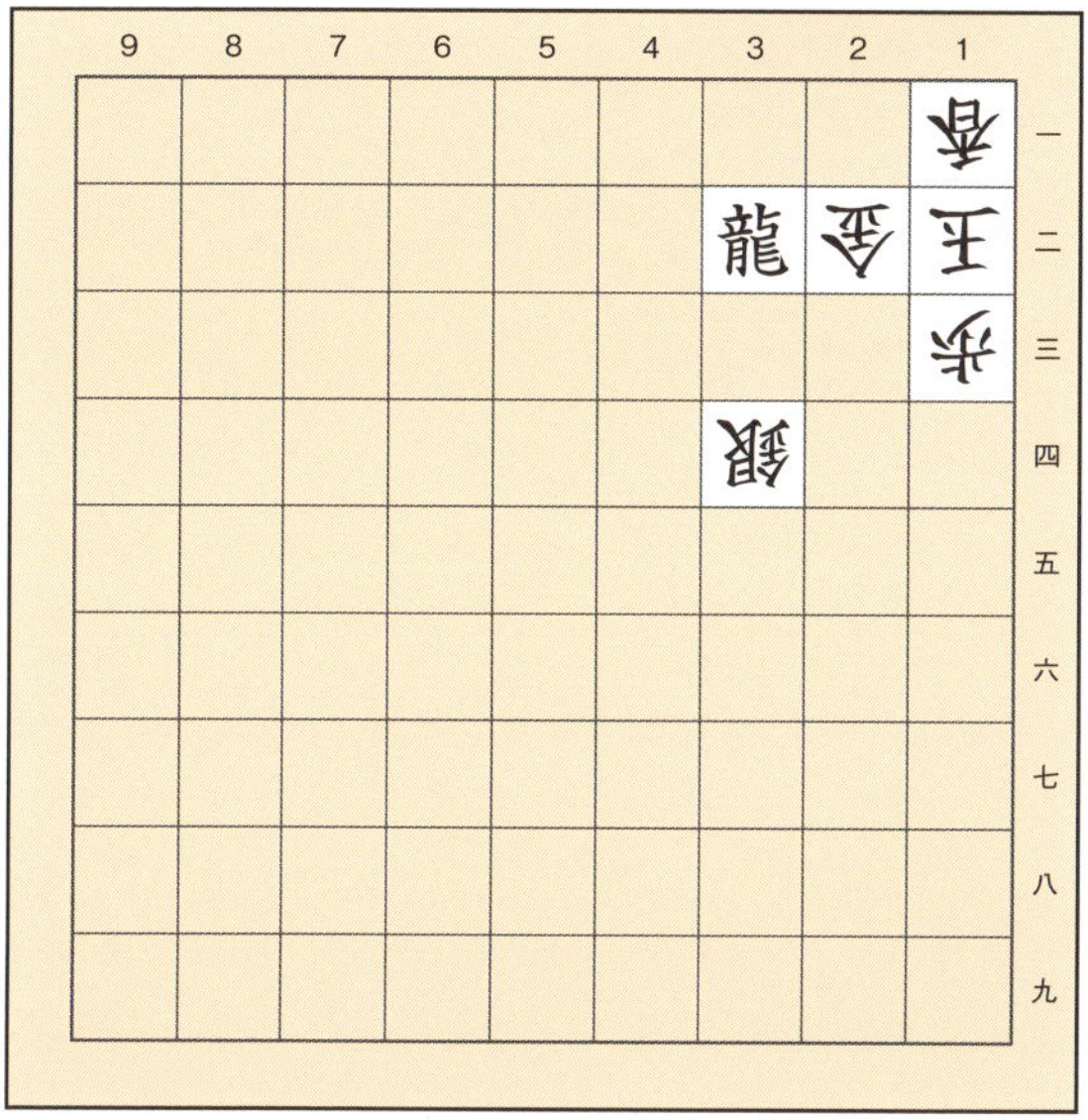

持《も》ち駒《ごま》 銀

こたえ　5問目《もんめ》

☗1三香《さんきょう》まで
（詰《つめ》上《あ》がり図《ず》）

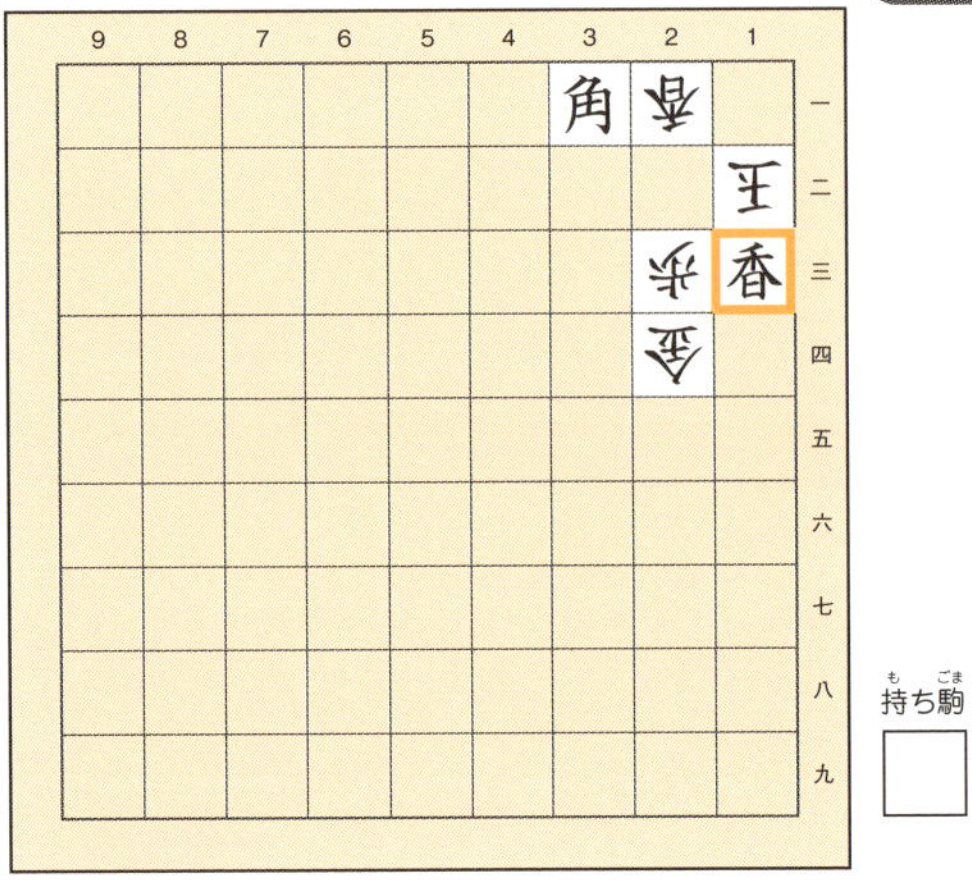

盤上《ばんじょう》には、攻《せ》め方《かた》の駒《こま》が角《かく》しかいないので心細《こころぼそ》いですが、協力《きょうりょく》し合《あ》えば大丈夫《だいじょうぶ》です。持《も》ち駒《ごま》の香車《きょうしゃ》は、まっすぐに利《き》きがあるので、1三《さん》の場所《しょ》に打《う》てば玉《ぎょく》は後《うし》ろに引《ひ》きたくてもできません。角《かく》が利《き》いているので香《きょう》をとることもできません。

こたえ　6問目《もんめ》

☗2一銀《いちぎん》まで
（詰《つめ》上《あ》がり図《ず》）

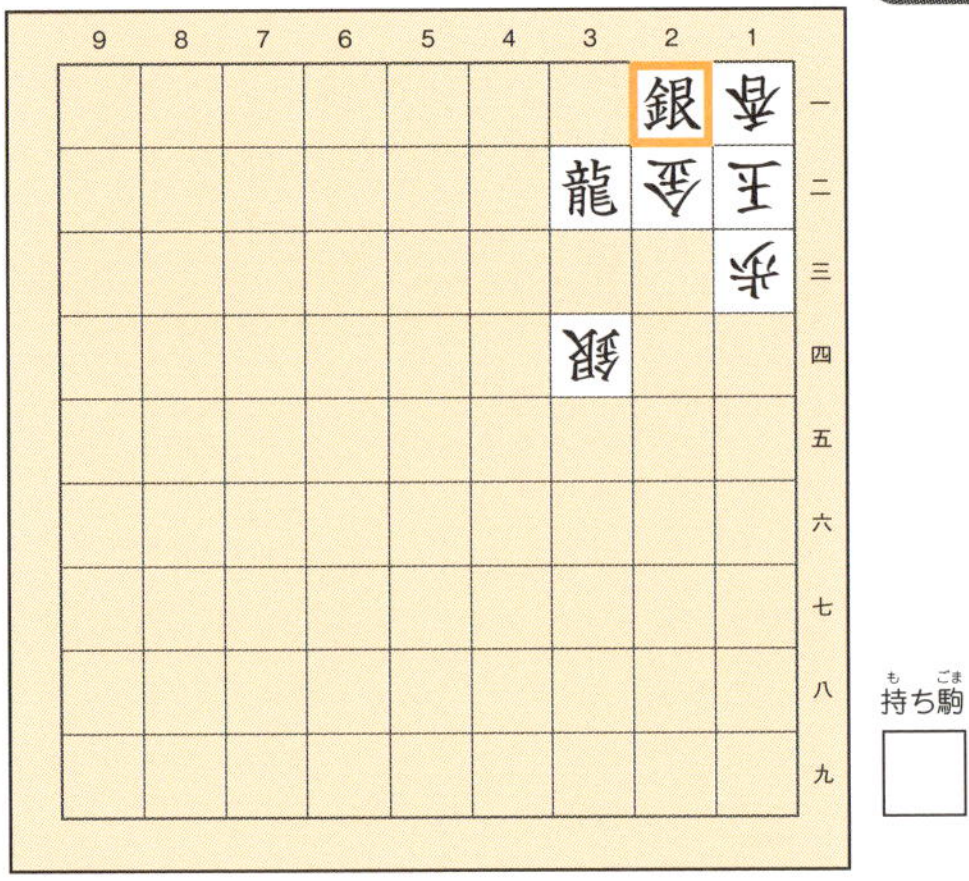

図《ず》を見《み》てください。玉《ぎょく》から一《ひと》マスはなれた場所《ばしょ》に龍《りゅう》がいますが、これを「一間龍《いっけんりゅう》」といいます。龍《りゅう》と玉《ぎょく》の間《あいだ》に金《きん》がいて守《まも》っているようですが、金《きん》が動《うご》いてしまうと龍《りゅう》に玉《ぎょく》をとられてしまいます。「一間龍《いっけんりゅう》」は詰《つ》ませやすい形《かたち》なので、ぜひおぼえてください。

☗2三《さん》銀《ぎん》と王《おう》手《て》する手《て》も見《み》えますが、☖同《どう》銀《ぎん》ととられてしまいます。この場合《ばあい》、相《あい》手《て》の玉《ぎょく》の下《した》から打《う》つと相手《あいて》はとることができません。

もんだい 7問目《もんめ》

レベルアップもんだい12

むずかしさ★★★

どっちを成《な》るのが良《よ》いのかな？

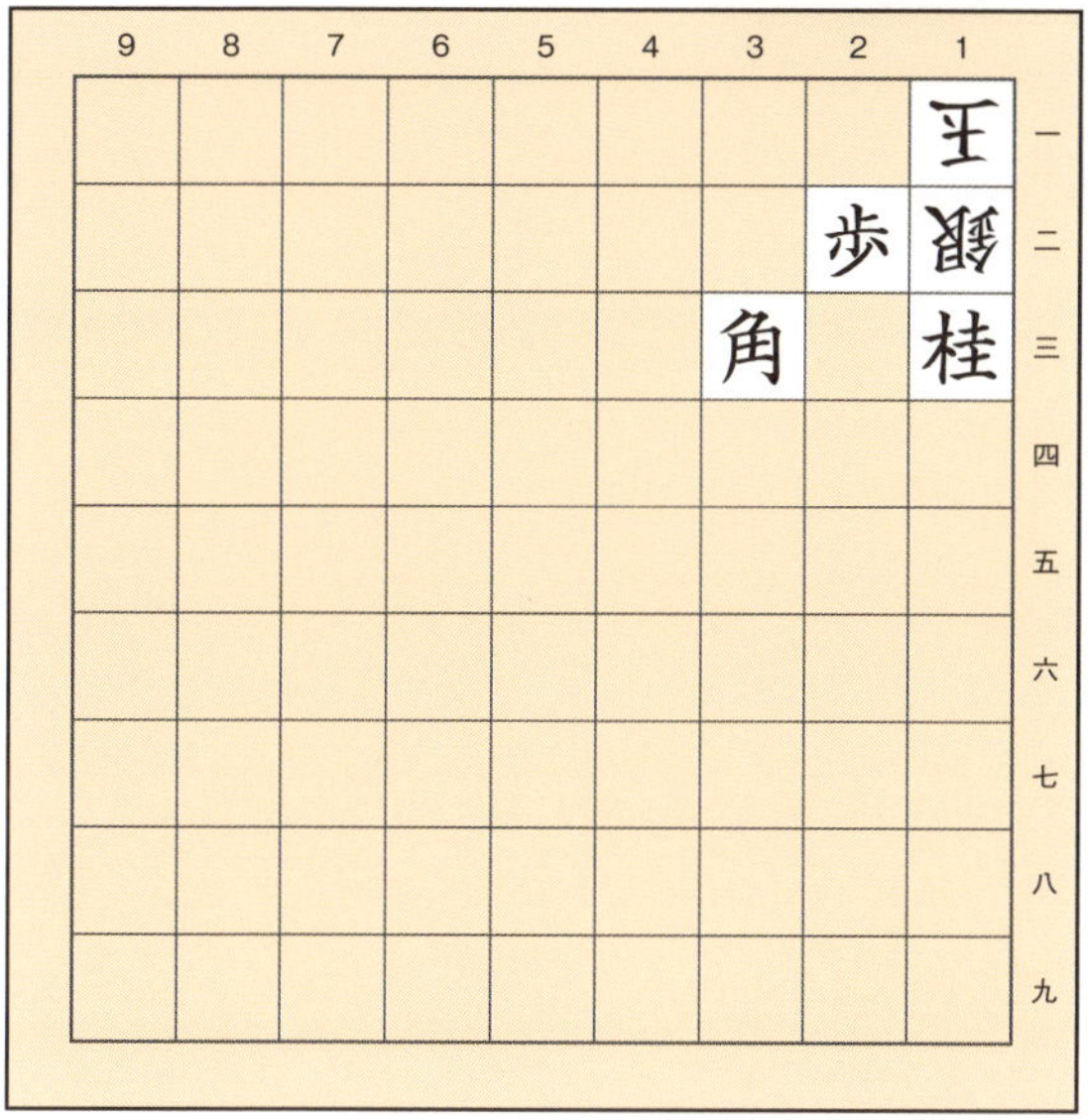

持ち駒《もごま》

もんだい 8問目《もんめ》

レベルアップもんだい12

むずかしさ★★★

両王手《りょうおうて》になりそうです

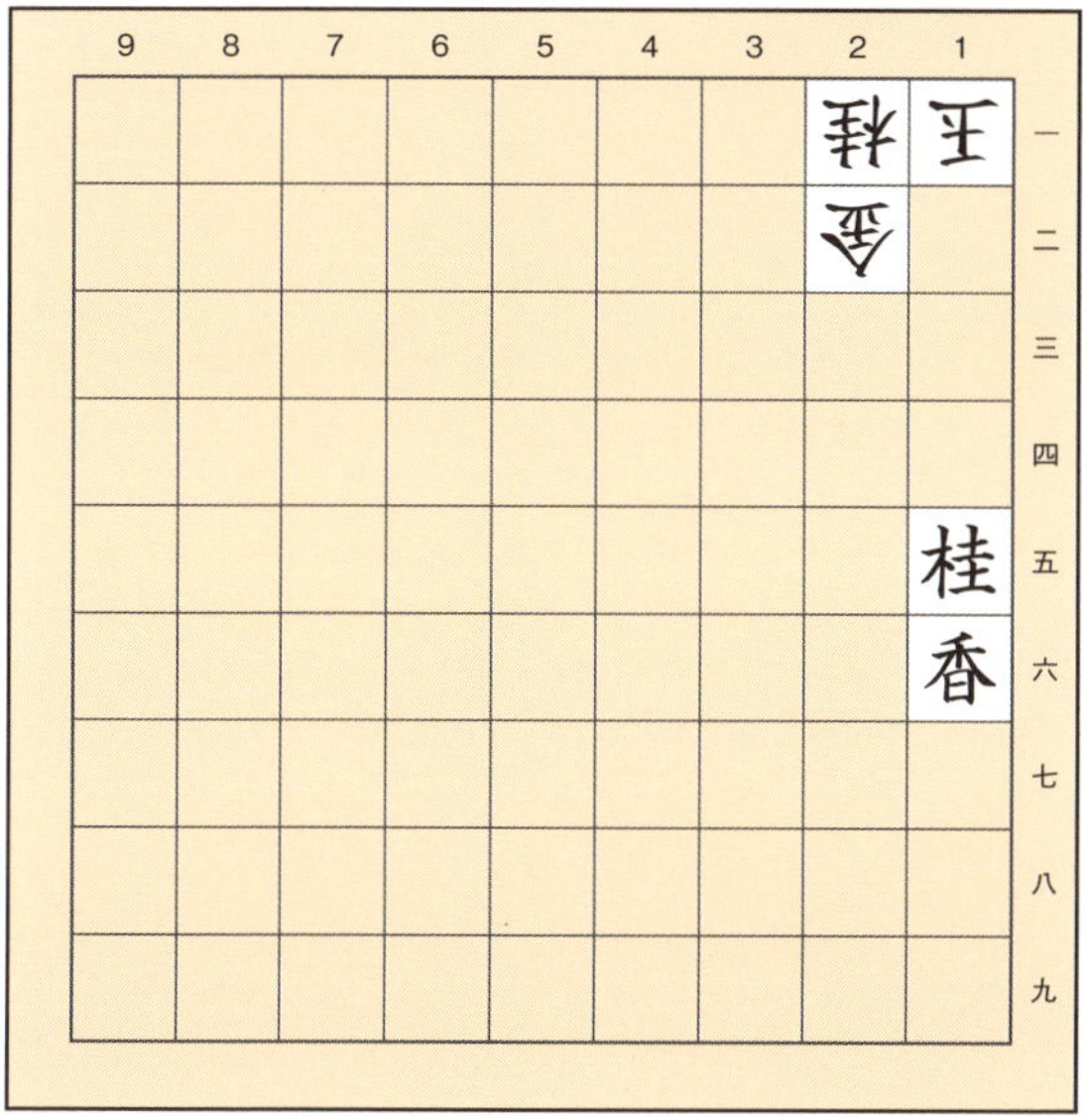

持ち駒《もごま》

こたえ 7問目《もんめ》

☗2一《いち》歩《ふ》成《なり》まで（詰《つめ》上《あ》がり図《ず》）

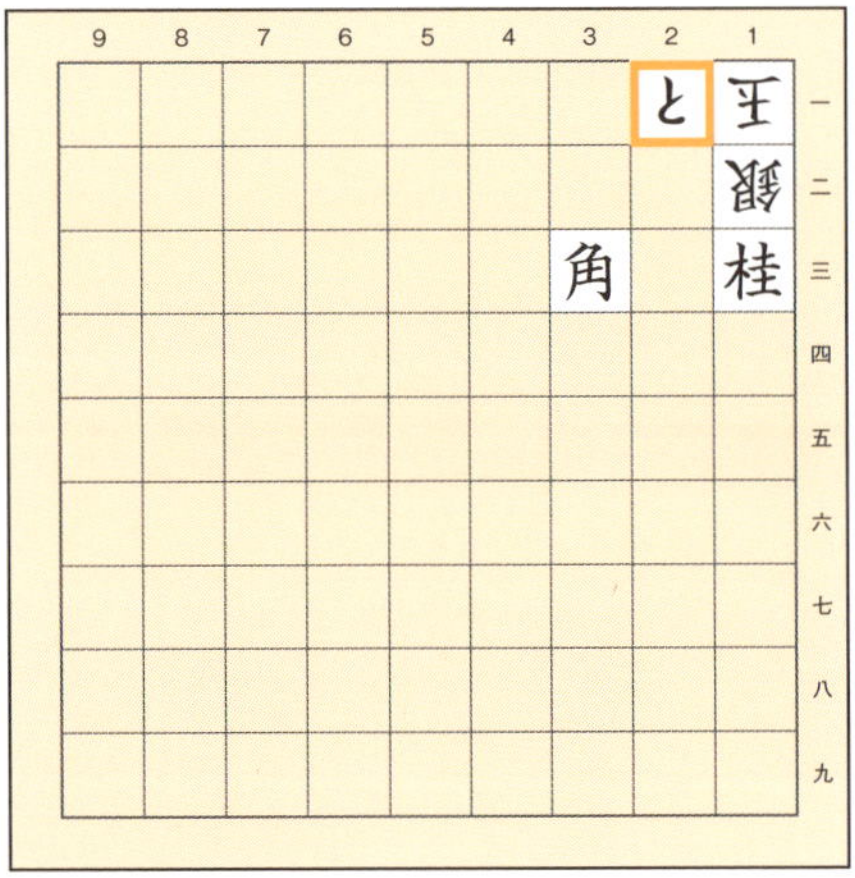

持《も》ち駒《ごま》

☗2一《いち》桂《けい》成《なり》とすると、☖同銀《どうぎん》ととられてしまいます。☗2一《いち》歩《ふ》成《なり》とすると、3三《さん》にいる角《かく》の利《き》きが通《とお》って王手《おうて》になります。このように、自《じ》分《ぶん》の駒《こま》を動《うご》かしてほかの駒《こま》で王手《おうて》となる形《かたち》を「開《あ》き王手《おうて》」といいます。さらに、動《うご》いた駒《こま》（と金《きん》）も王手《おうて》になっているので「両王手《りょうおうて》」ともいいます。

こたえ 8問目《もんめ》

☗2三《さん》桂《けい》不成《ならず》まで（詰《つめ》上《あ》がり図《ず》）

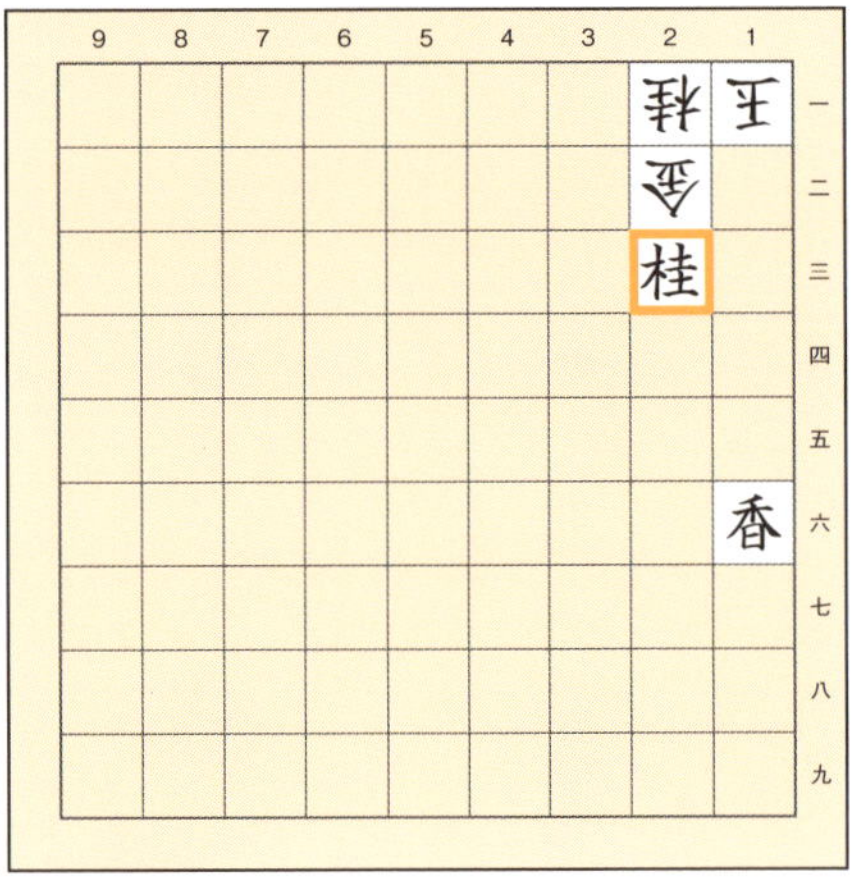

持《も》ち駒《ごま》

☗2三《さん》桂《けい》成《なり》としてしまうと、合《あ》い駒《ごま》されて詰《つ》みません。不成《ならず》ですと、開《あ》き王手《おうて》、両王手《りょうおうて》になります。敵陣《てきじん》に入《はい》る時《とき》は成《な》りたくなりますが、成《な》る方《ほう》が良《よ》いかどうかをよくかんがえて駒《こま》を動《うご》かすようにしましょう。

レベルアップもんだい12

もんだい 9問目《もんめ》

むずかしさ ★★★

銀《ぎん》と協力《きょうりょく》して追《お》いつめよう

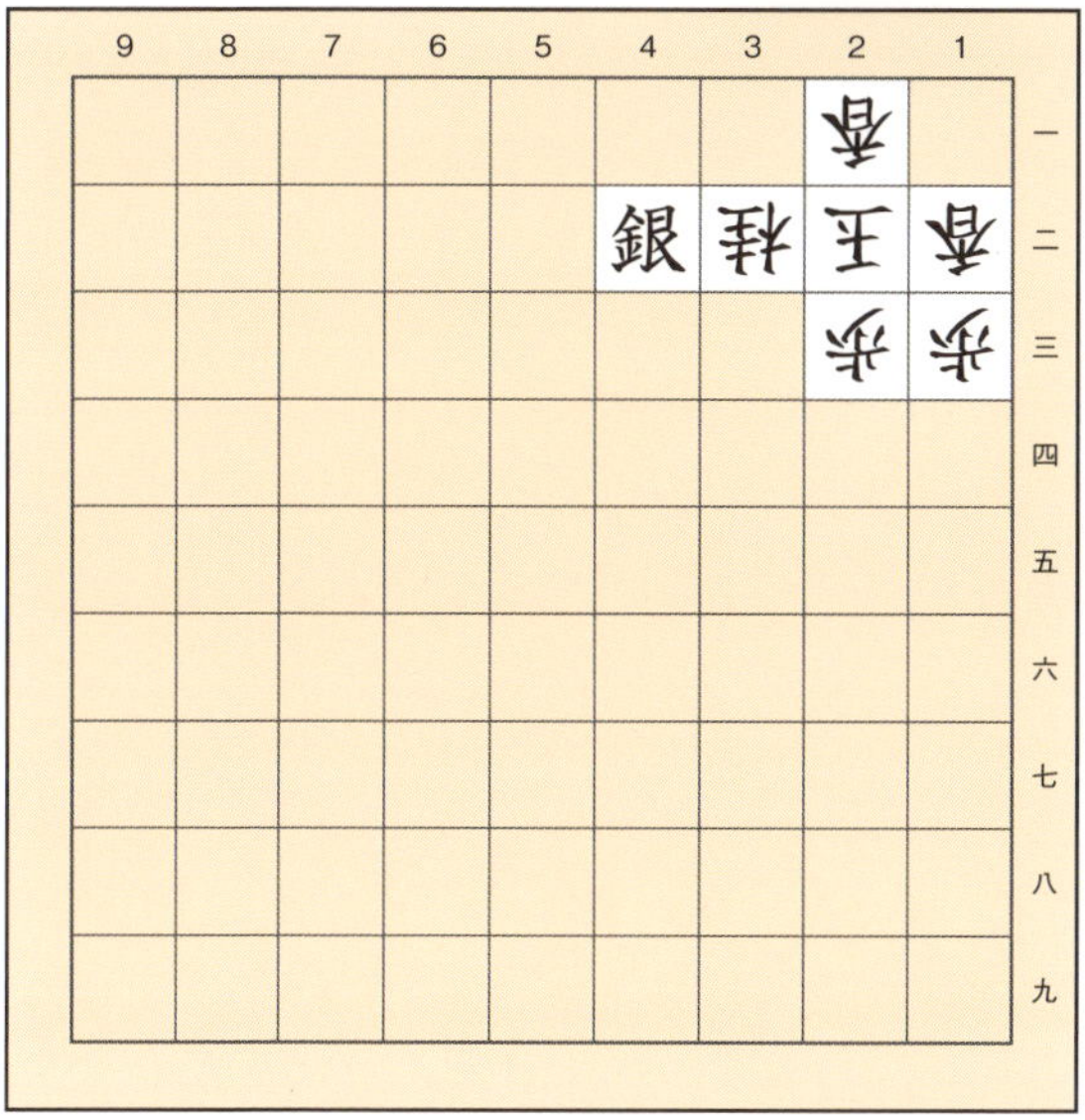

持《も》ち駒《ごま》

角

レベルアップもんだい12

もんだい 10問目《もんめ》

むずかしさ ★★★

とられないように動《うご》かそう

持《も》ち駒《ごま》

こたえ 9問目《もんめ》

☗3三《さん》角《かく》まで（詰《つめ》上《あ》がり図《ず》）

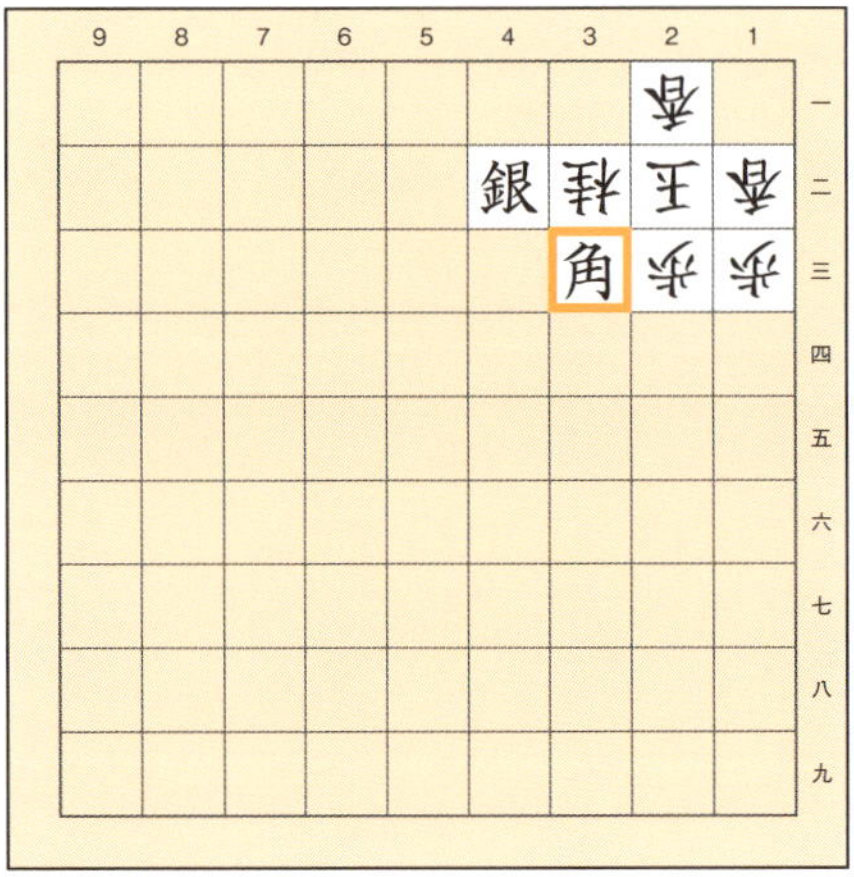

持《も》ち駒《ごま》

よくあるまちがいとして、☗3一《いち》角《かく》とすると、☗1一玉《いちぎょく》と逃《に》げられて詰《つ》みません。☗3三《さん》角《かく》とすると、角《かく》が利《き》いているので1一《いち》に逃《に》げることができません。打《う》つ前《まえ》に、自分《じぶん》の駒《こま》の利《き》きをおちついてかんがえるようにしましょう。

こたえ 10問目《もんめ》

☗1一《いち》銀成《ぎんなり》まで（詰《つめ》上《あ》がり図《ず》）

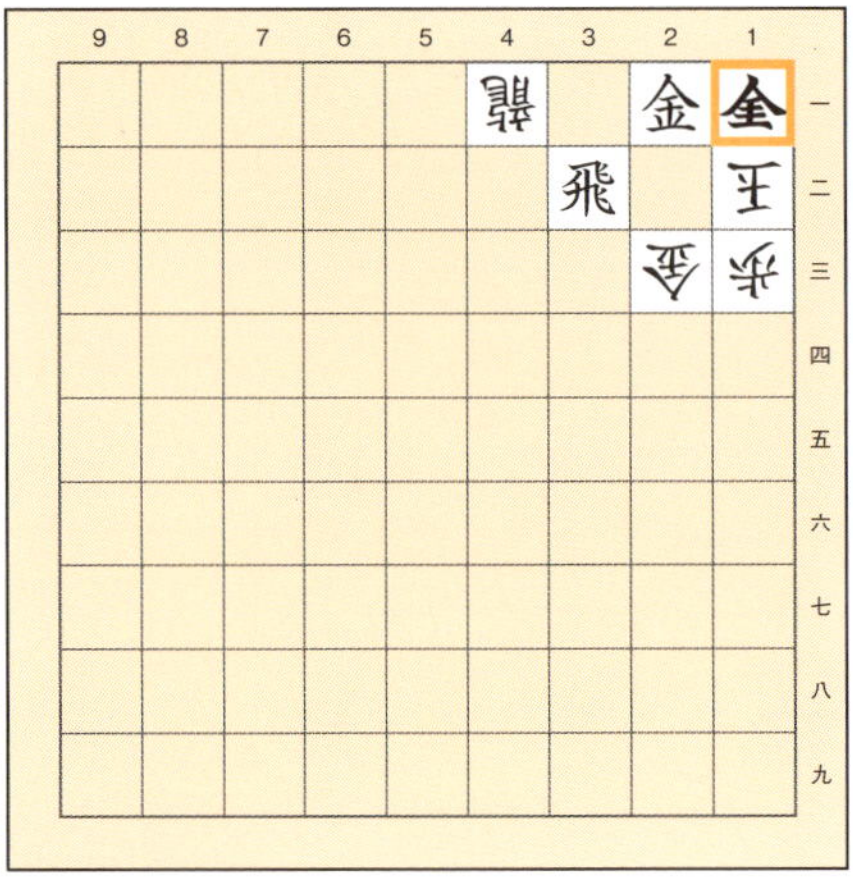

持《も》ち駒《ごま》

☗1一《いち》金《きん》とすると、☖同《どう》龍《りゅう》ととられてしまいます。飛《ひ》もとられてしまいそうですが、☗1一《いち》銀成《ぎんなり》とすると、開《あ》き王手《おうて》、両王手《りょうおうて》の形《かたち》となるので、どちらかの駒《こま》で詰《つ》ますことができるのです。相手《あいて》の駒《こま》の利《き》きをしっかりかくにんして、駒《こま》を動《うご》かすようにしましょう。

レベルアップもんだい12

もんだい 11問目《もんめ》

むずかしさ★★★

桂《けい》で王手《おうて》だと、とられてしまうでしょうか？

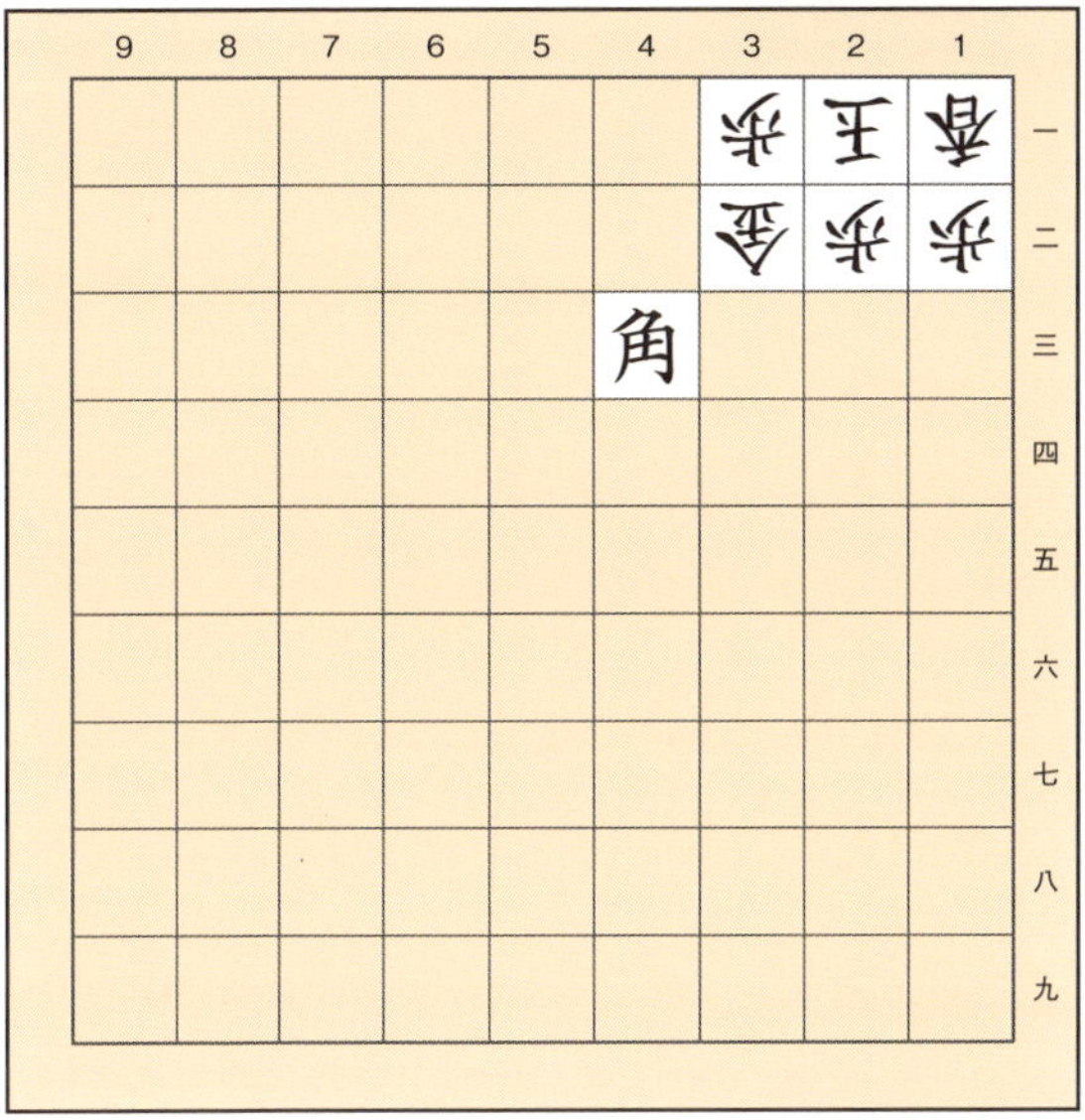

持ち駒《もごま》

桂

レベルアップもんだい12

もんだい 12問目《もんめ》

むずかしさ★★★

相手《あいて》の駒《こま》の利《き》きをしっかりかくにんしましょう

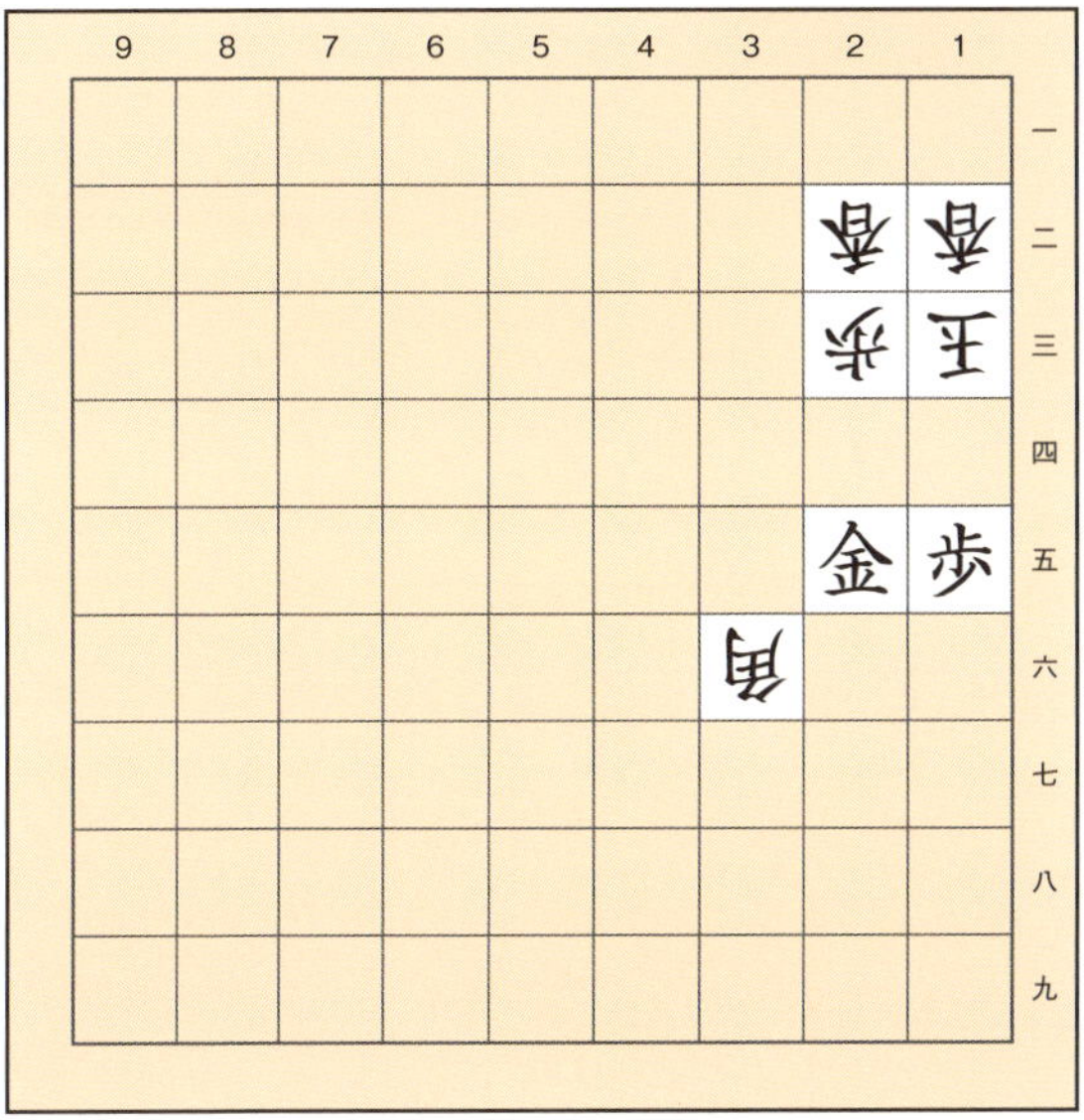

持ち駒《もごま》

こたえ 11問目《もんめ》

▲3三桂《さんけい》まで
（詰上《つめあ》がり図《ず》）

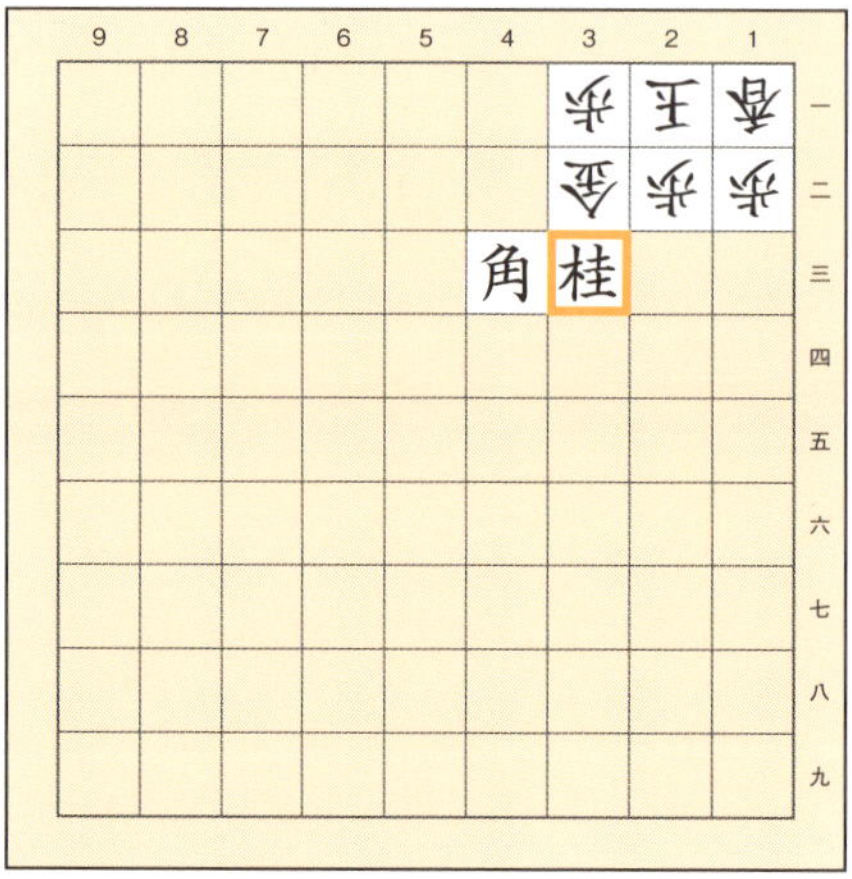

持《も》ち駒《ごま》

▲3三《さん》桂《けい》では、△同《どう》金《きん》ととられてしまいそうですが、4三《さん》にいる角《かく》が相手《あいて》の玉《ぎょく》をにらんでいるため3二《に》にいる金《きん》は動《うご》けません。このように、角《かく》と桂《けい》が協力《きょうりょく》して玉《ぎょく》を詰《つ》ませる形《かたち》は、実践《じっせん》でもよく出《で》てきます。「とられそう」と思《おも》っても、相手《あいて》がとれないこともあるので、よくかくにんしてみてくださいね。

こたえ 12問目《もんめ》

▲1四《よん》歩《ふ》まで
（詰上《つめあ》がり図《ず》）

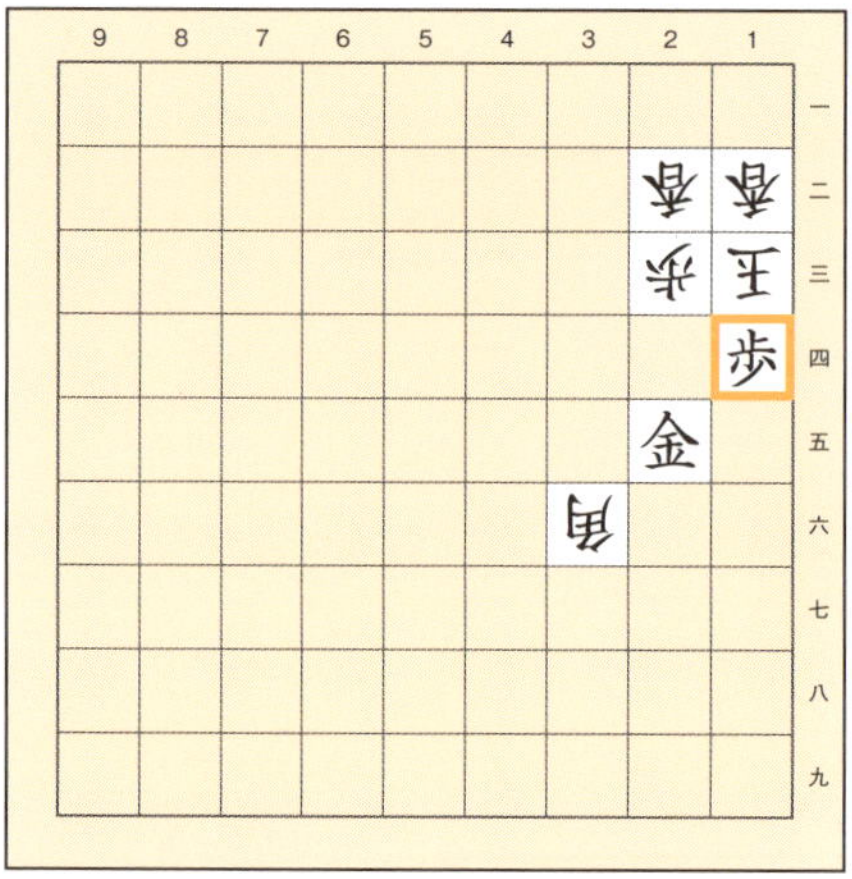

持《も》ち駒《ごま》

1五《ご》に歩《ふ》がいるので、守《まも》ってもらいながら、「とどめの金《きん》」▲1四《よん》金《きん》としたいところですが、この場《ば》合《あい》相手《あいて》の角《かく》が3六《ろく》にいてにらんでいます。▲1四《よん》金《きん》は△同角《どうかく》ととられてしまいます。ここは、2五《ご》にいる金《きん》の守《まも》りで、▲1四《よん》歩《ふ》と王手《おうて》します。突《つ》き歩詰《ふづ》めは、ルール違反《いはん》ではありません。相手《あいて》の駒《こま》の利《き》きをよくかくにんしましょう。

おぼえておきたい しょうぎ用語《ようご》・格言《かくげん》・手《て》筋《すじ》集《しゅう》

おぼえておきたい、しょうぎ用語《ようご》・格言《かくげん》・手筋《てすじ》を集《あつ》めました。かいせつを読《よ》んでわからない時《とき》は、このページでかくにんを。

用《よう》語《ご》集《しゅう》

詰む（つむ）
玉《ぎょく》が完全《かんぜん》に逃《に》げられない状態《じょうたい》になること。

玉方（ぎょくかた）
詰《つめ》しょうぎで、詰《つ》められる側《がわ》のこと。

攻め方（せめかた）
詰《つめ》しょうぎで、詰《つ》ます側《がわ》のこと。

先手（せんて）
先《さき》に指《さ》す人《ひと》。

後手（ごて）
後《あと》から指《さ》す人《ひと》。

王手（おうて）
次《つぎ》に玉《ぎょく》をとりますよ、という手《て》のこと。

成る（なる）
自分《じぶん》の駒《こま》が敵陣《てきじん》に入《はい》るか、敵陣《てきじん》から動《うご》く時《とき》にうらにすること。

不成（ならず）
自分《じぶん》の駒《こま》が敵陣《てきじん》に入《はい》るか、敵陣《てきじん》から動《うご》く時《とき》に、成《な》らないこと。「不成《ならず》」といいます。

筋（すじ）
しょうぎ盤《ばん》の縦《たて》の列《れつ》。右《みぎ》から1筋《すじ》、2筋《すじ》～8筋《すじ》、9筋《すじ》と数《かぞ》えます。

段（だん）
しょうぎ盤《ばん》の横《よこ》の列《れつ》。上《うえ》から一《いち》段《だん》、二《に》段《だん》～八《はち》段《だん》、九《く》段《だん》と数《かぞ》えます。

敵陣（てきじん）
相手《あいて》の陣地《じんち》の三段分《さんだんぶん》。

自陣（じじん）
自分《じぶん》の陣地《じんち》の三段分《さんだんぶん》。

合い駒（あいごま）

玉《ぎょく》からはなれたところから「王《おう》手《て》」とされた時《とき》に、間《あいだ》に駒《こま》をおいて防《ふせ》ぐ時《とき》の駒《こま》のこと。

詰上がり図（つめあがりず）

詰《つめ》しょうぎで、玉《ぎょく》が詰《つ》まされている形《かたち》のこと。

禁じ手（きんじて）

行《い》き所《どころ》のない駒《こま》、二歩《にふ》、打《う》ち歩《ふ》詰《づ》め、のような手《て》のこと。反則《はんそく》負《ま》けになります。

持ち駒（もちごま）

相手《あいて》の駒《こま》をとって、自分《じぶん》の物《もの》になった駒《こま》のこと。

大駒（おおごま）

飛《ひ》・角《かく》のこと。

小駒（こごま）

金《きん》・銀《ぎん》・桂《けい》・香《きょう》・歩《ふ》のこと。

開き王手（あきおうて）

自分《じぶん》の駒《こま》を動《うご》かして、ほかの駒《こま》で王手《おうて》となる形《かたち》のこと。

両王手（りょうおうて）

2種類《しゅるい》の駒《こま》で同時《どうじ》に王手《おうて》をかけること。

頭金（あたまきん）

玉《ぎょく》を詰《つ》ませる時《とき》の基本的《きほんてき》な形《かたち》。相手《あいて》の玉《ぎょく》の上《うえ》に金《きん》を打《う》った形《かたち》のこと。

腹金（はらきん）

相手《あいて》の玉《ぎょく》の横《よこ》に金《きん》を打《う》った形《かたち》のこと。

尻金（しりきん）

相手《あいて》の玉《ぎょく》の下《した》に金《きん》を打《う》った形《かたち》のこと。

利き（きき）

駒《こま》が動《うご》ける範囲《はんい》、動《うご》ける先《さき》のマスのこと。

走り駒（はしりごま）

好《す》きなだけすすめる駒《こま》。

格《かく》言《げん》集《しゅう》

飛車《ひしゃ》は十字《じゅうじ》に使《つか》え

飛《ひ》は縦横《たてよこ》にまっすぐすすむことができる駒《こま》です。飛《ひ》を左右《さゆう》、上《じょう》下《げ》に利《き》くように使《つか》うのが効果的《こうかてき》という意味《いみ》。

遠見《とおみ》の角《かく》に好手《こうしゅ》あり

玉《ぎょく》から遠《とお》い場所《ばしょ》でも、玉《ぎょく》をにらむ角《かく》の利《き》きは受《う》けにくいという意味《いみ》。

金《きん》はとどめに残《のこ》せ

金《きん》は玉《ぎょく》を詰《つ》ませるのに有効《ゆうこう》な駒《こま》なので、最後《さいご》まで残《のこ》しておくのが良《よ》いという意味《いみ》。

5五《ご》の位《くらい》は天王山《てんのうざん》

ここでいう天王山《てんのうざん》とは、しょうぎの盤上《ばんじょう》で5五《ご》の地点《ちてん》のこと。駒《こま》は中央《ちゅうおう》にいた方《ほう》が利《き》きが強《つよ》く、中《なか》でも盤《ばん》の中心《ちゅうしん》である5五《ご》の地点《ちてん》は、最《もっと》も駒《こま》が動《うご》きやすいという意味《いみ》。特《とく》に、この地点《ちてん》に角《かく》を打《う》った場合《ばあい》は、盤上《ばんじょう》で最《もっと》も働《はたら》きが大《おお》きく利《き》きが強《つよ》くなる。

銀《ぎん》は不成《ならず》に好手《こうしゅ》あり

銀《ぎん》は成《な》るより、不成《ならず》の方《ほう》が効果的《こうかてき》なことが多《おお》いという意味《いみ》。

桂馬《けいま》の王手《おうて》は合《あ》い駒利《ごまき》かず

桂《けい》はとぶことができるので、合《あ》い駒《ごま》が利《き》かないという意味《いみ》。

香《きょう》は下段《げだん》から打《う》て　下《げ》段《だん》の香《きょう》に力《ちから》あり

香《きょう》はまっすぐすすめることができるので、香《きょう》の力《ちから》を最大限《さいだいげん》いかした指《さ》し方《かた》を意味《いみ》する格言《かくげん》。

一歩千金《いっぷせんきん》

歩《ふ》は安《やす》い駒《こま》ですが、使《つか》い道《みち》がとても多《おお》く、一歩《いっぷ》でも大事《だいじ》にしなさい、歩《ふ》がないことで負《ま》けてしまう時《とき》もあるという意味《いみ》。

桂馬《けいま》の高《たか》とび歩《ふ》のえじき

桂《けい》は後《うし》ろに下《さ》がることができないので、とんでしまうと安《やす》い駒《こま》の歩《ふ》にもとられてしまうことがあるという意味《いみ》。

攻《せ》めは飛《ひ》角《かく》銀《ぎん》桂《けい》

攻《せ》める時《とき》には、一《ひと》つの駒《こま》で攻《せ》めていくのではなく、飛《ひ》、角《かく》、銀《ぎん》、桂《けい》を上手《じょうず》に使《つか》って攻《せ》めていくのがいいという意味《いみ》。

角筋《かくすじ》は受《う》けにくし

相手《あいて》の角筋《かくすじ》に玉《ぎょく》や飛《ひ》がいると、厳《きび》しい攻《せ》めが多《おお》いという意味《いみ》。

手《て》筋《すじ》集《しゅう》

垂《た》らしの歩《ふ》

敵陣《てきじん》に入《はい》ってから成《な》るために、あえて遠《とお》くから打《う》ちこむ歩《ふ》のこと。

叩《たた》きの歩《ふ》

持《も》ち駒《ごま》の歩《ふ》を、相手《あいて》の駒《こま》の一《ひと》マス前《まえ》に打《う》つこと。

田楽刺《でんがくざ》し

相手《あいて》の駒《こま》が縦《たて》に2枚《まい》以上《いじょう》ならんでいる時《とき》に香《きょう》を打《う》って、かならず駒《こま》がとれるような形《かたち》。

プロフィール

神谷広志（かみや ひろし）——日《に》本《ほん》将《しょう》棋《ぎ》連《れん》盟《めい》所《しょ》属《ぞく》

1961年《ねん》4月《がつ》21日《にち》、静岡《しずおか》県《けん》浜松《はままつ》市《し》生《う》まれ。

昭和《しょうわ》55（1980）年度《ねんど》にプロとなった強豪《きょうごう》「55年組《ねんぐみ》」の一人《ひとり》。

1975年《ねん》5級《きゅう》で（故《こ》）廣津《ひろつ》久雄《ひさお》九段《くだん》門《もん》。1978年《ねん》初段《しょだん》。1981年《ねん》四段《よだん》。2014年《ねん》5月《がつ》1日《ついたち》八段《はちだん》。1983年《ねん》、第《だい》7回《かい》若獅子《わかじし》戦《せん》準《じゅん》優勝《ゆうしょう》。1984年《ねん》、第《だい》3回《かい》早指《はやざ》し新鋭《しんえい》戦《せん》準《じゅん》優勝《ゆうしょう》。

1987年《ねん》2月《がつ》から8月《がつ》にかけて、公式戦《こうしきせん》28連勝《れんしょう》の記録《きろく》を樹立《じゅりつ》（藤井《ふじい》聡太《そうた》七段《しちだん》に次《つ》ぐ歴代《れきだい》2位《い》）。2004年《ねん》、竜王戦《りゅうおうせん》3組《くみ》優勝《ゆうしょう》。

著書《ちょしょ》に『今日《きょう》からすぐ勝《か》てる奇襲《きしゅう》虎《とら》の巻《まき》』（マイナビ出版《しゅっぱん》）、『はじめての1手詰《いってづめ》』（共著《きょうちょ》、シャスタインターナショナル）などがある。

髙橋 香代（たかはし かよ）

将棋《しょうぎ》インストラクター。

静岡《しずおか》大学《だいがく》工学部《こうがくぶ》化学《かがく》バイオ工学科《こうがくか》卒業《そつぎょう》。

将棋《しょうぎ》を習《なら》っている子《こ》どもたちが、どんなに負《ま》けても「やめたい」と言《い》ったことがないことから、将棋《しょうぎ》の魅力《みりょく》を知《し》りたいと思《おも》い勉強《べんきょう》を始《はじ》める。

2017年《ねん》からは、神谷《かみや》広志《ひろし》八段《はちだん》や日本《にほん》将棋《しょうぎ》連盟《れんめい》静岡《しずおか》県《けん》支部《しぶ》連合会《れんごうかい》理事《りじ》の望月《もちづき》尚志《ひさし》氏《し》から指導《しどう》を受《う》け始《はじ》める。2018年《ねん》以降《いこう》、日本《にほん》将棋《しょうぎ》連盟《れんめい》の指導員《しどういん》補佐《ほさ》として地元《じもと》の将棋《しょうぎ》教室《きょうしつ》での指導《しどう》、小学校《しょうがっこう》・中学校《ちゅうがっこう》の将棋《しょうぎ》クラブの講師《こうし》、将棋《しょうぎ》のイベント、講師《こうし》やプロ棋士《きし》とのテレビ対局《たいきょく》など、活動《かつどう》は幅《はば》を広《ひろ》げている。

2019年《ねん》4月《がつ》からは、日本《にほん》将棋《しょうぎ》連盟《れんめい》浜北《はまきた》支部《しぶ》の役員《やくいん》として、日々《ひび》精力的《せいりょくてき》に将棋《しょうぎ》の普及《ふきゅう》に努《つと》めている。2男《なん》1女《じょ》の母《はは》。浜松《はままつ》市《し》在住《ざいじゅう》。

著書《ちょしょ》に『はじめての1手詰《いってづめ》』（共著《きょうちょ》、シャスタインターナショナル）がある。

Staff

問題制作協力　望月尚志（日本将棋連盟静岡県支部連合会理事）
イラスト　古市美土里
表紙デザイン　坂川朱音　田中斐子（朱猫堂）
本文デザイン　田中江美華
校　正　志村かおり（ディクション）
協　力　髙橋大樹
企画・編集　戸田賀奈子

子《こ》ども詰《つめ》しょうぎ 2《に》
チャレンジ1《いっ》手《て》詰《づめ》

2019年7月26日　第1刷　発行

著　者　神《かみ》谷《や》広《ひろ》志《し》
髙《たか》橋《はし》香《か》代《よ》
発行者　林　定昭
発行所　シャスタインターナショナル
〒203-0013　東京都東久留米市新川町 2-8-16
電話　042-479-2588（代表）
http://www.shasta.co.jp
印刷所　中央精版印刷株式会社

ISBN978-4-908184-15-4　C0076